Paul Lendvai

BEST OF PAUL LENDVAI

Paul Lendvai

BEST OF PAUL LENDVAI

Begegnungen, Erinnerungen, Einsichten

ecoWIN

Paul Lendvai
Best of Paul Lendvai
Begegnungen, Erinnerungen, Einsichten
Salzburg: Ecowin Verlag GmbH, 2008
ISBN: 978-3-902404-66-4

Unsere Web-Adresse:
www.ecowin.at

1 2 3 4 5 6 7 8 / 10 09 08

Lektorat: Arnold Klaffenböck
Cover: www.kratkys.net
Coverfoto: Martin Vukovits (Paul Lendvai in seinem Arbeitszimmer)

Gesamtherstellung: Druckerei Theiss GmbH, A-9431 St. Stefan, www.theiss.at
Gesetzt in der Schrift „Sabon“
In Österreich gedruckt

Inhaltsverzeichnis

Vorwort

Im Gegensatz zu meinen letzten Werken, die sich mit der österreichischen und ungarischen Geschichte beschäftigt hatten, verdankt dieses Buch seine Existenz dem Umstand, dass ich relativ oft als Vortragender eingeladen beziehungsweise in Wien und Budapest interviewt worden bin. Es ist keine eitle Selbstbespiegelung, wenn ich den Hang zur gesprochenen Sprache gestehe. „Seit ich denken kann, habe ich mit diesem Denken die größten Glücksmomente in der freien Rede erlebt", schrieb kürzlich Franz Schuh in der Einleitung zu seinem neuen Buch. Nun, zumindest in dieser (wohl einzigen) Hinsicht bin ich dem großen Sprachkünstler und Kulturpublizisten ähnlich.

Die schriftliche Fassung der Vorträge und der Interviews sowie die deutsche Übersetzung einiger Artikel aus dem Ungarischen werden in dem vorliegenden Buch zum ersten Mal in gesammelter Form veröffentlicht. Neben den Essays, die für diese Publikation geschrieben worden sind, wird auch eine Auswahl meiner wöchentlichen Kolumnen aus der Tageszeitung „Der Standard" präsentiert. Ich habe die zu verschiedenen Zeiten niedergeschriebenen oder gesprochenen Ansichten überhaupt nicht geändert, bloß überflüssige Wiederholungen gestrichen.

Angesichts der turbulenten und oft besorgniserregenden Geschehnisse in der Welt frage ich mich immer wieder, wie es zu dem verzerrten Bild des Anderen, des Fremden, des Nachbarn in den Vorstellungen so vieler Österreicher und Mitteleuropäer kommen kann. Wenn man kritische Distanz auch zu heiklen Themen bewahren will, muss man – mit den Worten Klaus Harpprechts – „beharrlich versuchen, den Medienvorhang der Klischees und die Barrieren der Vorurteile beiseitezuschieben, Tag um Tag. Das ist nicht leicht. Die Mythen verstellen den Blick. Sie erklären manches und verdunkeln viel."

Als liberaler und unabhängiger Journalist und Zeithistoriker befand ich mich oft zwischen den Stühlen. Mag das eine oder andere in diesen Texten kritischen Lesern, aus welchem Grund immer, missfallen, so hoffe ich doch, dass sich niemand langweilen wird.

Wien, im Sommer 2008 Paul Lendvai

Ein Tag in Gunskirchen

Es war der 11. April 2008, ein sonniger, aber noch kühler Frühlingsfreitag, als meine Frau und ich am frühen Nachmittag mit dem Auto in der oberösterreichischen Ortschaft Gunskirchen ankamen. Wie schon am Tag vorher in der benachbarten schönen Kleinstadt Ried im Innkreis, sollte ich auch hier aus meinem neuen Buch „Mein Österreich“ lesen, eventuell Publikumsfragen beantworten und Bücher signieren. Die Initiative zu dieser „Doppelpackung“ ging von der rührigen Leiterin der örtlichen Bibliothek, Renate Engelmayr, aus. Nach einem Spaziergang und der Besichtigung der Kirche und des Friedhofs trafen wir mit ihr in einem Restaurant im Ortszentrum zusammen.

Renate freute sich auf die Veranstaltung und hoffte, wie schon in einer früheren Zuschrift, dass Gunskirchen sich „von der besten Seite zeigen wird“. Im Laufe des Gesprächs, als von meiner ungarischen Herkunft die Rede war, erwähnte sie nebenbei, dass hier in der Nähe seinerzeit ein NS-Konzentrationslager mit vielen ungarischen Insassen gewesen sei und eine Gedenktafel an ihre Befreiung durch die Amerikaner erinnere. Ich war sehr überrascht. Das berüchtigte KZ Mauthausen besichtigte ich vor vielen Jahren, auch die Gedenkstätte in Ebensee. Doch von einem KZ Gunskirchen hatte ich nichts gehört. Wir vereinbarten mit Renate, nach dem Frühstück am Samstag, noch vor unserer Rückfahrt nach Wien, die Gedenktafel gemeinsam anzusehen.

Am Abend sprach ich dann vor gut siebzig Zuhörern im Veranstaltungsraum der neuen, eindrucksvoll gestalteten Landesmusikschule. Es ging um die österreichische Zeitgeschichte, die Politiker, die ich „in 50 Jahren hinter den Kulissen der Macht“

kennengelernt hatte, die Erfolge der Gesellschaft und der Wirtschaft, aber auch um den Preis für das Nachkriegswunder, nämlich „das große Schweigen“ über die NS-Zeit samt der widerspruchsvollen Rolle von Karl Renner und Bruno Kreisky, von Kurt Waldheim und Jörg Haider bei der Aufarbeitung der Schattenseiten der Geschichte nach 1945. Meine frei vorgetragenen Gedanken und die Antworten auf einige Fragen mit Hinweisen auf die diversen Kapitel meines Buches waren von kritischer Sympathie gegenüber Österreich getragen. So empfand und empfinde ich stets gegenüber jenem Land, das mir und so vielen tausenden Menschen aus Ungarn und der (früheren) Tschechoslowakei, aus Polen, Bosnien und dem Kosovo nach ihrer Flucht aus der Welt der Diktaturen zu einer neuen, zweiten Heimat geworden ist.

Nach dem Signieren meiner Bücher und einer kurzen Plauderei mit einigen interessierten Zuhörern ging es wieder in das gleiche Restaurant. Dort unterhielten wir uns beim Abendessen mit einigen örtlichen Würdenträgern über die Innenpolitik, die Lage in Oberösterreich und über das Schicksal des einzigen größeren Industriebetriebs im Ort (der sich in ausländischem Besitz befindet). Über den Zweiten Weltkrieg oder das einstige Lager bei Gunskirchen fiel kein Wort.

In der Früh führte uns Renates Freund mit seinem Auto in wenigen Minuten zum nahe gelegenen Waldstück. Am Rande der stillen Kiefernschonung konnten wir neben einem schlichten Gedenkstein auf einer Tafel lesen:

In diesem Waldstück befand sich von Dezember 1944 bis zur Befreiung durch amerikanische Truppen am 4. Mai 1945 das KZ-Nebenlager Gunskirchen, eines von 49 Nebenlagern des KZ Mauthausen. Zum Zeitpunkt der Befreiung befanden sich hier 15.000–17.000 Gefangene, in der Mehrzahl ungarische Juden. Diese waren im sogenannten „Todesmarsch“ im April 1945 aus dem Konzentrationslager Mauthausen hierher getrieben worden, wobei ca. 6000 Männer, Frauen und Kinder unter-

wegs umkamen, im Lager starben täglich 200–300 Häftlinge an Hunger, Ruhr und Flecktyphus.

An dieser Stelle befand sich der Haupteingang, das Lager erstreckte sich in südlicher und östlicher Richtung bis zur Geländestufe.

Den Toten zum Gedenken – den Lebenden zur Mahnung:

Nie wieder Faschismus

Dieser Tag in der kleinen Ortschaft rief die Erinnerung an die Worte des deutschen Literaturkritikers Hans Mayer wach, die ich vor vielen Jahren notiert hatte: „Es gibt eine wundersame Heilkraft der Natur, doch es gibt keine Heilkräfte der Geschichte (…) es heißt zwar, darüber muss Gras wachsen, allein unter dem Gras liegen nach wie vor die Toten." So war es auch in diesem Kiefernwald. Erst 1979 wurden aus Massengräbern im Wald 1227 Tote exhumiert und bei der Gedenkstätte Mauthausen bestattet. Fast alle waren ungarische Juden. Gunskirchen war die letzte und in mancher Hinsicht schrecklichste Station des Todesmarsches der rund 50.000 ungarischen Juden. Diese Männer, Frauen und Kinder waren in den letzten Monaten des Zweiten Weltkrieges von Budapest über Westungarn ins Burgenland, nach Niederösterreich und in die Steiermark getrieben worden.

Für mich geht es bei diesen Zeilen nicht um theoretische Erörterungen über die Grenze zwischen Erinnerung und Vergessen, sondern um ein schwarzes Loch in meinem eigenen Gedächtnis: Wie ging die abgründige Erinnerung an mein Schicksal in das Vergessen über? Wie konnte ich mich ganz der „wolkigen Glückseligkeit des Vergessens" (Jorge Semprún) überlassen? Von diesem Tag in Gunskirchen wurde ich nach mehr als sechs Jahrzehnten von der Erinnerung und von neuen Recherchen immer wieder in die Nähe des Todes zurückgeholt.

Wie war es möglich, dass ein Angehöriger des „Gedächtnisvolkes par excellence" (Jacques Le Goff) die eigentliche Endstation des Todesmarsches der ungarischen Juden ungewollt und unmerklich aus dem Gedächtnis verdrängt, vergessen, vielleicht auch ausgelöscht hatte? Was geschah damals in Gunskirchen? Was wäre mein Schicksal gewesen, wenn es mir als damals fünfzehn Jahre altem Mittelschüler nicht gelungen wäre, vom Todesmarsch noch in der Nähe von Budapest durch Flucht abzuspringen? Diese peinigenden Fragen ließen mir an meinem Schreibtisch in den Tagen und Wochen nach dem Besuch in Gunskirchen keine Ruhe mehr.

Zum Verständnis einige Worte über den vielfach vergessenen Weg zur Vernichtung des ungarischen Judentums. Nach dem deutschen Einmarsch in Ungarn im März 1944 lief die „Endlösung" auf Hochtouren. Das deutsche Sondereinsatzkommando unter Adolf Eichmann, bestehend aus 150 bis 200 Deportationsexperten, konnte mithilfe eifriger ungarischer Gendarmen und Sicherheitsbeamten in sieben Wochen 437.402 Juden, unter ihnen meine Großeltern und 29 Verwandte, in überfüllten Viehwaggons aus Siebenbürgen nach Auschwitz deportieren. Es war der greise Reichsverweser Miklós Horthy, der die Deportationen aus der Provinz zwar toleriert, aber vorübergehend die Budapester Juden, auch unter ausländischem Druck, vor dem sicheren Tod gerettet hatte.

Horthys dilettantischer Absprungsversuch im Oktober 1944 wurde durch die deutschen Besatzungstruppen verhindert. Der im Auftrag und mithilfe des Dritten Reiches an die Macht gelangte und zu allem entschlossene Pöbel der Pfeilkreuzler hatte dann in Budapest tausende Menschen auf offener Straße oder am Donauufer erschossen. Am Uferkai mussten jüdische Männer, Frauen und Kinder ihre Schuhe ausziehen und wurden dann zu zweit oder zu dritt mit Handschellen aneinandergefesselt. Erschossen wurde meistens nur einer, er riss beim Sturz ins eisige Wasser die anderen mit sich hinunter.

Die zweite Welle der Deportationen begann damit, dass die deutsche Reichsregierung sich etwa 50.000 jüdische Arbeitskräfte für ein halbes Jahr von der Regierung der Pfeilkreuzler auslieh. Diese „Leihjuden" sollten wegen des Ausfalls der Transportmittel zu Fuß nach Nickelsdorf-Hegyeshalom marschieren und in der deutschen Rüstungsindustrie beschäftigt werden. Der Großteil der Gefangenen wurde aber schließlich für die Arbeiten am „Südostwall" zur Verteidigung von Wien und Graz eingesetzt. Die uniformierten Pfeilkreuzler und Polizisten mit Hakenkreuzarmbinden hatten auch mich, obwohl gerade erst 15 Jahre alt geworden, also unter der Altersgrenze, am 20. Oktober 1944 ergriffen. Wir wurden von einem Ort zum anderen getrieben, um in der Umgebung von Budapest Gräben auszuheben oder zu verbreitern.

Im November schleppten wir uns dann bei eisigem Wind, Regen und Hagel in Richtung österreichische Grenze. Wann immer ich aus meinem Gedächtnis an die Oberfläche holen wollte, was mir aus jenen Tagen der Verschleppung und des beginnenden Todesmarsches in Erinnerung geblieben ist, taucht vor mir dasselbe Bild auf: die Ermordung eines älteren Journalisten, mit dem ich am Abend vorher noch über seinen Beruf, über den Verlauf des Krieges und anderes mehr geplaudert hatte. Voll Vertrauen in die Zukunft hatte er mir ins Ohr geflüstert, dass er 300 Pengö in seiner Schuhsohle versteckt hätte. Stunden später wurde dieser Mann am helllichten Tag irgendwo in der Nähe von Budapest mit einem Genickschuss ermordet. Der Täter war ein perfekt Ungarisch sprechender Donauschwabe, entweder in Waffen-SS- oder in Pfeilkreuzler-Uniform. Der Grund für die Hinrichtung: Redakteur Halász litt an Durchfall und konnte nicht schnell genug aus dem Straßengraben springen und sich uns anschließen. Ganz in meiner Nähe krachte der Schuss. Der sympathische Mann war mir, dem Halbwüchsigen, damals als alter Herr erschienen, obwohl er wahrscheinlich nicht einmal 50 Jahre alt gewesen sein dürfte. Das Bild seines leblosen Körpers steht mir vor Augen. Es symbolisierte für mich den Tod.

Wir mussten weitermarschieren. Die Bewacher drängten zur Eile. Von Zeit zu Zeit knallte ein Schuss. In den Straßengräben lagen vor Erschöpfung zusammengebrochene Männer und Frauen (auch Frauen waren zu diesem Zeitpunkt von den Machthabern bereits als Arbeitssklaven festgenommen worden). Es ist mir dank glücklicher Umstände gelungen, mit einem etwas älteren Kameraden zu flüchten. Ihm, einem gewissen Dönci, verdanke ich zumindest zum Teil mein Überleben. Mit Dönci, dem Sohn des Hausbesitzers in jenem Budapester Haus, in dem sich unsere Wohnung befand, war ich freundschaftlich verbunden. Der wohlhabende Hausherr hatte sich mit seiner Familie hinter der Hausmeisterwohnung in einem Versteck einmauern lassen, aber Dönci hatten die Pfeilkreuzler erwischt.

Ich weiß bis heute nicht, wie die Hausmeisterin, eine sehr resolute und zuverlässige Person, unsere Einheit beziehungsweise uns beide gefunden hat. Jedenfalls erschien sie eines Tages in der Abenddämmerung in der Umgebung des Ortes – Pecel in der Nähe von Budapest – und verwickelte unsere zwei älteren und etwas umgänglicheren Wächter in ein Gespräch. Bald darauf gab sie uns einen Wink, dass wir abhauen sollten. Wären wir älter gewesen, hätten wir uns die Sache wahrscheinlich länger überlegt. Doch Dönci und ich zögerten keinen Augenblick. Ohne ein Wort miteinander zu wechseln, verschwanden wir in den Büschen.

Nach Entfernung der gelben Armbinde und einem längeren Fußmarsch erreichten wir die Endstation der Budapester Vorortbahn und fuhren mit dem nächsten Zug zurück nach Budapest. Besonders stolz waren wir, dass wir diese gefährliche Reise als Schwarzfahrer absolviert hatten. Ich habe vergessen (vielleicht habe ich es nicht einmal gewusst), wie viel Geld die Hausmeisterin unseren Wachen gegeben hatte. Es war jedenfalls eine Art Tauschgeschäft. Meine Mutter hatte zwar kaum Geld (mein Vater wurde nach mir auch verschleppt), aber der Hausbesitzer wusste, dass ich, obwohl fast zwei Jahre jünger als Dönci, doch schlagfertiger und entschlossener war als sein etwas verwöhnter Sohn.

Wie dem auch sei, erst viel später wurde mir die Tatsache bewusst, dass ich mir einen Treck zur Grenze erspart hatte, der tödlich werden würde. Denn wir sollten eigentlich die Speerspitze jenes berüchtigten Todesmarsches sein, dem Tausende todmüder, ausgehungerter und marschunfähiger Männer und Frauen, Burschen und Mädchen, aber auch Kinder schon unterwegs zum Opfer fielen. Der ungarische Zeithistoriker Szabolcs Szita hat in mehreren grundlegenden Büchern das schreckliche Schicksal von fast 50.000 ungarischen Juden beim Stellungs- und Schanzenbau in Westungarn und in Österreich, ihren totalen körperlichen Verfall in den Anhaltelagern, die Massenmorde und die gezielten Hinrichtungen, nicht nur durch SS und SA, sondern auch durch die „Hitlerjugend“ und die Rekruten des „Volkssturms“, beschrieben. „Für sie gab es keine Gnade, kein Mitleid. Der Tod war eine ständige Bedrohung und ein regelmäßiger Begleiter“, schrieb Szita. Er fand aber auch eindrucksvolle Beispiele für das aktive und freilich höchst riskante und deshalb meist nur verdeckt gezeigte Mitgefühl und für die aktive Hilfe der ländlichen Bevölkerung.

In Österreich standen 1944 rund eine Million Zwangsarbeiterinnen und Zwangsarbeiter etwa 1,7 Millionen „freien“ inländischen Arbeitskräften gegenüber. Erst als mit einer Verspätung von 55 Jahren das offizielle Österreich sich seinen moralischen Verpflichtungen gegenüber den ehemaligen Sklaven- und Zwangsarbeitern stellte und mit der symbolischen Zahlung aus dem Versöhnungsfonds begann, beschäftigte man sich mehr mit jenen überlebenden ungarischen Juden, die in den letzten Kriegsmonaten unter unsäglichen Bedingungen zum Bau des „Südostwalls“ eingesetzt und von den bisherigen Regelungen der Wiedergutmachung überhaupt nicht erfasst worden waren.

In seinem Sammelband über die „Zwangsarbeit in Österreich“ beschreibt Hubert Feichtlbauer immer wieder aufgrund von offiziellen Berichten, Aussagen und Erinnerungen der überlebenden Zeitzeugen die Leiden der ungarischen Juden. Als sich die Rote Armee Ende März dem „Wall“ näherte, wurden die jüdischen Sklavenarbeiter aus Ungarn von den Schanzarbeiten abgezogen und zusammen mit den noch lebenden Insassen der Konzentrationslager in Scharen in Richtung des großen KZ-Komplexes Mauthausen in Bewegung gesetzt. „Niemand an ihrer Wegstrecke, vor dessen Augen sich die ächzende, stöhnende, torkelnde Menschenkolonne vorbeiquälte, konnte diese Todesmärsche übersehen. Die Österreichische Historikerkommission hat 55.000 jüdische Opfer gezählt, von denen 28.600 auf österreichischem Territorium umgekommen sind“, heißt es in diesem Buch.

In jenen chaotischen Frühlingstagen kamen rund 17.000 ungarische Häftlinge vom Arbeitseinsatz in Westungarn in entsetzlichem Zustand im überfüllten KZ Mauthausen an. Nur in einem improvisierten Zeltlager am Rande des eigentlichen KZ war Platz für die entkräfteten Neuzugänge. Einer der Überlebenden berichtete später: „In den Zelten gab es keine Betten, sie waren nicht heizbar, hatten weder Wasser noch WC, das waren nur Wände und Dach aus Segeltuch. Jeder einzelne hatte lediglich einen dünnen Streifen von 30 bis 35 cm zum Liegen; die Menschen lagen daher auf der Seite und so dicht aneinander, dass die hart gefrorene Erde unter ihren Körpern aufweichte und ein bis zum Knöchel reichendes schwarzes und klebriges Kotmeer entstand. In diesen Matsch legte sich nur, der nimmermehr aufstehen wollte. Es gab von Tag zu Tag mehr von solchen Lebensmüden. Die anderen lehnten sich an die Zeltwand, bis sie ebenfalls zu Boden sanken.“

Sie wurden nur vereinzelt registriert. Ab Mitte April wurden dann in drei Etappen schätzungsweise fast 20.000 überwiegend ungarische Juden in Richtung des Nebenlagers Gunskirchen bei Wels in Marsch gesetzt. Der Zeithistoriker Szabolcs Szita beschrieb die erschütternden letzten Tage der Gunskirchener Todesmärsche: „Die sich mit letzter Kraft dahinschleppenden Gruppen brauchten für die 55 Kilometer lange Strecke drei bis dreieinhalb Tage. Allein auf den vier Kilometern bis zur Donaubrücke bei Mauthausen wurden nach den Gewaltmärschen 800 Leichen gezählt. Jeder, der unterwegs aus der Reihe trat, vor Müdigkeit wankte oder zu Boden sank, sich eventuell zum Setzen anschickte, konnte im nächsten Moment mit dem Todesschuss rechnen." Man schätzt, dass die Todesmärsche nach Gunskirchen in den allerletzten Tagen des Dritten Reiches möglicherweise bis zu 6000 Opfer forderten.

In den improvisierten sieben oder acht halbfertigen Holzbaracken im Außenlager Gunskirchen herrschten unbeschreibliche Zustände. In die jeweils für 600 bis 800 Insassen berechneten Räume wurden 1500, später bis zu 2400 Menschen mit Gewalt hineingeprügelt. Es gab keine sanitären Einrichtungen, keine Küche, keine Waschmöglichkeit, kaum Trinkwasser. In den Baracken herrschte ein unvorstellbares Gedränge. Für tausende Lagerinsassen gab es nur eine 20-Loch-Latrine. Wer in den Wald auswich, wurde erschossen.

In der Pfarrchronik von Gunskirchen schrieb Pfarrer Maximilian Nußbaumer am 18. April 1945: „Über Weißkirchen, Wels bewegt sich eine nicht enden wollende Kolonne lauter ausgehungerter, zum Skelett abgemagerter Gestalten, die mit Mühe ihren Körper noch weiterschleppen konnten. Viele bleiben an den Wegen vor Erschöpfung liegen. Erschossen und erschlagen von den begleitenden SS-Männern (...). Im Waldlager sollten ja alle dem Tode durch Hunger preisgegeben werden. Die Vorgänge wurden im Lager streng geheim gehalten."

Heute wissen wir alles über die Zustände im Lager, auch aus den Erinnerungen der Überlebenden, aus verdienstvollen Forschungsarbeiten und Dissertationen junger Zeithistoriker und nicht zuletzt aus den Berichten der Offiziere und Soldaten der 71. US-Division, die am 5. Mai die Insassen des Gunskirchner Lagers befreit hatten. Ihre erschütternden Erlebnisse wurden in einer besonderen Broschüre, aber auch in Briefen an ihre Familien festgehalten. Ungefähr 15.000 Häftlinge waren noch am Leben, großteils völlig entkräftet, zahlreiche Tote lagen unbestattet im Lager. Nach amerikanischen Schätzungen befanden sich rund 3000 Tote in Massengräbern oder lagen unbeerdigt in den Baracken oder im Gehölz.

Hauptmann Pletcher berichtete von hunderten ausgehungerten, halb wahnsinnigen Häftlingen, die die Straße säumten und um Nahrung und Zigaretten baten. „Dann kam der nächste Hinweis auf das Lager – der Gestank. Es war alles durchdringend (…). Von all den Schrecken im Lager war vielleicht der Geruch am schlimmsten. Der Gestank der Exkremente vermischte sich mit dem süßlichen Geruch der verwesenden Leichen. Der Gunskirchner Gestank konnte beinahe mit den Augen gesehen werden und hing wie ein Todesnebel über dem Lager." Der Offizier bemerkte, dass er unter den „Lagergespenstern" viele Englisch sprechende ungarische Intellektuelle traf, die bis zum Skelett abgemagert waren und mit ihren Familienangehörigen von der Wachmannschaft wie Tiere behandelt wurden. Alle Berichte sprachen von unvergesslichem Geruch und Gestank der Toten, Sterbenden und Hungernden.

Das Waldlager Gunskirchen forderte insgesamt 4000 Tote. Nach der Befreiung starben allein im Bezirk Wels 1500 ehemalige Häftlinge, davon etwa 1000 durch Fleckfieber und Paratyphus. Angesichts der Schwäche und der Unterernährung der Opfer war die Sterblichkeit anfangs sehr hoch. Alle Erinnerungen und Zeugenaussagen bestätigen, was Hauptmann Pletcher und seine Soldaten festgehalten hatten: „Das ‚Lager Gunskirchen' bleibt für viele Insassen ein Horror. Die Wirklichkeit war so schrecklich, dass keine Erzählung und kein Bild der Realität gleichen kann."

Mehr als 60 Jahre nach der Befreiung traf ich in Budapest drei Überlebende des Todesmarsches der Budapester Juden; zwei leben in Brasilien, einer in Australien. Die Memoiren von zwei Zwangsarbeitern und späteren Gunskirchner Häftlingen, Ernő Lazarovits und György Lányi, sind gerade wegen des persönlichen Charakters besonders eindrucksvoll. Als ich in der ersten

Juni-Woche am Budapester Donaukai auf der Terrasse eines Cafés mit dem aus São Paolo auf Besuch weilenden Geschäftsmann Gyula Vajda plauderte, bestätigte der rüstige 82-jährige Jurist die zitierten Schilderungen über Gunskirchen vollauf und ergänzte diese nur mit einem einzigen Satz: „Ich wog damals im Mai 1945 genau 27 Kilogramm (...)."

Dass zwei Amerikaner aus der 71. Infanterie-Division, die damals Augenzeugenberichte verfasst hatten, bei ihrer Rückkehr an die Stätte des Grauens Jahrzehnte später 1968 beziehungsweise 1985 mit dem Gedächtnisschwund der Einheimischen in Gunskirchen konfrontiert waren, kann den Kenner der österreichischen Zeitgeschichte keineswegs überraschen. Vergessen, Verschweigen und Verdrängen waren bekanntlich von Anfang an die Leitgedanken aller österreichischen Regierungen von Karl Renner bis Bruno Kreisky. Niemand kann die Tatsache bestreiten, dass Franz Vranitzky der erste österreichische Bundeskanzler war, der die Vergangenheit offen und selbstkritisch thematisierte. Zur Aufarbeitung der Vergangenheit gehört auch die Erkenntnis, dass es die viel kritisierte Regierung Schüssel, also die von Jörg Haider mitgetragene „schwarz-blaue" Koalition war, welche endlich die große (und von allen Parlamentsparteien begrüßte) Paketlösung für Zwangsarbeiter und jüdische NS-Opfer, einschließlich der Überlebenden der „Gunskirchener Todesmärsche", durchgesetzt hatte.

Man muss ferner betonen, dass die Öffentlichkeits- und Forschungsarbeit – unter anderen von Peter Kammerstätter, Claudia Kuretsidis-Haider und vor allem Szabolcs Szita – insbesondere bei der Jugend Früchte getragen hat. Für mich waren auch die Hilfsbereitschaft und die Offenheit Renate Engelmayrs aus Gunskirchen eindrucksvoll. Ich bin überzeugt davon, dass sich viele der 5285 heutigen Einwohner Gunskirchens im Sinne der berühmten Rede Vranitzkys in Jerusalem (9. Juni 1993) „zu allen Daten unserer Geschichte und zu den Taten aller Teile unseres Volkes bekennen, zu den guten wie zu den bösen (...)."

Nach den langen Jahren des Schweigens und des Verdrängens schlug auch in Gunskirchen die Stunde der Aufklärung. Unterwegs von der Gedenktafel sahen wir auf der anderen Straßenseite das 1981 errichtete Denkmal des österreichischen Innenministeriums für die Opfer des Naziterrors. Im Gemeindearchiv gibt es keine Unterlagen über das Lager beziehungsweise die Geschehnisse in den letzten Wochen vor der Befreiung. Seit den 1980er Jahren wird aber regelmäßig am Tage der Befreiung, nicht nur in Mauthausen, sondern auch in Gunskirchen mit einem Festakt und mit Reden der Überlebenden, der örtlichen Gemeindevertreter und der Kirchen der Opfer gedacht. Schülerinnen und Schüler der 4. Schulklasse aus Gunskirchen und der Nachbargemeinde Edt treten mit Gesang und Gedichten auf. Aus Ungarn nahmen am 4. Mai 2008 62 Überlebende beziehungsweise ihre Kinder und Enkel am Festakt teil. Sie hatten vorher am Friedhof von Wels an den vier Massengräbern der nach der Befreiung verstorbenen ungarischen Häftlinge Kränze niedergelegt. Zum sechsten Mal gab auch die Yad Vashem Freundschaftsgesellschaft zu Ehren der ungarischen Gäste in Wels einen Empfang. Zum 61. Jahrestag der Befreiung hielt Bundespräsident Heinz Fischer eine viel beachtete Ansprache beim Gedenkstein in Gunskirchen.

Viele der damals 2750 Einwohner Gunskirchens, die mit Pfarrer Nußbaumer 1945 in der Nacht vom 22. auf den 23. Februar um den Frieden beteten, waren laut seiner Pfarrchronik von den Grausamkeiten und Misshandlungen im Waldlager und in der Umgebung entsetzt und abgestoßen. Der Pfarrer ließ auch die 128 Gunskirchner, die in dem von Hitlerdeutschland entfesselten Zweiten Weltkrieg gefallen waren, in einem Gedächtnisbildchen zusammenfassen. Die Vermissten mitgerechnet, betrug der Blutzoll der kleinen Gemeinde 165 Menschen.

Alle diese Tatsachen über die ungarischen Toten und die Gunskirchener Gefallenen, auch über die alljährliche Gedenkfeier an der Stelle des Waldlagers und bei dem Denkmal in Mauthausen habe ich erst nach meinem Referat in der Musikschule erfahren.

Ich konnte die Grenze zwischen Erinnern und Vergessen selbst nicht genau bestimmen. Es war freilich kein bewusstes Versagen des Gedächtnisses, sondern wohl unbewusst die von Nietzsche empfohlene Kunst des Vergessens, denn so Nietzsche: „Zu allem Handeln gehört Vergessen." Wie hätte ich sonst in meinen Artikeln und Büchern den österreichischen Anteil an der Tragödie des ungarischen Judentums, von den Massenmorden in Rechnitz und Göstling bis Mauthausen und Gunskirchen so sehr verdrängen können, obwohl ich die Tatsachen wissen musste? Vielleicht war ich auch von den unbestreitbaren Fakten beeinflusst, dass doch in erster Linie die Deutschen und ihre abertausenden ungarischen Helfershelfer für die Auslöschung von fast 600.000 Menschen in Ungarn verantwortlich waren und dass sich Ungarn in der Aufarbeitung der eigenen Schuld und in der Abrechnung mit dem offenen Antisemitismus, verglichen mit Österreich und erst recht mit Deutschland, noch im Hintertreffen befindet.

So führte meine nicht geplante Begegnung mit der Endstation des ungarischen Todesmarsches zu einer der Varianten des von dem großartigen Romanisten Harald Weinrich angeführten Verwirrspiels des Vergessens: „Das *möchte* man wohl vergessen, *darf* es aber nicht vergessen."

All das, was ich hier in Zusammenhang mit einer Autorenlesung in einer kleinen und selbst in Österreich wenig bekannten Gemeinde erzählt habe, war für mich eine unausweichliche Verpflichtung. Vielleicht auch deshalb, weil mich das nachdenkliche und wunderschöne Lied der Marschallin in Hugo von Hofmannsthals „Rosenkavalier" so tief berührt:

> „Die Zeit ist, die ist ein sonderbares Ding. Wenn man so hinlebt, ist sie rein gar nichts. Aber dann auf einmal, da spürt man nichts als sie. Sie ist um uns herum, sie ist auch in uns drinnen."

So ist es auch mit meinem Tag in Gunskirchen gewesen.

Quellen und Literatur:

Hubert Feichtlbauer: Zwangsarbeit in Österreich. Wien 2005
György Lányi: Pokoljáráson. Budapest 2006
Ernő Lazarovits: Vándorlás a pokolba. Budapest 2007
Paul Lendvai: Auf schwarzen Listen. Wien 2004, S. 17–49
Hans Mayer: Der Widerruf. Deutsche und Juden. Frankfurt am Main 1994
Szabolcs Szita: Verschleppt, verhungert, vernichtet. Wien 1999
Szabolcs Szita: Zwangsarbeit, Todesmärsche, Überleben durch Hilfe. Wien 2004
Harald Weinrich: Lethe – Kunst und Kritik des Vergessens. München 1997

Österreich von innen – und von außen

Gespräch mit Georg Steinitz beim Katholischen Bildungswerk Salzburg über den gelebten interkulturellen Dialog:

Sie sind als ein Mann bekannt, der gerne direkt spricht und gerne zur Sache und konkret redet. Darf ich gleich mitten in unser Thema einsteigen. Sie bedanken sich in Ihrem jüngsten Buch sehr herzlich bei der österreichischen Bevölkerung, die Sie nach Ihrer Flucht aus Ungarn sehr warmherzig aufgenommen hat. Angesichts der vielen fremdenfeindlichen Äußerungen bis hinauf in die Politik – ist das Ihrer Meinung nach noch das gleiche Land, das Sie so warmherzig empfangen hat?

Ich glaube, sehr viele leben noch, die 1956 erlebt haben. Ich bin immer wieder überrascht, dass Kinder oder Jugendliche in den Familien hier vielen Menschen geholfen haben. Es wird nicht nur das Schlechte, manchmal wird auch das Gute in der Familie weitergegeben. Aber es ist selbstverständlich ein anderes Österreich. Seitdem sind ja 50 Jahre vergangen, und die Massenflucht aus Ungarn war natürlich ein ganz besonderes Ereignis.

Zum einen vom Standpunkt Österreichs aus, das noch ein Jahr vorher besetzt war und ein Jahr vor dem ungarischen Aufstand die Freiheit – eingeschränkt, aber doch – zurückgewonnen hatte. Das war freilich etwas, wo die Leute gespürt haben: Wir hatten Glück, und die Nachbarn mussten kämpfen.

Zum anderen wusste ich selbst damals in dieser Klarheit noch nicht, wie mutig dieses viel kritisierte Österreich, seine politische Klasse und seine Regierung waren. Zum Beispiel Julius Raab, der ein vorsichtiger großer Politiker war. Er hat sich noch im Jänner

1957 zugunsten einer Neutralität für Ungarn ausgesprochen. Daraufhin wurde ein Staatsbesuch des wichtigen sowjetischen Spitzenfunktionärs Anastas Mikojan abgesagt. Österreich war auch die erste Anlaufstation für die fast 200.000 Ungarn, die geflüchtet sind. Das war natürlich eine unglaubliche Begegnung zwischen zwei Völkern, und alles, was früher war, die Revolution von 1848/49 und der ungarische Freiheitskampf, war weit weg.

Ich habe einen sehr guten Freund, der in der Wirtschaft für Kommunikation zuständig war. Ich war damals Wirtschaftskorrespondent der „Financial Times". Er hat mich immer auf Kosten der Institution, für die er gearbeitet hat, ein Mal im Jahr ins „Sacher" eingeladen. Er hat mir erzählt, dass sein verstorbener Vater, ein Offizier, wütend gewesen wäre, wenn er wüsste, dass sein guter Freund ein Ungar ist. 1956 gab es politisch, aber auch menschlich etwas, was die Ungarn bis heute betrifft. Alle Umfragen zeigen, dass die Ungarn, aus welchem Grund immer, an der Spitze der österreichischen Sympathieskala für die Nachbarvölker stehen. Mein Freund Kurt Vorhofer, der in Salzburg geboren ist, hat immer gesagt: Über die Ungarn gibt es keine Schimpfworte, viele Österreicher glaubten, sie hätten alle Palais oder seien Operettenkomponisten wie Emmerich Kálmán. Viele Österreicher glauben zum Beispiel noch heute, Franz Molnár sei ein Landsmann gewesen. In Wirklichkeit hat er alle seine Stücke auf Ungarisch, meistens im Café „New York" in Budapest, geschrieben. Es gab und gibt dieses besondere Verhältnis. Damals, 1956/57, hatten die Österreicher die Jahre 1945 und 1955 nicht vergessen. Heute gibt es neue Generationen, und natürlich existieren neue Probleme.

Alles in allem war die Aufnahme der ungarischen Flüchtlinge ein unglaubliches Ereignis. Die meisten waren wieder schnell weg aus Österreich. Ich sagte scherzhaft: Nur die Kranken und Alten sowie der Stephan Vajda, der György Sebestyén und ich sind geblieben, und alle anderen gingen weg. Es war damals eine Sternstunde. 1956 war auch sehr wichtig für die Nationswerdung

Österreichs. Die Umfragen („Sind die Österreicher eine Nation oder im Begriff, eine Nation zu werden?“) haben seitdem einen rasanten Aufwärtstrend gezeigt. Das hat alles eine Rolle gespielt. Und da gibt es noch etwas: Auch die Ungarn haben 1956 nicht vergessen. Bei allen Krisen von Waldheim bis zu den Sanktionen etc. haben auch die Ungarn, die hier leben – Ärzte, Journalisten, Geschäftsleute –, in der Innenpolitik zwar nicht alles gutgeheißen, aber sie haben klare Akzente bei der Verteidigung des ausgegrenzten Österreich gesetzt. Das habe auch ich getan und in meinem Österreich-Buch beschrieben.

Lessing schreibt in einem Faust-Fragment, nichts geht so schnell wie der Wechsel vom Guten zum Bösen – und das gibt es hier auch, wenn man zum Beispiel bedenkt, dass 1,3 Millionen Österreicher einen Migrationshintergrund haben. Das heißt eben nicht, dass diese Menschen automatisch besonders fremdenfreundlich sind. Sehr oft findet man bei Umfragen über ihr Wahlverhalten, dass viele von ihnen rechte oder populistische Gruppen gewählt haben, vielleicht aus Angst, dass auch sie, die längst Eingegliederten, Schwierigkeiten haben könnten, wenn zu viele Migranten kommen. Vergessen Sie nicht die Medien. Das Schlechte wird sofort berichtet (das Gute seltener), und rasch sagt man, dass der Täter oder der Schuldtragende kein „echter Österreicher“, sondern ein „Fremder“ gewesen sei ...

Jetzt kommen noch die Tschetschenen oder Afghanen hinzu. Wir erleben ja auch in der Flüchtlingsfrage eine Art Globalisierung. Die Grenzen sind offen. Die Ungarn oder die Slowaken kommen nicht massenhaft, wenn auch viele im Fremdenverkehr glücklich wären, wenn mehr Ungarn oder Slowaken kämen. Ich glaube Gerüchten über eine dramatische Steigerung nicht. Es ist schon so, dass die Atmosphäre in Österreich kälter geworden ist, und da spielt die politische Zugehörigkeit nicht einmal eine so große Rolle. Es gibt sozialdemokratische Landeshauptmann-Stellvertreter, die sich genauso gut in Szene setzen können wie der oft zitierte Landeshauptmann im Süden Österreichs ...

Es gibt diesen Ausdruck des „Multikulti“, der eine Zeit lang so gehegt und gepflegt wurde, einige Kreise verwenden das nun schon als Schimpfwort. Gibt es eine Alternative dazu?

Es gibt keine Alternative, weil die Grenzen offen sind. Wir befinden uns immerhin in einer glücklicheren Lage als die Spanier, wenn man bedenkt, was auf den Kanarischen Inseln passiert. Ich glaube, es gibt keine leichten Lösungen. Es muss eine kombinierte Operation sein, man muss zwischen Flüchtlingen und Migranten unterscheiden. Die meisten, die nach Amerika gegangen sind, waren Auswanderer, auch aus dem Burgenland, aus Österreich, aus Ungarn. Niemand sagte, die sind Flüchtlinge. Es gab auch Flüchtlinge, die ihr Leben riskierten, die Angst vor einer Diktatur hatten, aber man muss klar diesen Unterschied zwischen Flüchtlingen und Migranten machen.

Dann muss man auch unterscheiden, was braucht das Land? Natürlich vor allem qualifizierte Arbeitskräfte. Laut den jüngsten Untersuchungen werden in 20 Jahren ca. 165.000 Menschen zusätzlich gebraucht werden. Und es ist natürlich schrecklich, wenn in Österreich ein qualifizierter Universitätsdozent oder Professor oder ein Facharbeiter sich stundenlang anstellen muss. Die Wirtschaft ist liberaler und offener als die Gewerkschaften. Wenn ich bedenke, was die BAWAG-Geschichte gekostet hat – mit diesem Geld hätte man hier sehr viele sogenannte „Multikulti-Projekte“ machen können.

Wir haben als Titel den „multikulturellen Dialog“ gewählt, zu dessen Gunsten Sie heute auch bei der kirchlichen Stiftung „Pro Oriente“ gesprochen haben. Wie kann man das fördern?

Erstens mit Offenheit, nicht mit Heuchelei, das ist sehr wichtig. Man muss auch wissen, worüber und mit wem man redet und in welcher Sprache. Vor dem Beginn der slowenischen EU-Präsidentschaft war bei einem internationalen Dialog in Ljubljana auch ein österreichischer Diplomat anwesend. Er hatte mir erzählt, dass es sehr peinlich war, als es um diesen Dialog ging, weil Vertreter aus dem benachbarten südlichen Bundesland – nicht alle, aber einige – sich nicht gerade konstruktiv geäußert hatten. Heute arbeiten übrigens mehr Kärntner in Slowenien als umgekehrt, und auch das ganze Bankwesen dort ist zum Beispiel fest in österreichischer beziehungsweise deutscher Hand.

Zum Dialog gehört also auch Offenheit und dass man sich Kenntnisse über diese Länder aneignet. Das ist auch das Problem mit den österreichischen Medien. Sprechen wir offen aus, dass über die jeweilige Situation zwischen den Sunniten und den Schiiten oder zwischen Clinton, McCain oder Obama im US-Wahlkampf unvergleichlich mehr geschrieben oder berichtet wird als darüber, was in unserer Nachbarschaft passiert. Das eine ist zwar oft viel aufregender oder spannender, zugegeben, aber eine kontinuierliche Berichterstattung über Mittel- und Osteuropa fehlt.

Das gilt zum Teil auch für die Übersetzungen. Zum interkulturellen Dialog gehört es, dass man die Übersetzung von Büchern fördert. Sehr oft kommen Bücher zu uns nur dann, wenn sie in Frankreich oder Amerika bekannt sind oder schon übersetzt wurden, und das gilt nicht nur für Österreich. Die Ungarn wissen noch weniger, was in der Slowakei oder in Rumänien geschrieben wird, und umgekehrt. Man braucht Geld, Verlage und Übersetzer, um überhaupt diese Bücher bekannt zu machen. Ich rede nicht über Gedichte, das ist besonders schwierig, aber dazu gehört auch die bewusste Förderung des kulturellen Dialogs.

Ich bewundere Anna Netrebko als große Sängerin. Trotzdem war ich verstimmt, als ihr der Durchbruch zur österreichischen Staatsbürgerschaft gelang. Ich war sogar zeitweilig in Versuchung, in meiner wöchentlichen „Standard"-Kolumne anzudeuten, wie die sogenannten „einfachen Leute" Jahre und Jahre warten müssen, bis sie die österreichische Staatsbürgerschaft bekommen. Ihr wurde der Reisepass fast nachgeworfen. Spricht sie überhaupt Deutsch? Das gilt nicht nur für sie; man hat mir dann noch drei Opernsänger genannt, die als Österreicher geführt werden. Da könnten sich so viele qualifizieren, einfach deshalb, weil sie schon öfter bei den Festspielen hier gesungen haben ...

Was mich betrifft, so habe ich am 28. September 1959 die österreichische Staatsbürgerschaft bekommen, auch zu früh, aber doch nicht so blitzschnell wie manche andere Flüchtlinge oder Zuwanderer. Da sind serbische oder kroatische Fußballspieler oder herausragende Schwimmer; da sagen die Boulevardblätter „wir haben gewonnen", die werden sofort als „echte Österreicher" aufgenommen. Ich finde, da muss man schon gewisse Grenzen beachten.

Andererseits ist es natürlich wichtig, dass das Land offen bleibt. Die größte Barriere bei der Haltung gegenüber den Fremden ist die Mischung aus Ignoranz und Arroganz. Das ist für das Land natürlich besonders gefährlich.

Schauen Sie die Karrieren der Einwanderer oder der Flüchtlinge in der Wirtschaft oder der Kultur an. Boris Nemšić, der Telekomchef, stammt aus Sarajewo oder Ioan Holender, der erfolgreichste Staatsoperndirektor, der übrigens zwei Jahre nach mir gekommen ist. Ich selbst war auch Leiter der ORF-Ostredaktion und dann Intendant von Radio Österreich International. Wir alle wurden aufgenommen und akzeptiert. Dass das Gastland dann von den Neu-Österreichern Loyalität erwartet, das ist ganz natürlich.

Sie haben die schnelle Einbürgerung erwähnt. Es gibt da diesen Passus der schnelleren Einbürgerung im „öffentlichen Interesse", offenbar war auch Ihre schnellere Einbürgerung eine Sache des öffentlichen Interesses.

Ich habe keinen Groschen bezahlt.

Frau Netrebko hat sicher auch nichts bezahlt.

Ein Freund von mir, der Journalist Stephan Vajda, hat 1957 für einen ungarischen Pressedienst der SPÖ gearbeitet. Dessen Leiter war Paul Herzog, ein alter sozialdemokratischer Emigrant. Vajda hat mir eines Tages erzählt, er sei schon für die österreichische Staatsbürgerschaft vorgeschlagen worden und kriege sie bald. Ich habe ihn gebeten, mich dem Herzog auch zu empfehlen. Ich war in meiner Jugend in der ungarischen sozialdemokratischen Jugendbewegung. Allerdings hatte ich als Linkssozialist geholfen, die ungarische Demokratie zugrunde zu richten. Immerhin konnte ich mich auf etwas berufen, was mir hier in Österreich vielleicht helfen würde. So habe ich auch nach zweieinhalb Jahren einen Reisepass bekommen. Damals konnte man übrigens schon nach vier Jahren um die Staatsbürgerschaft ansuchen.

Sie müssen sich trotzdem, bevor Sie den Pass angenommen haben, gesagt haben, wo bleibe ich überhaupt? Sie haben den Eisernen Vorhang überwunden, Sie hätten genauso nach London oder Amerika gehen können, wieso nach Österreich?

Ich habe unter einem Pseudonym (Paul Landy) einige Kapitel für ein Buch geschrieben, das vom US-Presseattaché in Amerika herausgegeben wurde. Dieser hat mich für ein Einwanderungsvisum vorgeschlagen. Ich erzählte im Konsulat mein Leben, auch, dass ich Parteimitglied war. In Ungarn zählte die KP 1956 fast 900.000 Mitglieder, einschließlich der ehemaligen Sozialdemokraten. Man hat ausgerechnet, wenn man alle nimmt, die während des kommunistischen Systems (1948–1989) irgendwann für kürzere oder längere Perioden Parteimitglieder waren, sind es sogar zwei Millionen. Ich habe also alles über mich erzählt; das wurde mit Interesse angehört, und das Gesuch durch den Presseattaché abgelehnt. Dann hat mir ein Neffe des Mannes meiner Tante, Installateur in Toronto, eine Flugkarte geschickt. Ich ging zu den Kanadiern, habe meine Geschichte auch dort erzählt, und die Kanadier wollten mich auch nicht. Dieser entfernte Verwandte war sehr enttäuscht. Er glaubte wohl, ich hätte verschiedene Verbrechen begangen, und deshalb sei ich abgelehnt worden.

In Wien war ich aber inzwischen sehr glücklich. Ich hatte schon mein erstes Auto gekauft, mit 92.000 km für 14.500 Schilling, ein Opel Cabrio, ich hatte eine Freundin, habe gearbeitet für verschiedene Auslandskorrespondenten, verdiente nicht schlecht und war den Amerikanern und Kanadiern immer sehr dankbar, dass sie mich damals nicht genommen haben.

Es gehörte aber irgendwie zu dieser Stimmung unter den 192.000 Flüchtlingen: Jeder wollte weiter weg.

Nur wenige – schätzungsweise knapp 10.000 – blieben von den 192.000 Flüchtlingen in Österreich. Ich habe mich jedenfalls nie wieder um Visa gekümmert. Dann floh nach der Invasion der Tschechoslowakei im Sommer 1968 mein Cousin, ein Bauingenieur aus Bratislava, mit seiner Frau nach Wien. Ich habe ihm gesagt: „Du sprichst gut Deutsch, du hast auch einen Beruf, im Gegensatz zu uns Journalisten." Der Cousin erzählte, er habe sogar eine Erbschaft durch seine Mutter in Hamburg. „Geh also nach Hamburg", sagte ich. Nein, er möchte nach Australien. Ich fragte ihn: „Wieso willst du nicht nach Hamburg? Du sprichst noch dazu kein Englisch?" „Die Russen sind zu nah", sagte er. „Ich lebe in Wien, das ist nur 50 Kilometer von der Grenze entfernt", sagte ich. „Ja, aber du hast eine englische Frau." (Ich war damals mit einer englischen Schauspielerin verheiratet, sie ist 2003 gestorben.) Das war also sein Argument ... als ob meine Frau mich dann schützen und irgendwie nach England transportieren würde.

Sie haben seither Dekaden der österreichischen Politik in einer Position begleitet, wo Sie hineinsehen konnten. In Ihrem jüngsten Buch bezeichnen Sie einige Politiker als herausragend, dazu gehört Bruno Kreisky. Was hat Sie mit ihm verbunden?

Mit ihm hat mich verbunden, dass ich 1960 Wiener Korrespondent der größten Wirtschaftszeitung Europas, der „Financial Times", geworden bin. Ich fing damals an, über Österreich regelmäßig zu berichten, so unter anderem über die Integrationsverhandlungen mit der Europäischen Wirtschaftsgemeinschaft EWG, über die Wirtschaftslage und die Reparationen an die Sowjetunion. Kreisky wollte selbst Journalist werden, hat er einmal geschrieben. Als ganz junger Mann, auch in der Emigration, hatte er selbst Artikel verfasst, und er hatte ein fantastisches Sensorium für Journalisten, nicht nur für die Chefredakteure; auch die Jungen hat er gleich behandelt. Ich war damals ein Niemand, ein Anfänger als Auslandskorrespondent. Für ihn war es aber wichtig, dass die „Financial Times" über Österreich überhaupt berichtete. Bis dahin war das Land nur dann erwähnt worden, wenn etwa britische Touristen einen Schiunfall hatten. Ich war natürlich sehr stolz, als der Außenminister Kreisky meine Berichte gelesen hat. Journalisten sind eitel, das gehört zu unserem Beruf, sonst würden wir auch nicht Bücher schreiben.

Damals konnte man die „Financial Times" nur in einer bestimmten Buchhandlung am Stephansplatz kaufen. Nach einem langen Interview mit Kreisky habe ich einige Tage später die Zeitung gekauft, und da war ein großer Bericht von mir mit einem Kreisky-Bild. Ich rannte sofort in das Außenministerium und übergab seiner Sekretärin, Frau Margit Schmidt, diesen Artikel. Bei seinem Empfang für den französischen Außenminister haben mich Günther Nenning und andere Kollegen gefragt, wo ich bisher war? Ich habe gearbeitet, um diesen Anzug zu kaufen, lautete meine Antwort. Dann habe ich immer mehr über Kreisky, zuerst als Außenminister, später auch als SPÖ-Vorsitzenden, geschrieben. Kreisky hat die Journalisten immer als vollwertige Gesprächspartner betrachtet. Das war freilich ein gegenseitiges Geschäft: Wir haben die Informationen und den Zugang zu den Lesern und er hat die Publizität bekommen. So entstand dann im Laufe der Zeit ein Vertrauensverhältnis.

Die Politiker haben in Wirklichkeit die Journalisten nicht gern, vor allem dann nicht, wenn sie kritisch schreiben, dann ist es aus. Ein Beispiel: Ich war 1965 in Belgrad mit Bundeskanzler Klaus und Außenminister Kreisky. Bei diesen wichtigen Verhandlungen hat man über die Liberalisierung der Einfuhren und andere Wirtschaftsfragen diskutiert. Es gab schon Spannungen in der Koalition, die auch zwischen dem Bundeskanzler und dem Außenminister spürbar waren. Kreisky war irgendwie auch persönlich irritiert und fuhr nach dem Ende des offiziellen Besuches zurück nach Wien. Ich habe dann für „Die Presse“, deren Ostkommentator ich damals auch war, mit dem Kabinettchef des Kanzlers, dem späteren Generalsekretär des Europarates, Botschafter Franz Karasek, ein ausführliches Interview über die österreichische Ostpolitik gemacht, das dann als Gespräch mit Klaus abgedruckt worden ist. Inzwischen hatte die kommunistische Regierung Polens mein Ansuchen um eine Einreisegenehmigung abgelehnt. Was mich besonders empört hatte, war, dass ich für die Zustellung des negativen Bescheides per Nachnahme sogar 20 oder 50 Schilling zahlen musste. Ich rief dann Kreisky an. Statt einer Begrüßung sagte er mir kühl: „Na, Sie haben aus dem Klaus einen Staatsmann gemacht.“ „Herr Bundesminister, Sie waren ja nicht mehr da, Sie sind weggefahren“, sagte ich, und dann erzählte ich ihm empört von der polnischen Absage. Darauf sagte Kreisky: „Herr Redakteur, ich hab' Ihr Visum nicht abgelehnt“ und legte auf. Die Abkühlung dauerte freilich nicht lange.

Nachdem er Bundeskanzler geworden war, haben der Zsolnay- und der Econ-Verlag mich und Karl Heinz Ritschel, damals Chefredakteur der „Salzburger Nachrichten“, gebeten, ein Buch über Bruno Kreisky zu schreiben. Wir wussten damals nicht, dass gleichzeitig auch Viktor Reimann an einer Kreisky-Biografie für den Molden-Verlag gearbeitet hatte.

Wir haben dieses Buch in Form von zwei separaten Essays geschrieben. Während dieser sehr interessanten Arbeit hatte ich viele Stunden mit Kreisky und seinen Weggenossen verbracht. Das war ein Vertrauensbeweis, dass er bereit war, für einen unabhängigen Journalisten Zugang zu seiner persönlichen Korrespondenz zu gewähren. Im Laufe der Jahre habe ich sehr viel über Kreisky auch für die „Financial Times“ geschrieben. Ich habe ihn geschätzt, ich glaube, er war trotz aller Fehler und menschlichen Schwächen eine herausragende Erscheinung. Niemand in Europa hat fünf Mal freie Parlamentswahlen gewonnen: 1970 relative Mehrheit, 1971, 1975, 1979 absolute Mehrheit, 1983 noch immer 47,8 Prozent für die SPÖ, mit einem Auge und einer Niere (drei Mal in der Woche musste er sich einer Dialyse unterziehen). Er war außergewöhnlich in jeder Hinsicht.

Kurt Vorhofer, der große katholische Journalist, Chef der Wiener Redaktion der „Kleinen Zeitung“, mein Freund und Nachbar, war auch von ihm fasziniert. Einmal fuhr er nach Gösing. Kreisky war dort auf Genesungsurlaub. Da hat Vorhofer drei ganze Seiten über sein Gespräch mit ihm und anschließend noch eine Serie über ihn geschrieben. Kreisky hatte freilich seine menschlichen Schwächen, er konnte sich nicht zurückhalten, im Gegensatz zu Josef Taus oder zu seinem Vorgänger Josef Klaus. Es gab eine berühmte Karikatur von Ironimus, wie Kreisky selbst sein Denkmal zerstört. So war es in der Tat; er konnte sich nicht zurückhalten, wenn ein Journalist auf Mallorca oder in der Armbrustergasse erschien. Er hat nach seinem Rücktritt oft schreckliche Dinge gesagt. Klaus war nicht so brillant, aber er war ein großartiger Mensch. Er hat sich nie eingemischt in die Politik oder in die Tätigkeit seiner Nachfolger.

Sie haben auch Klaus erwähnt, den wir in Salzburg viele Jahre als Landeshauptmann hatten. Das geht aus Ihrem Buch hervor, er ist unter seinem Wert abgegangen.

Keine Frage, die ÖVP ist berühmt dafür, dass führende Persönlichkeiten so behandelt werden.

Es ist weitgehend nicht bekannt, dass er fremdsprachlich sehr fit war.

Er war ein ungewöhnlicher Mensch, ich habe ihn als „Financial Times"-Korrespondent kennengelernt, da war er Finanzminister. Ich war zu Besuch, habe Fragen gestellt, und zu meiner Überraschung schrieb nicht nur ich, was er sagte, sondern auch er hat notiert, was ich gefragt beziehungsweise angemerkt habe. Später merkte ich, dass er das immer gemacht hat. In seinen Memoiren schrieb er, wie die Leute vielleicht über ihn gelacht haben, wenn er das gemacht hat. Später kaufte er ein eleganteres Heft. Er war unglaublich fleißig, gehörte keinem Bund an, war geradlinig, machte nie faule Kompromisse. Es gibt heute noch sehr bekannte Persönlichkeiten in der ÖVP, die nach wie vor nicht besonders freundlich über ihn sprechen.

Es gehört überhaupt zum politischen Kennzeichen Österreichs, dass die Leute über ihre Parteifreunde negativer sprechen als über die Gegner in der anderen Partei. Klaus war an der Wissenschaft sehr interessiert. Nur wenige wussten, dass er 1968 drei Mal wöchentlich in der Früh zum IBM-Laboratorium in Wien ging, um zu lernen, wie das mit dieser neuen Wissenschaft ist, den Computern. Er hat nicht nur die Bücher gekauft, sondern sie auch gelesen. Er hat auch eine ganze Generation von jungen begabten Menschen in die Politik gebracht: Josef Taus, Wolfgang Schmitz, Thomas Klestil, alle waren schon in seiner Zeit aktiv. Alois Mock auch, er war sein Sekretär, Klaus hat ihn überraschend zum Minister gemacht.

Klaus war ein Mann, der etwas bewegen wollte, eigentlich der erste große Reformer nach dem Zweiten Weltkrieg. Ihm half ein sehr begabter, menschlich ungemein anständiger Generalsekretär, ein Notar aus Wolkersdorf, Hermann Withalm. Ich habe übrigens von ihm eine Kiste Weißwein gewonnen. Wir hatten gewettet, ob die ÖVP 1970 wieder gewinnen wird. Er musste natürlich die Wette annehmen, und ich habe dann 12 Flaschen gewonnen.

Klaus hat dann in der Wahlnacht gesagt, er macht keine Koalition, das wäre nicht anständig gewesen, ist zurückgetreten und hat ein sehr reiches privates Leben geführt. Man muss wissen, dass er menschliche Tragödien erlebt hat, einige Tage vor dem großen Wahlerfolg starb seine Tochter, die einen angeborenen Herzfehler hatte.

Herzlich willkommen zum zweiten Teil, bei dem auch das Publikum Gelegenheit haben soll, Fragen zu stellen. Eines der wichtigsten Dinge im Zusammenleben zwischen Politikern und Journalisten ist Vertrauen. Ich erinnere mich, als man hier mitgeteilt hat, es nicht zu missbrauchen. Das wurde respektiert, und eines Tages war das mit dem Erscheinen gewisser Medien einfach aus. Wie haben Sie das erlebt?

Dazu gehört, dass man paktfähig sein muss. Ich saß bei Rudolf Kirchschläger, den ich schon als Kabinettschef von Kreisky gekannt hatte, als dieser Außenminister war, und er erzählte mir, dass wir diplomatische Beziehungen zu China aufnehmen werden. „Allerdings“, fügte er hinzu, „schreiben Sie das bitte noch nicht.“ Ich schrieb es nicht. Eine Woche später hat das jemand anderer geschrieben. Das ist aber die Grundlage des Vertrauens, wenn jemand sagt, das ist off the record, dann schreibt man das nicht, aber die Sitten sind rauer geworden, und nun passiert das, dass auch ganz private, intime Sachen berichtet werden.

Manchmal sind die Leute selbst schuld. Thomas Klestil, ich war befreundet mit ihm, war ein tragischer Fall, als er dem Chefredakteur einer Illustrierten selber mitgeteilt hat: Meine Frau hat mich verlassen. Wir wissen heute, wie das wirklich war. Seine Frau hat ihn verlassen, nachdem er nicht bereit war, gewisse Grenzen im Privatleben einzuhalten. Das war natürlich ein Tabubruch. Man muss sagen, dass auch die früheren Politiker keine Engel waren. Kreisky hatte jahrzehntelang eine depressive, schwer kranke Frau. Viele Jahre war Kreisky auch mit einer sehr bekannten Partnerin liiert, der Frau eines bekannten Schriftstellers. Danach war seine Freundin eine Schauspielerin, die hat es erst zehn Jahre nach Kreiskys Tod einer Journalistin erzählt, aber niemand hat über diese Affären zu Lebzeiten Bruno Kreiskys berichtet.

Dann gab es auch die berührenden Geschichten. Withalm, der „eiserne Hermann", hat unglaubliche Wortgefechte mit den Sozialisten, mit Pittermann geführt. Als es etwa um die Habsburg-Geschichte ging, wurde er in seiner Rede 156 Mal unterbrochen. Als Pittermann todkrank war, hat Withalm ihn mehrmals besucht. Auch das wurde erst viel später bekannt. Es gab früher eine Art stillschweigendes Gentleman's Agreement zwischen den Journalisten und den Politikern. Gewisse Dinge hat man einfach nicht geschrieben. Heute schreibt man auch Dinge, die nicht stimmen, und man weiß dann nicht, soll man reagieren, doch dann riskiert man eine Wiederholung. Das ist alles schlimmer geworden, auch durch das Internet, in Blogs kann man alles schreiben. Es ist gefährlicher geworden für beide, Politiker und Journalisten.

Wie kann man den interkulturellen Dialog fördern?

Ich habe dazu schon etwas in einer kurzen Rede, bei der ökumenischen Feier mit dem Herrn Erzbischof, gesagt und will mich nicht wiederholen. Es geht unter anderem darum, in welcher Sprache, mit wem und worüber man einen Dialog führen will. Es ist wichtig, auch innerhalb der einzelnen Staaten, auch in Österreich einen Dialog zu haben – auch mit den Minderheiten und auch über das Zusammenleben in einem Europa ohne Grenzen. Da kommt dann immer wieder die Frage nach dem unsichtbaren Eisernen Vorhang in den Köpfen. Diese Barrieren kann man nur durch Wissen und durch Sprachkenntnisse überwinden.

Es ist fast unglaublich, dass man in Österreich, wo es mehr Lendvais gibt als in Ungarn im Telefonbuch, oder mehr Kaczmareks oder sonstige slawische Namen, die Sprachen der Nachbarn kaum spricht: anderthalb Prozent der Schüler lernen Ungarisch, Kroatisch, Russisch, Slowenisch und 53 Prozent betrachten Englisch als die wichtigste Sprache. Aber für Leute, die in der Wirtschaft Karriere machen wollen oder in kulturellen Zusammenhängen stehen, ist es wichtig, auch diese anderen Sprachen zu sprechen. Es gibt doch so viele Leute, die aus diesen Ländern stammen.

Der Dialog ist unmöglich, wenn man keine Kenntnisse, keine Hingabe, kein Engagement hat. Die Gefahr ist, dass dann diese Diskussionen zu protokollarischen Höflichkeitsübungen und einem Sammelsurium von Banalitäten werden, dass wir die Nachbarn nicht kennen, sie uns auch nicht, weil eben zugleich die Berichterstattung, auch aus finanziellen Gründen, dünner geworden ist. Die Tatsache, dass im Außenministerium ein Fonds gegründet wurde, um Übersetzungen aus den Balkan-Sprachen zu fördern, ist schon ein wichtiger Schritt. Dazu gehört natürlich auch der Schüleraustausch, dass man mit den Leuten redet.

Es war eine bahnbrechende Geschichte, als Prof. Adam Wandruszka die Herausgabe von italienisch-österreichischen Geschichtsbüchern initiiert und organisiert hat. Das sind die besten Methoden, um Vorurteile zu bekämpfen, dass nicht die eine Seite aus Engeln und die andere aus Verbrechern besteht. Das ist etwas, wo ein ganz großes Defizit herrscht, in Österreich und auch in den anderen mitteleuropäischen Staaten. Ich will damit nicht sagen, dass es anders ist in Ungarn oder in den meisten Nachfolgerepubliken Jugoslawiens.

Zu diesem Kampf für gegenseitiges Verständnis und gegen Ignoranz gehören auch Zivilcourage, Presse- und Medienfreiheit und natürlich die wirtschaftliche Grundlage. Wenn man bedenkt, dass Österreich das viertreichste Land in der EU ist, kein Land außer Deutschland von der Öffnung der Grenzen so viel profitiert hat wie Österreich, dass die Banken und viele Unternehmen große Profite erzielen, dann ist es rational kaum zu glauben, dass fast nirgends in den Umfragen die Abneigung gegen die „Ostöffnung“

und gegen die EU so stark ist wie in Österreich. Ich erinnere mich, als ich aus der ehemaligen Tschechoslowakei kam, wie das war, die toten Bezirke an der Grenze zur Slowakei und zu Tschechien. Es war unglaublich trostlos – und jetzt diese Chancen! Das zeigt, dass man das alles nicht richtig einschätzt. Natürlich ist das zum Teil unsere Schuld: die Medien, die Erziehung, die Schulen. Und übrigens gehört auch dazu, dass man immer wieder gegen Ignoranz und Dummheit ankämpft.

Es gab einen berühmten ungarischen Schriftsteller und Börsenspekulanten, André Kostolanyi, seine Bücher sind noch heute Bestseller im deutschen Sprachraum. Er starb 1999 im Alter von 93 Jahren. Ich habe ihn gut gekannt; wir traten auch zusammen in „Club 2"-Sendungen und anderswo auf. Er hat einmal in einem Interview gesagt, er möchte auf den Barrikaden im Kampf gegen die Dummheit sterben. Dieser Kampf ist eine permanente Aufgabe: Es gibt sehr viele Leute, die durch Verbreitung von Dummheiten Geld verdienen.

Mich interessiert, ob das viel gescholtene Internet nicht eine Möglichkeit zur Förderung des interkulturellen Dialogs ist?

Ich halte das Internet für das vielleicht wichtigste Medium. Ich habe Gott sei Dank gelernt, mit dem Laptop und dem Computer umzugehen. Als ich meine jetzige Frau kennengelernt habe, konnte ich nur mit großen Buchstaben am Computer schreiben, heute beherrsche ich die Technik einwandfrei. Das Internet ist einerseits gefährlich, aber es bleibt ein sehr wichtiges Medium, wenn man bedenkt, dass jeder alles lesen kann, dass man miteinander kommunizieren kann, dass man Blogs schreibt, durch Google etc. alles erfahren kann. Das Internet ist ein Produkt der unaufhaltsamen Globalisierung und der Kommunikationsrevolution. Die Bedeutung des Internets ist ungeheuer. Es bestehen auch Gefahren, etwa hinsichtlich rassistischer, nationalistischer oder rechtsradikaler Propaganda. Aber wir müssen hier einfach offensiv werden und dieses ungeheuer bedeutsame Instrument gegen Intoleranz und Rassismus mit Maß und klug einsetzen.

Ich unterrichte Klavier an der Universität Mozarteum, und da leben wir wirklich einen gelebten interkulturellen Dialog mit den anderen. Da gibt es Studenten aus der ganzen Welt, das ist so etwas Wunderbares, in meiner Klavierklasse habe ich sicher sechs bis sieben Nationalitäten. Sehen Sie das auch, dass die Kunst ein enormer Katalysator ist, um Menschen zusammenzubringen?

Die Kunst ist überhaupt die wichtigste Brücke. Ich hatte die Ehre, hier in Salzburg das Végh-Quartett zu hören, ich kannte Sándor Végh auch persönlich. So viele Japaner kommen jetzt zum Studium nach Deutschland, immer häufiger auch nach Salzburg und Wien. Sie lernen Deutsch, und das bedeutet viel für das Österreichbild in Japan und natürlich auch umgekehrt für das Ansehen Japans im Ausland. Es ist unglaublich, was die Sprache, was Kunst und Musik und die Ausbildung bewirken können – übrigens auch bei den Philharmonikern, bei denen nun Frauen auftreten dürfen.

Österreichische Unternehmen gehören zu den großen Investoren in den neuen EU-Ländern. Wie sehen Sie das aus der Sicht dieser Länder, in denen Österreich in den großen Wirtschaftsunternehmen dominant ist? Macht das Österreich geschickt, oder entstehen da neue Ressentiments?

Eine schwierige Frage. Ich glaube, dass auch hier Offenheit sehr wichtig ist. Ich habe kürzlich vor einem qualifizierten Publikum bei einer Bank gesprochen, und nachdem ich ungeschminkt meine Meinung über die Schattenseiten in Osteuropa, über Korruption und vieles andere gesagt habe, kam als nächster Redner ein Vorstandsdirektor dieser Bank auf die Bühne und sagte: „Meine Damen und Herren, wenn Sie Ihre Aktien nach dem Vortrag von

Professor Lendvai noch nicht verkauft haben, dann möchte ich gerne das und das sagen“ und hat ein im Grunde rosiges Bild skizziert. Etwa vier Wochen später traf ich bei einer Veranstaltung in Wien den stellvertretenden Generaldirektor dieser sehr großen Bank. „Ich höre, Sie haben bei unserer Veranstaltung sehr kritisch gesprochen. Man hat mir darüber berichtet“, sagte er vorwurfsvoll, und fügte hinzu: „Für uns ist das Wichtigste in Russland schlicht und einfach Stabilität ...“ Jetzt sage ich Ihnen offen, ich schäme mich, weil ich ihm damals nur zugehört, meinen Wein getrunken und nichts, überhaupt nichts gesagt habe. Ich hätte nämlich sagen können: „Dann war die schönste, ruhigste Zeit in der russischen Geschichte die Zeit unter Breschnjew.“ 18 Jahre lang herrschte nämlich damals in der Sowjetunion Stagnation, und nicht Stabilität.

Mir gefällt besser, was in Slowenien passierte. Jeder hatte erwartet, dass der Christdemokrat und Ex-Premier Lojze Peterle Präsident werde, und dann wurde völlig überraschend ein Außenseiter aus der Diplomatie gewählt. Oder ähnliche Überraschungen etwa in Rumänien. Aber wenn Stabilität nur bedeutet, dass die Gewinne kommen und man nicht schaut, wie es im ganzen Land aussieht und wie auf lange Sicht sogar die Gewinne gefährdet werden könnten, wenn das Land in eine Krise gerät, ist das kurzsichtig und gefährlich. Bedeutet der Triumph des Kapitalismus automatisch auch mehr Freiheit? Nicht notwendigerweise, weder in Osteuropa noch in Asien. Das ist die eine Seite der Geschichte. Die andere ist, dass die westlichen Firmen natürlich Know-how bringen und die freie Marktwirtschaft die alten Strukturen zerstört.

Die westlichen Investoren nützen die Chancen aus, aber die Entwicklung eines jeden Landes hängt letzten Endes von der eigenen politischen Elite ab, nicht von der EU, nicht von den westlichen Investoren. Es ist das gute Recht der westlichen Investoren, Geld zu verdienen, nur sind das keine karitativen Entscheidungen, und natürlich können die Menschen auch in Osteuropa dadurch Arbeit finden und selbst besser verdienen. Die Situation ist von Land zu Land, von Region zu Region unterschiedlich. Wenn Sie in Györ oder in Westungarn sind und fahren weiter nach Südostungarn, dann finden Sie ein ganz anderes Land vor, mit 40 bis 50 Prozent Arbeitslosigkeit und fehlender Infrastruktur – dort waren ja die Türken und nicht die Habsburger. Genauso in Kroatien und Serbien, es gibt keine pauschalen Antworten. Es werden Ressentiments auch bewusst von den Populisten gezüchtet. Diese gibt es nicht nur in Österreich, sondern auch in Ungarn oder in der Slowakei.

Man muss bei den Etiketten aufpassen. Da redet zum Beispiel in Ungarn ein bürgerlicher Politiker von den westlichen Investoren als potenziellen Ausbeutern des Landes. Warum? Einfach deshalb, weil er bei den nächsten Wahlen mehr Stimmen gewinnen will. Genauso ist das in Serbien oder in der Slowakei. Es geht um die Fehler der eigenen Regierungen, dass etwa in Ungarn das Defizit zehn Prozent des Bruttosozialproduktes betrug, obwohl die Grenze bei der EU bei drei Prozent liegt. Die Ungarn haben, nicht zum ersten Mal, über ihre Verhältnisse gelebt. Das ist also nicht die Schuld der westlichen Investoren. Diese dürfen aber neben ihren Kursgewinnen nicht auch die Deutungshoheit bei der Analyse der Entwicklung für sich reklamieren und uns, die Kommentatoren und Politologen, bevormunden.

Der interkulturelle Dialog

Aus einem Interview mit dem ORF-Hörfunk:

2008 wurde das Jahr des interkulturellen Dialogs ausgerufen. Was bringt so ein Jahr in Ihren Augen?

Das kommt darauf an, was man daraus macht. Die große Frage ist, ob man nur pro forma Dinge organisiert und Banalitäten verbreitet oder mit konkreten Programmen und interessanten Projekten Menschen, Gruppen und Nationen einander näher bringt. Wenn man etwa durch konkrete Beispiele Verständnis für die Minderheiten oder die Angehörigen anderer Nationen weckt, wenn man dafür sorgt, dass junge Leute Sprachen lernen, nicht nur Englisch oder in manchen Fällen Französisch, sondern auch die Sprachen der Nachbarländer, dass sie die Literatur der anderen Nationen oder Nachbarländer Mitteleuropas kennenlernen. Kurz, man muss dafür etwas tun und nicht nur, wie so oft, rhetorische Lösungen präsentieren.

Wie würden Sie den Status quo in Österreich einschätzen? Wir blicken sehr stark zurück in das Jahr 1938. Bis jetzt ist einiges geschehen, was Integration, Toleranz und Verständnis auch für die Vergangenheit bedeuten. Wo stehen wir?

Ich war sehr beeindruckt von den verschiedenen Sendungen, Zeitungsbeilagen, Serien, was die Aufarbeitung einer bitteren Erbschaft 1938 und nachher betrifft. Ich war am Heldenplatz und habe sehr, sehr viele junge Menschen gesehen, die Kerzen angezündet hatten, auch ältere, und das alles war für mich sehr bewegend. Ich habe kürzlich im Außenministerium eine neue Serie von Gesprächen eröffnet, mit Ari Rath, einem ehemaligen Wiener, der nach 1938 vertrieben wurde beziehungsweise geflüchtet ist und in Israel Chefredakteur der „Jerusalem Post“ geworden ist. Wir haben offen, zum Teil kontrovers miteinander gesprochen, er als Flüchtling aus Österreich, ich als Flüchtling aus Ungarn nach Österreich 20 Jahre später, und da waren Spitzen der Politik und der Wissenschaft dabei, die wirklich zugehört und dann diskutiert haben.

Ich glaube, dass ein rundes Gedenkjahr immer hilft, Aufmerksamkeit zu wecken und die Aufarbeitung zu intensivieren. Die Verlage bringen neue Bücher. Es ist aber sehr, sehr wichtig, dass man sich mit 1938 nicht nur 70 Jahre, sondern auch 71 oder 72 Jahre später beschäftigt, dass also unter anderem die Aufklärung in den Schulen fortgesetzt wird. Zuletzt hat GFK eine Umfrage präsentiert, dass 44 oder 46 Prozent der Befragten mehr Interesse an der Zeitgeschichte haben als früher.

Es bleibt natürlich noch viel zu tun. Man stößt oft auf jene instinktive Reaktion, dass man für Probleme die Zuwanderer, die Außenseiter, die Fremden verantwortlich macht. Es ist leicht, Zuwanderer oder Flüchtlinge nach ihrem Tod oder nachdem sie in Hollywood Oscars gewonnen hatten (zum Beispiel Billy Wilder), zu loben oder die noch lebenden Nobelpreisträger (zum Beispiel Erich Kandel) einzuladen. Es gibt heutzutage sicher auch manche Migranten in Österreich, die das Zeug haben, eines Tages vielleicht einen Nobelpreis zu bekommen. Man muss gleiche Chancen bieten.

Wenn man die Zahlen ansieht, 380.000 Moslems, zigtausend ehemalige Jugoslawen, Polen etc., die nach Österreich gekommen sind, dann kann man nicht mehr darüber diskutieren, ob wir ein Einwanderungsland sind. Es ist so wie in der Monarchie: Wien und Österreich werden vielfarbiger. Ich glaube, das ist kein österreichisches Spezifikum, das passiert nicht nur hier, das gibt es auch in Großbritannien (dort arbeiten hunderttausende Polen), in

Frankreich, in Deutschland. Wir in Österreich haben wahrscheinlich Glück, dass wir nicht die Probleme haben wie die Deutschen mit ihren 3,8 oder 4 Millionen Türken.

Kann man das so sehen, dass ein interkultureller Dialog, eine zukünftige Integration erst passieren kann, wenn man selbst die Vergangenheit aufgeklärt, aufgearbeitet hat?

Die Aufarbeitung der Vergangenheit ist die Vorbedingung dafür, dass man die Probleme der Gegenwart versteht und die Aufgaben der Zukunft bewältigt. Wenn man den „Anschluss“ von 1938, die wirklichen Motive und die unglaublichen, tragischen Folgen für Österreich – hunderttausende tote Soldaten und Vermisste – begreift und versteht, was Nationalismus, Fremdenhass, Rassismus, Engstirnigkeit und vor allem Feindschaft zwischen den verschiedenen politischen Gruppen bedeutet, dann kann man davon ausgehen, dass man auch die Aufgaben von heute in Angriff nehmen kann. Aber dazu gehört ja die Aufarbeitung der Vergangenheit.

Am Heldenplatz sprach Erika Weinzierl, heute 83 Jahre alt, die Historikerin, die sehr viel getan hat, die 1969 das erste wichtige Buch über die Haltung der Österreicher zur Zeit der Judenverfolgung geschrieben hat („Zu wenig Gerechte“, in bisher vier Auflagen). Weinzierl wurde in einem Rollstuhl gebracht, und ihre Ausführungen haben die jungen Leute dort sichtlich sehr beeindruckt. Ebenso die kurze Rede einer Frau, die fünf KZs überlebt hat.

Man muss von den anderen mehr wissen, das gilt natürlich auch oft für die Nichtösterreicher. Sie wissen oft auch nicht viel über Österreich und seine Geschichte. Es geht also um eine gegenseitige Aufklärung und Aufhellung und um den Kampf gegen die Ignoranz. Ignoranz, gepaart mit Arroganz gegenüber den anderen, ist wahrscheinlich das größte Hindernis. Das muss man auch bei der Bildung, bei der Auswahl der Eliten stets mit bedenken.

Wie, glauben Sie, kann man den jungen Leuten wirklich Toleranz beibringen?

Es lebte ein Mann hier in Wien, Leon Zelman, ein polnischer Jude, der im KZ Ebensee eine schreckliche Zeit überlebt hat. Nach der Befreiung von 1945 blieb er in Österreich, hat sein Studium der Zeitungswissenschaft mit einem Doktorat beendet und jahrzehntelang sehr viel gearbeitet dafür, dass vertriebene Österreicher nach Österreich eingeladen werden. Das von ihm gegründete „Jewish Welcome Service" hat in Zusammenarbeit mit dem Bund und der Stadt Wien rund 4000 Vertriebene nach Wien eingeladen. Zelman hatte in den letzten Jahren auch den Austausch von Jugendlichen zwischen Israel, USA und Österreich organisiert. Der im Juli 2007 verstorbene Leon Zelman, den ich gut gekannt habe, wurde auch sehr oft in Schulen eingeladen, wo er aus seinem Leben erzählt hat.

Immer, wenn man große Zahlen nennt – zum Beispiel 80.000 österreichische Opfer nach dem „Anschluss" (Juden, Katholiken, Monarchisten, Demokraten, Kommunisten, Homosexuelle) oder 6 Millionen umgebrachte jüdische Menschen –, ist es schwierig, für junge Menschen die Enormität des Verbrechens plastisch darzustellen. Deshalb war Leon Zelman ein unersetzlicher Aufklärer. Bei dieser Nacht des Schweigens am Heldenplatz hat eine junge Studentin die Namen jener Menschen vorgelesen, die vertrieben und umgebracht wurden, aus einer Straße im 9. Bezirk, wo sie wohnt. Und dann wurden auch die Namen eingeblendet.

Es ist sehr wichtig, dass den jungen Menschen die Tragödien, der Verrat an Österreich durch menschliche Einzelschicksale nahegebracht werden, dass man Menschen umgebracht hat und dass Menschen an der Front gestorben sind oder unglaubliche Verletzungen erlitten haben im Dienste eines verbrecherischen Regimes, das Österreich liquidiert hat. Es ist also sehr wichtig, dass man konkret – zum Beispiel mit den ORF-Dokumentationen, mit Büchern und mit der Darstellung der Schicksale der einzelnen Menschen – den jungen Menschen zeigt, dass sich Hass und Intoleranz für alle als ein Bumerang auswirkt. Die Aufarbeitung der Vergangenheit und der Kampf gegen die Unverbesserlichen erfordern Geduld, Intelligenz und Hingabe; alle drei Faktoren sind wichtig.

Wie definieren Sie persönlich für sich den Begriff Integration? Wie weit geht das?

Dass man die Sitten, Umgangsformen des Landes, des Gastlandes, des Empfängerlandes, des Landes, wo man lebt, akzeptiert und respektiert, die Sprache, die Geschichte und die Kultur kennenlernt. Zugleich muss die Regierung oder die Landesregierung oder die Bezirkshauptmannschaft verstehen, dass die Integration keine Einbahnstraße ist. Man kann die Menschen nicht „integrieren", wenn man diese Menschen mit Misstrauen, Überheblichkeit oder gar Vorurteilen empfängt. Darauf reagieren sie dann auch abweisend und ziehen sich zurück.

Ich war sehr stolz, als ich die österreichische Staatsbürgerschaft am 28. September 1959 bekommen habe. Es ist für mich deshalb immer sehr schmerzlich, wenn ich jetzt mit einem Taxifahrer rede, der mich aus dem Fernsehen kennt, und dann stellt sich heraus, dass er bereits österreichischer Staatsbürger ist, aber es bedeutet für ihn nicht viel, ja fast nichts, vielleicht weil er diskriminiert oder – wegen seiner Hautfarbe oder seines Akzents – schlecht behandelt wird. Ich glaube, die Staatsbürgerschaft sollte in einem gewissen Sinn der Höhepunkt der Integration sein und nicht der Anfang. Man muss auch das Herz integrieren und mit dem Herz in diesem Land leben.

Um kurz auf die Europäische Union zu sprechen zu kommen: Ohne den Integrationswillen jedes einzelnen Landes könnte so eine Gemeinschaft gar nicht entstehen. Wie groß kann die Union noch werden, ab wann ist ein Ende einer Vereinigung abzusehen? Die Türkei ist ja so ein heißer Punkt.

Die Europäische Union ist meiner Meinung nach die größte Erfolgsgeschichte seit dem Zweiten Weltkrieg, wenn Sie so wollen, schon seit dem Ersten. Diese Erfolgsgeschichte könnte aber durch unbedachte Handlungen wie die massive und zu schnelle Erweiterung ohne Vertiefung gefährdet werden. Man hat leider den Weg einer großen Erweiterung eingeschlagen, ohne zuerst die Organe und die Institutionen des gemeinsamen Marktes handlungsfähiger zu machen und geschlossener zu gestalten. So gibt es heute eine Europäische Union aus 27 Staaten, und da besteht immer die Möglichkeit, dass wichtige Vorhaben blockiert oder aufgehalten werden. Gleichzeitig stellt es eine Gefahr dar, wenn man überall die EU als ein Geschenk für Wohlverhalten propagiert: „Wenn ihr gut und brav und nicht Nationalisten seid …"

Ich halte es für einen Unsinn, heute zu sagen, dass sich Serbien oder Mazedonien demnächst anschließen werden. Dazu gehört ja die Erfüllung verschiedener Kriterien, wie nicht zuletzt die demokratische Willensbildung, die Respektierung der Rechte der Minderheiten und ein gewisses Wirtschaftsniveau. Was die Frage der Türkei betrifft: Man kann sie mit der EU assoziieren, man kann dafür verschiedene Formen und Ebenen finden, aber ich glaube, dass es in unserer Generation sicher nicht zu einem Beitritt kommen wird. Die Aufgabe der EU ist es, ihre unglaubliche Erweiterung von 2004 und 2007 zu verdauen. Dazu braucht man viele Jahre an Geduld, Verständnis und Toleranz. Die EU wird natürlich Probleme und Krisen haben, aber man darf nicht vergessen, dass es auch in der Vergangenheit Krisen gegeben hat.

Die gemeistert wurden?

Die wurden dann letzten Endes gemeistert. Wenn man daran denkt, wie Charles de Gaulle den Beitritt Großbritanniens blockiert hat, was alles schon passiert ist und wie diese Union das alles überlebt hat. Vielleicht war die Erweiterung von 15 auf 27 Mitglieder ein Fehler, ein zu großer Sprung, aber man kann das nicht mehr rückgängig machen. Jetzt muss man mit den Folgen dieser Erweiterung ohne Illusionen und vor allem ohne großzügige Pläne, noch vier oder fünf oder sechs Länder als Vollmitglieder aufzunehmen, leben.

Vorerst also ein Ende der Fahnenstange? Wann, glauben Sie, werden diese Länder reif sein?

Das ist eine offene Frage. Es hängt nicht von der EU ab, sondern von den politischen Eliten dieser Länder. Niemand kann anstelle Serbiens die Wirtschaft dieses Landes reformieren und die Demokratie einführen, womit ich nicht sagen will, dass die Länder, die schon Mitglieder sind, automatisch fantastische demokratische Strukturen haben. In den nächsten zehn Jahren halte ich eine EU-Erweiterung um neue Vollmitglieder, vielleicht mit Ausnahme Kroatiens, für völlig abwegig. Keiner dieser Balkan-Staaten ist wirtschaftlich oder politisch in der Lage, der EU beizutreten – aber das sage ich als Beobachter und nicht als Politiker.

Österreich hat Kosovo sehr schnell als eigenständigen Staat akzeptiert, ist auch immer sehr offen und tolerant für neue Mitglieder gewesen, wenn es die Erweiterung der EU betroffen hat. Aber denkt man an Einzelschicksale wie Arigona Zogaj, hat doch die Regierung meines Erachtens ganz anders gehandelt, als sie auf dem großen öffentlichen Parkett agiert. Wie sehen Sie die Situation?

Das ist eine sehr schwierige Frage, weil die Beamten an gewisse Vorschriften gebunden sind. Hier in diesem konkreten Fall gab es eine Rechtsverletzung, wie diese Familie durch Schlepper nach Österreich kam. Man kann eine Linie einschlagen, wie es die Spanier gemacht haben, dass man allen, die da sind oder den meisten, die in der Vergangenheit nicht kriminell waren, unabhängig davon, wie sie gekommen sind, die Aufenthaltsgenehmigung gibt, sodass die illegalen Einwanderer zu legalen Zuwanderern werden. In diesem Fall hat der zuständige Minister nach dem Gesetz gehandelt. Dass da politisch und menschlich nicht klug vorgegangen wurde, ist natürlich eine andere Frage, aber man muss eine klare Trennungslinie zwischen Flüchtlingen und Migranten ziehen. Österreich hat sehr viele Flüchtlinge aus Ungarn, Tschechien, Polen, Kosovo, Bosnien aufgenommen, aber es gibt gewisse Vorschriften, man hat die Sache auch nicht richtig behandelt. Man hätte wahrscheinlich eine Ausnahmeregelung für dieses Mädchen finden können.

Abschließend Ihre Vision und Ihre Hoffnungen in Bezug auf ein multikulturelles Miteinander in Österreich und Europa?

Meine Hoffnungen sind deshalb stark, weil sie schon teilweise Realität sind. Ich traf heute früh vor unserem Gespräch einen österreichischen Beamten, der eine italienische Frau hat, eine Juristin, die hier arbeitet. Seine Frau sagt ihm: „Eure Probleme verglichen mit unseren, mit Berlusconi sind Kleinigkeiten." Meine Frau ist eine ungarische Verlegerin und lebt seit vier Jahren hier. Sie geht jeden Tag in eine sehr gute Wiener Sprachschule (Cultura Wien), wo sie mit lauter Ausländern zusammenkommt, der Lehrer aus Kärnten ist ein aufgeschlossener, fortschrittlicher Mann mit einer italienischen Frau; die Direktorin, mit der sie befreundet ist, ist aus Niederösterreich. Der Lehrer erklärte zum Beispiel dem Amerikaner, der Polin, der Japanerin, allen Ausländern, die in dieser kleinen Gruppe sind, was 1938 in Österreich passierte, den „Anschluss". Es war sehr schwierig, einem jungen Amerikaner, der nichts weiß, das zu erklären.

Ich glaube, die Praxis des Lebens bringt den Wandel mit sich. Nehmen Sie die Abschaffung der Grenzkontrollen. Es ist unglaublich, wie schnell heute alles geht, wenn Sie mit dem Auto nach Prag oder Budapest fahren. Wir leben, verglichen mit einst, in paradiesischen Zuständen. Ich selbst habe die Zeit erlebt, als die Wachtürme da waren, dann, als keine Wachtürme, aber immer noch Polizisten da waren – und jetzt ist das völlig frei.

Unsere große Aufgabe ist es, nach der Abschaffung dieser Grenzen mit dem Stacheldraht und dann der Bürokratie auch die Grenzen in den Köpfen, den unsichtbaren Eisernen Vorhang aus Ignoranz und Arroganz abzubauen. Das dauert länger, das dauert Generationen. Aber ich glaube, wir sind in Europa auf dem richtigen Weg – auch in Österreich.

Begegnungen mit Helden und Verrätern, Aufsteigern und Verlierern

Fernsehinterviews und TV-Diskussionen, Auftritte bei internationalen Konferenzen oder bei Versammlungen spiegeln den Rollenwandel von Politikern wider. Die Kombination von Macht und Hochmut bildet oft die Grundlage für politisches Scheitern. Bei Begegnungen mit „Meistern der Grenzsituationen“, die dann im politischen Alltag verschlissen wurden oder später doch glänzende Comebacks erlebt hatten, musste ich an die so oft als richtig erwiesene Meinung Paul Valérys denken, jeder Herrscher wisse, wie zerbrechlich die Autorität von Herrschern sei – nur in Bezug auf seine eigene wisse er es nicht ...

Das galt voll und ganz auch für den plötzlichen Sturz des rumänischen Tyrannen Nicolae Ceauşescu, dessen Personenkult nur mit dem Josef Stalins und des albanischen Diktators Enver Hodscha verglichen werden konnte. Die Ära des Größenwahnsinns dauerte fast ein Vierteljahrhundert. Bei meinen Reisen, beschattet stets von zahlreichen Securitate-Agenten, erlebte ich immer wieder die bejubelten Inszenierungen des kleinen Bauernsohnes, dessen Schulbildung mit der Volksschule geendet hatte. Die TV-Teams durften nur die triumphalen Auftritte des Diktators und die jeweils nach einem Wink von oben rhythmisch klatschenden, ja begeistert tobenden Delegierten aufnehmen. Der „geliebteste Sohn des rumänischen Volkes“ ließ sich auf einem Parteitag mit „Julius Caesar, Alexander von Makedonien, Perikles, Cromwell, Napoleon, Peter dem Großen und Lincoln“ vergleichen.

Die unermüdlichen Auslandsreisen und Aktivitäten des Ehepaars Ceauşescu, die Berichte darüber und die Grußtelegramme stellten die Substanz des politischen Lebens dar. Vor dem Hintergrund der Gärung im gesamten Ostblock und trotz der bereits auch in Rumänien registrierten Spannungen (in manchen Städten gab es schon Unruhen) trat er am 18. Dezember 1989 seine Reise in den Iran an.

Am Nachmittag des 20. Dezember kehrt Ceauşescu zurück. Am 21. wird seine Rede auf dem Platz des Palastes in Bukarest von Buhrufen und Pfiffen während einer von ihm selbst bestellten „Loyalitätskundgebung" unterbrochen. In der Live-Übertragung zeigt das Fernsehen den Schock auf Ceauşescus Gesicht. Am nächsten Tag läuft gleichzeitig mit Ceauşescus Hubschrauber-Flucht vom Dach der Parteizentrale die Revolution per Fernsehen an. Die neue Führungsgruppe unter Ion Iliescu stellt sich vor, während das Ehepaar Ceauşescu gefangen genommen und drei Tage später nach einem Geheimprozess zum Tode verurteilt und hingerichtet wird.

Ceauşescu und seine Frau hatten eine sehr ausgedehnte Familie, und wie stets in solchen Diktaturen gaben sich die Mächtigen große Mühe, ihre Verwandten „standesgemäß" unterzubringen. So war ein Bruder Ceauşescus lange Jahre der Leiter der rumänischen Handelsabteilung in Wien. Ungewöhnlich für den Vertreter eines sogenannten sozialistischen Staates war, dass der „Wiener Ceauşescu" stets einen großen, brillantbesetzten Ring am Finger trug. Bei einem Abendessen der österreichischen Regierung zu Ehren des amtierenden trinkfreudigen rumänischen Außenministers antwortete sein Pressechef mit verlegenem Schweigen auf meine unerwartete Frage, wie wertvoll wohl dieser Ring sei.

Ceauşescu grüßte, bei jedem Empfang am Nationalfeiertag neben dem jeweiligen Botschafter stehend, mit einem freundlichen Händedruck die Gäste. Er sprach kein Wort Deutsch. Einige Tage nach der Hinrichtung seines Bruders beging der „Wiener Ceauşescu" in seiner Wohnung Selbstmord. Es ist jedenfalls schwer zu glauben, dass dieser geistig doch offensichtlich etwas beschränkte Mann der heimliche Chef des rumänischen Spionagedienstes oder des Waffenexportes für Westeuropa gewesen sein soll, wie es ein Wiener Boulevardblatt behauptet hatte.

Als mein Mitarbeiter Malte Olschewski einige Jahre vorher für den ORF eine Dokumentation mit dem Titel „Später Caesar" über die erschreckenden Folgen der sinnlosen Investitionspolitik und den trostlosen Alltag der Rumänen drehte, haben die rumänischen Stellen mich und Olschewski persönlich bedroht, für den Fall, dass der Film – „eine Beleidigung unseres Präsidenten und des gesamten rumänischen Volkes" – nicht abgesetzt werde. Es erfolgte trotz Drucks aus Bukarest keine Intervention österreichischerseits, um die Absetzung der Dokumentation zu erreichen. Die Videokassette wurde dann ein Bestseller auf dem schwarzen Markt in Ungarn und vor allem in Rumänien, wo in den Monaten vor dem Sturz Ceauşescus eine Videokassette rund 100 Dollar kostete.

Als Anmerkung am Rande darf ich noch hinzufügen, dass mir im Oktober 1990 aus Bukarest die Genehmigung erteilt wurde, für den ORF mit dem neuen Präsidenten Ion Iliescu ein TV-Interview – lang und natürlich unzensuriert – aufzunehmen. Damit wollte die neue Führung offenbar westlichen Medien gegenüber einen symbolischen Bruch mit den Praktiken der Vergangenheit demonstrieren. Iliescu wurde drei Mal zum Präsidenten gewählt, ich bin ihm auch bei Treffen des Weltwirtschaftsforums in Salzburg begegnet.

Ebenso habe ich die andere Schlüsselfigur des Putsches gegen Ceauşescu, den späteren Ministerpräsidenten und Außenminister Petre Roman bei einer Konferenz des Internationalen Presseinstitutes kennengelernt. Beide – Iliescu und Roman – gehörten übrigens zur Nomenklatura, also zur politischen Elite vor und während der Ceauşescu-Ära. Wenige wussten im Ausland, dass Romans Vater 1956–1957 als Chef des rumänischen Geheimdienstes das Verhör des nach Rumänien deportierten Ministerpräsidenten der niedergeschlagenen ungarischen Revolution Imre Nagy leitete. Roman hatte ihn noch aus der Moskauer Emigration gekannt.

Einer der fähigsten jungen rumänischen Politiker ist der 40-jährige sprachbegabte Mihai-Răzvan Ungureanu, den ich bei einem Runden Tisch einer internationalen Veranstaltung der Raiffeisen Zentralbank in Wien kennengelernt habe. An der von mir geleiteten Diskussion nahm er 2002 als Vertreter des EU-Stabilitätspaktes teil. Der junge Mann beeindruckte die Zuhörer mit seinem ausgezeichneten Englisch und Deutsch. Laut seiner Website beherrscht er acht Fremdsprachen!

Vier Jahre später traf ich Ungureanu bei einer Balkankonferenz zusammen mit dem serbischen Staatspräsidenten Boris Tadić im österreichischen Parlament. Er war inzwischen Außenminister geworden und lud mich zu einer Vortragsreise nach Rumänien ein. (Inzwischen war ja mein Buch über „Die Ungarn – Sieger in Niederlagen“ zwei Mal auch auf Rumänisch herausgegeben worden.) In Zusammenhang mit einem Konflikt zwischen dem rumänischen Präsidenten und dem Ministerpräsidenten wurde Ungureanu im Frühjahr 2007 zum Rücktritt gezwungen, aber im November schon zur allgemeinen Überraschung durch den Präsidenten zum Chef des Auslandsgeheimdienstes ernannt. In der Zwischenzeit versuchte ich ihn nach seinem Rücktritt während eines Wien-Aufenthaltes vergeblich zu einem Auftritt bei einer Balkan-Diskussion im ORF-Europastudio zu gewinnen. Ich hatte natürlich keine Ahnung, dass Ungureanu schon als Spionagechef vorgesehen war ...

Vielleicht zu keinem osteuropäischen Politiker hatte ich eine annähernd ähnliche Beziehung wie zu Mieczysław Rakowski, dem früheren polnischen Ministerpräsidenten und letzten Generalsekretär der Polnischen Vereinigten Arbeiterpartei. Dies hing mit der ungewöhnlichen Tatsache zusammen, dass „Mietek“, wie ihn seine Freunde nannten, langjähriger Chefredakteur der damals interessantesten Zeitung, des Wochenblattes „Polityka“, in Warschau war. Rakowski sprach ausgezeichnetes Deutsch, und er war dann der erste Gast bei meiner sonntäglichen TV-Diskussionssendung „Oststudio“ (später in „Europastudio“ umbenannt) im

Frühjahr 1980. Nach der Niederschlagung der Gewerkschaftsbewegung „Solidarność“ erreichte Rakowski in der Endphase des polnischen Kommunismus den Höhepunkt seiner Karriere. Als Ministerpräsident gewährte er im November 1988 dem ORF ein langes TV-Interview. Doch hinterließ meine Begegnung mit ihm in seinen letzten Tagen als Parteichef den stärksten Eindruck.

Es war 1989, knapp nach dem letzten Parteitag. Das früher wie eine Festung bewachte Parteihaus war verlassen und fast leer. Später beherbergte es übrigens die Börse. Mit Schwierigkeiten fand ich das große Büro des Parteichefs. Rakowski erzählte mir vom kürzlich stattgefundenen Treffen der vom Sturz bedrohten Ostblockchefs in Moskau und zitierte Michail Gorbatschow, der sinngemäß die Genossen mit den Worten tröstete: „Was immer passiert, Genossen, der Sozialismus wird siegen.“ Dazu bemerkte Rakowski angeblich vor den verdutzten Kollegen: „Schon möglich, nur wir werden nicht mehr dabei sein …“

Noch enger war meine Beziehung zu dem großen und mutigen katholischen Intellektuellen Wladisław Bartoszewski, dem einstigen Häftling in Auschwitz, der später unter dem Ausnahmezustand von 1981 wieder verhaftet worden war. Der langjährige Botschafter in Wien und danach zwei Mal Außenminister trat mehrmals im „Europastudio“ auf, ebenso wie Tadeusz Mazowiecki, der erste nicht kommunistische Ministerpräsident Polens. Mit ihrem Ernst, ihrem Humor und ihrer Bescheidenheit beeindruckten Bartoszewski und Mazowiecki stets Teilnehmer und Zuschauer der „Europastudio“-Sendungen. Mit dem Helden des Widerstandes 1980–81, Lech Wałęsa, dem legendären Gewerkschaftsführer und ersten Staatspräsidenten nach dem Umbruch, konnte ich erst 2008 – zwar nicht im Fernsehen, sondern im Wiener Finanzministerium zusammen mit Vizekanzler Molterer – anlässlich der EURO-Fußballmeisterschaft eine Live-Diskussion vor Publikum leiten.

Als Staatspräsident zwischen 1990 und 1995 wurde Wałęsa als Versager betrachtet. Nach relativ kurzer Zeit überwarfen sich Mazowiecki und andere frühere Berater mit dem sprunghaften und unberechenbaren Wałęsa. Dieser verlor die Wahlen gegen den einstigen kommunistischen Jugendminister Aleksander Kwaśniewski und erhielt im Jahr 2000 nur ein Prozent der Stimmen. Als aber sein rechtsnationaler Nachfolger Lech Kaczyński und seine Leute Wałęsa mit der Anschuldigung, er sei in den 1970er Jahren unter dem Decknamen „Bolek" ein Spitzel des kommunistischen Geheimdienstes gewesen, diskreditieren wollten, standen auch seine ehemaligen Freunde an der Seite Wałęsas und wiesen die manipulierten Vorwürfe zurück. Bei unserer Begegnung in Wien war der inzwischen 65 Jahre alte korpulente Arbeiterführer sehr gesprächig über China und die Globalisierung, doch lehnte er eine öffentliche Stellungnahme zu seinem Streit mit Kaczyński mit der Bemerkung ab, er sei nicht bereit, schmutzige Wäsche im Ausland zu waschen. Privat machte er aber keinen Hehl aus seiner Verbitterung wegen der Verleumdungskampagne.

Die ehemalige Tschechoslowakei war eine Bastion der Linientreue, deren Geheimdienst sehr viel Mühe für die Beschattung und Beobachtung der westlichen und vor allem der ORF-Korrespondenten aus dem benachbarten Österreich aufwendete. Millionen Menschen konnten die Sendungen des ORF empfangen. Im Herbst 1982 wollte das Regime nach der langen Phase der Spannungen seit der Intervention des Warschauer Paktes im August 1968 die Beziehungen mit Österreich verbessern. So erhielt ich als Chefredakteur der ORF-Ostredaktion die Genehmigung, am Vorabend seines ersten offiziellen Besuches in Wien im November 1982 ein TV-Interview mit dem Parteichef und Staatspräsidenten Gustáv Husák im Hradschin aufzunehmen. Das offiziöse Interview über bilaterale Beziehungen war unwichtig und uninteressant. Was aber die Beziehungen des ORF und in einem gewissen Ausmaß auch Österreichs zur Tschechoslowakei und sogar zur Sowjetunion beeinträchtigt hatte, war eine journalistisch sicher vertretbare, aber letzten Endes doch riskante Indiskretion, die ich nach der Begegnung mit dem Staatschef begangen hatte.

Husák hatte am Rande unseres Gespräches die Gerüchte über ein bevorstehendes Ostblock-Gipfeltreffen nicht nur bestätigt, sondern auch meine Zusatzfrage ausdrücklich bejaht, ob der kränkelnde Leonid Breschnjew daran teilnehmen werde. Doch zur Zeit unseres Gesprächs war der sowjetische Parteichef längst tot. Die sowjetische Führung hatte die Todesnachricht nicht nur vor der eigenen Bevölkerung und der ganzen Welt, sondern sogar vor Husák wie auch vor den anderen Führern der „Bruderparteien" geheim gehalten. Nach der Todesnachricht deutete ich diese politisch doch interessante und sogar symbolträchtige Tatsache in einem späteren ORF-Kommentar an.

Der eitle und starrsinnige Husák war erzürnt darüber, dass er wegen der Geheimnistuerei um den Tod Breschnjews lächerlich gemacht worden war. Er hatte sogar in Moskau scharfen Protest eingelegt, wovon wir damals aber nichts wussten. Das war jedenfalls der Anfang einer jahrelangen Ostblockkampagne gegen die ORF-Ostredaktion im Allgemeinen und gegen mich als Chefredakteur im Besonderen. Erst nach der Wende erfuhr ich aus den Geheimdienstdossiers des tschechoslowakischen Geheimdienstes, dass ich für nicht weniger als 20 Jahre auf die schwarze Liste gesetzt worden war.

Dass dann in den Jahren nach dem Zusammenbruch des Ostblocks die wichtigsten diplomatischen Drahtzieher der seinerzeitigen Kampagne gegen die österreichischen Medien zu höchst erfolgreichen Vertretern österreichischer Versicherungsgesellschaften und deutscher Autofirmen in Prag geworden sind und der für die Medien zuständige tschechische Vizeaußenminister sogar als Direktor einer US-Firma in Istanbul neue Karrieren gemacht hatte, gehörte zu den vielen verblüffenden Wandlungen in Mittel- und Osteuropa, die wir in Wien sozusagen aus einer Proszeniumsloge mitverfolgen konnten.

Während der slowakische Kommunist Gustáv Husák (1975–1989 Staatspräsident der Tschechoslowakei) heute bloß eine Fußnote in der Geschichte der Ende 1992 friedlich aufgelösten

Tschechoslowakei darstellt, habe ich den fast schwindelerregenden politischen Aufstieg von zwei gänzlich unterschiedlichen tschechischen Persönlichkeiten aus der Nähe beobachten und bei vielen Begegnungen auch persönlich erleben können. Es handelt sich um Václav Klaus, den tschechischen Staatschef, und um Karel (Karl) Schwarzenberg, den tschechischen Außenminister.

Es war im Herbst 1989, dass ich ein „Oststudio" über die Systemkrise in Osteuropa organisierte und man mich auf einen fließend Deutsch sprechenden intelligenten Nationalökonom aus Prag aufmerksam machte. Dieser habe soeben einen Vortrag an der Universität in Linz gehalten. So diskutierte dann am 12. November ein gewisser Václav Klaus, im Westen damals völlig unbekannt, zusammen mit einer slowenischen Soziologin sowie mit einem deutschen und ungarischen Publizisten zum Generalthema „Von der Wende zum Ende? Systemkrise im Osten". In einer Besprechung charakterisierte Kurt Vorhofer in der Grazer „Kleinen Zeitung" Klaus als einen „akademischen Schwejk", der Dinge, auf die es ankomme, mehr zwischen Zeilen sage, zumal er auf die noch stark vereisten Zustände in seinem Land Bedacht nehmen müsse …

Knapp zwei Wochen später war der Umbruch in vollem Gange. Bei den täglichen TV-Live-Berichten über die spannenden Verhandlungen während der „samtenen Revolution" erschien „unser Klaus" auf der Seite des „Bürgerforums". Klaus entpuppte sich als großes politisches Talent. Im Jahr darauf war er bereits Finanzminister. Unvergesslich war unser erster gemeinsamer Auftritt bei einer Konferenz an der St. Gallener Universität, als Klaus wegen eines großen Loches in seiner Schuhsohle unseren Spaziergang zur Veranstaltung jäh unterbrechen musste und wir zusammen neue Schuhe für ihn in einem traditionellen „Bata"-Schuhgeschäft kauften. Die biedere Verkäuferin hatte natürlich keine Ahnung von den tschechischen Wurzeln der weltberühmten Schuhmarke. Beim Frühstück spottete der Minister noch über seinen formellen Chef, den Vizepremier Valtr Komárek, mit dem er ja im Prager Institut für Prognostik, wie auch mit anderen späteren Regierungsmitgliedern, zusammengearbeitet hatte. Ein Jahr später gründete Klaus seine eigene Partei, und 1992 rückte er bereits zum Ministerpräsidenten der Tschechischen Republik auf.

Der atemberaubende Aufstieg der beiden Václavs – Havel und Klaus – und ihre jahrelangen, oft nur von Eitelkeit und Neid mitgeprägten Streitereien um Macht und Einfluss dominierten häufig die politische Szene. Mit dem Namen von Klaus sind zwei Ereignisse untrennbar verbunden. Er war Einpeitscher, Architekt und Symbol der marktwirtschaftlichen Reformen. Zugleich stellte Klaus, zusammen mit dem umstrittenen slowakischen Regierungschef Vladimir Mečiar, die Weichen für die friedliche Scheidung Tschechiens und der Slowakei im Laufe des Jahres 1992. Diese von vielen Tschechen bis heute kritisierte Entscheidung des Prager Parlaments (ohne Volksabstimmung) hat Klaus, dessen Frau Slowakin ist, stets energisch verteidigt. Als Ministerpräsident zwischen 1992 und 1997 und als Staatspräsident seit 2003 (wiedergewählt im dritten Wahlgang im Jahr 2008) ist der 1941 geborene, zunehmend selbstbewusste, ja von vielen als selbstherrlich kritisierte Politiker zu einer prägenden Persönlichkeit des demokratischen Tschechien geworden. Zugleich ist er ein häufiger Gast bei internationalen Konferenzen.

Ein anderes persönlich interessantes Erlebnis war sein Auftritt bei dem von mir moderierten Wachauer Europaforum. Bei einer nächtlichen und immer leidenschaftlicher geführten Diskussion lehnte er meine Deutung der Auflösung der tschechoslowakischen Föderation scharf zurück und nannte mich zur Belustigung des anwesenden tschechischen Botschafters, des Schriftstellers Jiří Gruša, einen „österreichischen Chauvinisten“. Diese momentane Irritation hinderte ihn aber nicht daran, im November 2004 einem anlässlich des Erscheinens meiner Memoiren in tschechischer Sprache gegebenen Mittagessen des österreichischen Botschafters beizuwohnen und einen freundlichen Trinkspruch zu Ehren des Autors auszubringen. Bei dem Essen waren auch mehrere seiner früheren Minister sowie der kürzlich zum Senator gewählte Fürst Schwarzenberg dabei.

Dieser alte Freund war seit Jahrzehnten mit mir in gemeinsamen Projekten involviert. Unser Freund, der inzwischen verstorbene Diplomat Fritz Höss, war der eigentliche Vermittler zwischen uns gewesen. So konnten wir zum Beispiel Schwarzenbergs Unterstützung für die von mir initiierte informelle Gruppe zur Verteidigung von Österreichs Ansehen im Ausland zur Zeit der Kampagne gegen Bundespräsident Kurt Waldheim gewinnen. In seinem Hotel wurden mehrere von uns eingeladene prominente Auslandsjournalisten unentgeltlich untergebracht, und der Fürst nahm auch aktiv an unseren Beratungen teil. Wenige Menschen wussten, dass Schwarzenberg immer tschechischer und Schweizer (aber nie österreichischer) Staatsbürger gewesen ist. Ex-Vizekanzler Erhard Busek und der frühere langjährige Landeshauptmann von Steiermark, Josef Krainer, schlugen ihn in den siebziger Jahren sogar als Außenminister oder Staatssekretär der ÖVP-Führung vor, doch diese wollte das Experiment mit einem Aristokraten nicht riskieren.

Nach der Wende diente Schwarzenberg als Kanzleichef Präsident Havels (1990–1993) und half dem ORF, ein Porträt über Havel und ein groß angelegtes Interview mit dem Präsidenten zu drehen. In einem ausführlichen Interview mit mir für die „Europäische Rundschau“ skizzierte der Fürst einmal mit großer Offenheit seine Meinung über die Wurzeln der Vorurteile im österreichisch-tschechischen Verhältnis. Im Zeichen unserer Freundschaft hat Schwarzenberg 1996 in seinem Palais in einer sehr persönlichen Rede, zusammen mit dem damaligen Bürgermeister Helmut Zilk, meine Memoiren präsentiert. Zur allgemeinen Überraschung gelang es dem Grund- und Hotelbesitzer Schwarzenberg, der sich stets bloß als „Land- und Forstwirt“ bezeichnet hatte, 2004 einen Sitz im tschechischen Senat zu gewinnen. Am Vorabend der Wahl präsentierte er übrigens in blendender Form die tschechische Ausgabe meiner Erinnerungen im Österreichischen Kulturforum in Prag.

Im Jahr 2007 gelang Schwarzenberg trotz des öffentlich bekundeten Widerstandes von Staatspräsident Klaus der Sprung in die Regierung als Außenminister. Seine Lust auf Politik war freilich lange vorher, im Jahre 1963 geweckt worden, als er, der steirische Gutsbesitzer, zusammen mit einem älteren ÖVP-Politiker bei einer Nacht-und-Nebel-Aktion versucht hatte, den damaligen Finanzminister Josef Klaus davon zu überzeugen, sich als „Reservekanzler" bereitzuhalten. Wer hätte damals gedacht, dass der junge Fürst vier Jahrzehnte später in der tschechischen und internationalen Politik eine solch wichtige Rolle spielen würde. Trotzdem blieb „Kary" (so der Kosename des Fürsten) weiterhin ein ebenso bescheidener wie treuer Freund seiner frühen Weggenossen, wie etwa des Verlegers und Zeitungsgründers Oscar Bronner, dessen erste Zeitschrift „Der Trend" ohne die Rückendeckung Schwarzenbergs kaum hätte gegründet werden können.

In der Slowakei habe ich als österreichischer TV-Kommentator und Mitglied einer Arbeitsgruppe der Bertelsmann-Stiftung den bulligen Amateurboxer und prominenten Wendehals Vladimir Mečiar, der 1993–1994 und dann wieder 1994–1998 Ministerpräsident war, mehrmals getroffen. Es ging bei unseren öffentlichen und privaten Begegnungen in erster Linie um die Medien- und Minderheitenpolitik Mečiars, der auch in einem Fernsehinterview den Verdacht einer Manipulation und gar Kontrolle der elektronischen Medien energisch von sich gewiesen hatte. Die spätere Entwicklung hat seine Behauptungen und Versprechungen nicht bestätigt. Innerhalb von vier Jahren hat das Slowakische Fernsehen sechs Generaldirektoren verbraucht, und durch die Säuberung des Rundfunkrats wurden die Weichen für die Entfernung von unbequemen Mitarbeitern gestellt.

Der eigentliche Wendepunkt in der slowakischen Politik war die Bildung einer Koalitionsregierung durch den Christdemokraten Mikuláš Dzurinda (1998–2006) und die Ernennung des hochbegabten und mutigen Ökonomen Ivan Mikloš (1998–2006) zum Finanzminister und Vizepremier. Bei der Konferenz des Weltwirtschaftsforums in Davos hatten mich die Organisatoren gebeten, das neue slowakische Regierungsteam der internationalen Presse vorzustellen. Vor dem spärlichen Publikum haben beide eine gute Figur gemacht. Einige Jahre später trat dann Dzurinda beim Wachauer Europaforum auf. Wiederholt konnte ich mich davon überzeugen, dass die Wirtschafts- und Minderheitenpolitik dieser Regierung vorbildhaft war. Der von Minister Mikloš eingeführte einheitliche Steuersatz und die Erfolge bei der Ansiedlung von großen ausländischen Autoproduzenten haben die Grundlagen für die Einführung des Euro in der Slowakei geschaffen. Die erfolgreiche Wirtschaftspolitik konnte die Niederlage bei den letzten Wahlen nicht verhindern, und die linkspopulistische Regierung von Robert Fico profitiert derzeit von den Erfolgen der Ära Dzurinda-Mikloš.

Nach dem Sturz der Reformregierung wurde auch die gemäßigte Führung der ungarischen Sammelpartei (es leben rund 600.000 Ungarn in der Südslowakei) durch innerparteiliche Intrigen abgelöst. Der frühere Vorsitzende Béla Bugar war eine verlässliche Stütze der Reformer gewesen. Es war für mich symbolträchtig, dass Mikloš und Bugar bei der Präsentation meiner Memoiren auf Slowakisch in der österreichischen Botschaft in Bratislava zusammen erschienen sind. In der linkspopulistischen Regierung Fico sitzen nun auch rabiate slowakische Nationalisten, und die gegenseitige Aufschaukelung der Leidenschaften und Vorurteile schadet sowohl der Mehrheitsnation als auch der Minderheit.

Nicht nur das Auf und Ab in den Beziehungen zwischen den ungarischen Minderheiten in Rumänien, in der Slowakei und in Serbien einerseits und den jeweiligen Mehrheitsnationen, also Rumänen, Slowaken und Serben andererseits, hat mich in meiner Überzeugung immer wieder aufs Neue bestärkt: Den Menschen hilft keine Konfrontation der Ansprüche, keine Aufrechnung von Unrecht. Auf diese Weise lässt sich nicht wiedergutmachen, was ihnen angetan wurde. Das gilt vor allem für die Tragödie der Völker des einstigen Jugoslawien.

Aus den zahlreichen TV-Diskussionen über die Folgen der Explosion der historischen Hass-, Neid- und Angstkomplexe im zerfallenen Jugoslawien ragt die „Europastudio"-Sendung vom 26. März 1995 aus meinem Gedächtnis hervor. Rechts von mir saß der damals 43 Jahre alte oppositionelle Politiker aus Belgrad, Zoran Djindjić, der einst in Tübingen Philosophie studiert hatte. Links von mir nahm der fast gleichaltrige Vizeaußenminister Kroatiens, Ivo Sanader, Platz. Dieser hatte an der Innsbrucker Universität promoviert. Beide argumentierten in gepflegtem Deutsch und ohne Gehässigkeit. Die zwei anderen Teilnehmer dieser für mich unvergesslichen Live-TV-Diskussion waren der Balkan-Korrespondent der „Frankfurter Allgemeinen Zeitung", Matthias Rüb, und der ORF-Korrespondent Friedrich Orter.

Zoran Djindjić hat dann in den folgenden Jahren zwei Mal serbische und zugleich europäische Geschichte geschrieben: im Herbst 2000, als er den Sturz von Slobodan Milošević kaltblütig und brillant vorbereitet und durchgeführt hatte. Sodann, als er – schon serbischer Ministerpräsident – am 28. Juni 2001, dem Jahrestag der mittelalterlichen und für die Serben schicksalhaften Schlacht auf dem Amselfeld, Milošević dem Internationalen Kriegsverbrechertribunal auslieferte. Dies empörte breite Schichten der serbischen Öffentlichkeit. Djindjić galt in den Augen der Radikalen als doppelter Verräter: erstens wegen der Auslieferung von Milošević, zweitens wegen der Umwandlung Rumpf-Jugoslawiens in den neuen umstrittenen (inzwischen freilich seit 2006 zerfallenen) Staat „Serbien und Montenegro".

Ich habe Zoran im Laufe der Jahre oft getroffen, und wir haben miteinander immer sehr offen gesprochen. Am 14. August 2001 hat er sich Zeit genommen und in einem Wiener Kaffeehaus den Ablauf des unglaublichen Coups gegen Milošević in allen schillernden Einzelheiten geschildert. So unter anderem auch sein spannungsgeladenes nächtliches Treffen mit jenem Kommandanten der polizeilichen Sondereinheit, der am 12. März 2003 den für die Mafiaclans unbequem gewordenen Regierungschef durch seine Schergen ermorden ließ. Unter dem Titel „Anatomie einer Revolution“ wurde dieses faszinierende Gespräch ungekürzt und unverändert in der von mir redigierten Vierteljahresschrift „Europäische Rundschau“ (2001/4) abgedruckt.

Djindjić war der mutigste und zugleich ungewöhnlichste serbische Politiker im 20./21. Jahrhundert. Er galt für mich als der serbische Europäer schlechthin, der brillante Verfechter der überfälligen Modernisierung seines Landes. Die Hintergründe des Anschlags sind bis heute nicht gänzlich aufgeklärt. Die zwei Hauptverdächtigen wurden erst im Mai 2007 zu Freiheitsstrafen von jeweils 40 Jahren verurteilt.

Mit Djindjić hatte Europa eine Hoffnung verloren. Der Anschlag stürzte Serbien in eine politische Krise mit unabsehbaren Konsequenzen. Die Hoffnungen auf einen Neuanfang haben sich seither nicht erfüllt. Der einstige Kompagnon im Kampf gegen Milošević, Vojislav Koštunica, entpuppte sich bereits zu Lebzeiten von Djindjić als ein verkappter Nationalist, der bereit war, mit jeder zwielichtigen Figur zu paktieren. Der neuerliche Aufstieg der radikalen und „gemäßigten“ Nationalisten war ein Alarmzeichen für die Stabilitätsbemühungen in Südosteuropa. Ich habe Koštunica und einige der früheren engsten wirtschaftspolitischen Mitarbeiter des ermordeten Regierungschefs in den folgenden Jahren mehrmals getroffen. Aber Djindjić war in jeder Hinsicht ein „Solitär“.

Der heutige Hoffnungsträger in westlichen Augen, Staatspräsident Boris Tadić, ist zweifellos ein proeuropäischer liberaler Politiker, und seine neuerliche Wahl zum serbischen Präsidenten im Jahr 2008 ermöglichte eine Absage an die radikalen Nationalisten. Bei einer nicht öffentlichen Diskussion, abgehalten im April 2006 in Wien über die Lage am Balkan und in Serbien, hinterließ Tadić den gemischten Eindruck von gutem Willen, aber fehlender Durchschlagskraft. Ob die längst überfällige Verhaftung und Auslieferung des bosnischen Serbenführers und zugleich des Hauptverantwortlichen für die „ethnischen Säuberungen“, Radovan Karadžić, nicht nur eine atmosphärische, sondern auch eine politische Wende in der Annäherung an Europa bedeuten wird, muss freilich noch abgewartet werden.

Sein Vater, Ljubomir Tadić, in Montenegro geboren, Philosophieprofessor und in den 1960er Jahren Mitglied der revisionistischen und international bekannten „Praxis"-Gruppe, ist eine schillernde intellektuelle Figur. Ich hatte ihn bei diversen Treffen der „Praxis"-Leute auf der Insel Korčula und Belgrad getroffen. Zuletzt leitete ich eine Diskussion mit ihm und einem anderen serbischen Philosophen in Wien in den 1970er Jahren. Das Publikum bestand überwiegend aus kroatischen Studenten, die scharfe und drohende Angriffe gegen die beiden Vortragenden gerichtet hatten. Wer hätte sich damals vorstellen können, dass Ljubos damals vielleicht 20-jähriger Sohn eines Tages zum Präsidenten Serbiens gewählt werden würde!

Doch zurück zum bemerkenswerten „Europastudio" vom März 1995. Es wurden nämlich beide Gäste aus Belgrad beziehungsweise Zagreb einige Jahre später Regierungschefs. Drei Jahre nach Djindjić wurde der langjährige Vizeaußenminister Ivo Sanader Ende 2003 zum Ministerpräsidenten Kroatiens gewählt. Vorsichtig und flexibel versucht seitdem der sprachbegabte Premier die Erbschaft Franjo Tudjmans zu liquidieren und den Weg nach Brüssel, zur Mitgliedschaft in der EU zu ebnen. Die Verbesserung der Beziehungen zur Republik Serbien, die Aufarbeitung der kroatischen Kriegsverbrechen und die Abrechnung mit der wuchernden Korruption gehören trotz der Schattenseiten seiner Regierung zu den unbestrittenen Verdiensten Sanaders. Er ist zweifellos ein prowestlicher Modernisierer, der außer Deutsch auch ausgezeichnet Italienisch und Englisch spricht. Ich habe ihn bei diversen Konferenzen in Zagreb, Davos und Berlin getroffen, zuletzt im Juli 2008 beim Wachauer Europaforum, wo er in deutscher Sprache eine Lanze für Kroatiens EU-Mitgliedschaft brach.

Die unerwarteten Turbulenzen und die verblüffenden Wendungen in der Politik der mittelost- und südosteuropäischen Länder bestätigen immer wieder die Warnung des britischen Denkers Isaiah Berlin: „Ich glaube nicht an den Determinismus in der Geschichte (...). In entscheidenden Augenblicken, an Wendepunkten (...) kann der Zufall, können Individuen mit ihren Entscheidungen und Handlungen, die ihrerseits nicht unbedingt vorhersagbar sind, den Lauf der Geschichte bestimmen (...). Unser Entscheidungsspielraum ist nicht groß. Sagen wir: ein Prozent. Aber auf dieses eine Prozent kommt es an."

Die Erfahrungen eines langen Journalistenlebens lassen darauf schließen, dass Leerformeln und Verteufelungen in der Politik stets zu gefährlichen Fehlkalkulationen führen. Eine Publizistik, die nur Helden und Bösewichte, Lichtgestalten und Verräter kennt, kann bei der Einschätzung künftiger Chancen und Risiken im östlichen Teil des neuen Europas kaum von Nutzen sein. Als Journalist und Zeithistoriker habe ich auch verblüffende Wandlungen bei der Betrachtung der Rolle der Persönlichkeiten erlebt.

Es ist wahrscheinlich, dass das zweite Jugoslawien auch ohne die besondere Rolle von Slobodan Milošević als Katalysator des großserbischen Nationalismus zugrunde gegangen wäre. Doch sind sich alle kenntnisreichen Beobachter darüber einig, dass er als treibende Kraft des blutigen Unterganges ein entscheidender Faktor war. Umgekehrt war es trotz der schrecklichen Bilanz nach der Niederschlagung des Oktoberaufstandes 1956 doch eine glückliche Fügung, dass János Kádár – und nicht die stalinistischen Betonköpfe – von den Sowjets eingesetzt wurde und dass dadurch (trotz seiner unverzeihlichen und unvergesslichen Rachefeldzüge zwischen 1957 und 1962) für Millionen Ungarn das Leben erträglicher wurde. Er war Henker und Kerkermeister, aber die große Mehrheit der Befragten sieht auch heute noch nur die positiven Seiten der Ära Kádár, und ein Drittel identifiziert sich sogar mit dem Kádár-Regime als einem „goldenen Zeitalter".

Ganz anders lagen die Dinge mit Michail Gorbatschow. Diese historisch einzigartige Persönlichkeit verstand nie, dass sein viel diskutiertes Programm mit Perestroika und Glasnost nicht zur Reform, sondern zur Auflösung des kommunistischen Systems führen musste. Wir im Westen bewundern ihn zu Recht als den eigentlichen Zerstörer des Sowjetsystems und des Ostblocks. Für die meisten Russen ist er aber der Politiker, der das Erbe Stalins verspielt hat. Bei den Präsidentenwahlen im Jahr 1996 erhielt er folgerichtig weniger als ein Prozent der Stimmen.

Was die Pressekontakte betrifft, konnten wir trotz Fürsprache der diversen österreichischen Regierungschefs die jeweiligen Sowjetführer, also auch Gorbatschow, nur aus respektvoller Distanz beobachten und kurz für eine Nachrichtensendung einige Einstellungen drehen. Erst 1992 erlebte ich ihn „live" in kleinem Kreis bei der Moskauer Sitzung der „Osteuropa"-Arbeitsgruppe der Bertelsmann-Stiftung.

Es war ein denkwürdiger Tag. Gorbatschow kam zu uns ins Hotel. Der von der westlichen „Gorbimanie" verwöhnte Ex-Präsident bekam an diesem Tag vielleicht zum ersten Mal die ganze Abneigung, ja den Hass breiter Bevölkerungsschichten sozusagen hautnah zu spüren. Er hatte nach dem Zusammenbruch eine sogenannte Stiftung für wirtschaftliche und politische Studien gegründet. Mit wohlwollender Duldung der Ordnungskräfte hatten einige tausend Demonstranten der noch kommunistisch gelenkten Gewerkschaften gegen Gorbatschow vor seinem Bürokomplex am Leningradskij Prospekt lautstarke Proteste organisiert. Da kurz vorher Gorbatschow zur Übernahme eines Ehrendoktorates der Jerusalemer Universität in Israel gewesen war, trugen manche Leute antisemitische beziehungsweise Anti-Israel-Plakate.

Gorbatschow musste das Gebäude durch den Hinterausgang verlassen; er war verspätet und offensichtlich aufgewühlt. Ich hatte am Anfang ganz den Eindruck, er wollte fast weinen. Mit tränenerstickter Stimme begann er einen kurzen Exkurs. Trotz der Tatsache, dass Gorbatschow fürwahr keine finanziellen Probleme hatte (mit Vortragshonoraren zwischen 20.000 Dollar oder bei kombinierten Auftritten sogar 50.000), wirkte er auf mich wie ein zutiefst gebrochener Mensch, der damals noch mit der Tatsache seines jähen Sturzes nach dem gescheiterten Putschversuch (bei dem seine eigene Rolle noch immer im Zwielicht steht) einfach nicht fertig werden konnte. Er übte bittere Kritik an den Zuständen in Russland und an der Person seines verhassten Nachfolgers Boris Jelzin.

Es vergingen zehn Jahre, bis ich ihn wieder treffen konnte, diesmal allerdings nicht im kleinen Kreis, sondern vor etwa 500 Zuhörern in der Wiener Börse bei einem von mir geleiteten Runden Tisch einer österreichischen Kapitalgruppe. Im Gespräch unter anderen mit dem früheren Finanzminister Ferdinand Lacina und mit mir sprach Gorbatschow schon optimistischer über die Wirtschaftslage. Er versicherte mir, dass er den Kurs Putins fest unterstütze.

In den letzten Jahren trat dann Gorbatschow für die Öffentlichkeit sozusagen in doppelter Kapazität auf. In kritischen Situationen, wie zuletzt nach der westlichen Verurteilung der russischen militärischen Intervention in Georgien, oder vor dem Schauspiel der letzten Präsidentenwahl schrieb er weltweit verteilte Stellungnahmen zur Verteidigung der Ära Putin. Zugleich erschien sein Konterfei in ganzseitigen Inseraten des Pariser Taschen- und Kofferproduzenten Louis Vuitton, die auch weltweit platziert wurden. Niemand weiß, wie viel Gorbatschow für die Inserate bekommen hat. Offiziell heißt es, das Honorar sei an die von ihm 1993 gegründete Umweltschutzorganisation Internationales Grünes Kreuz gegangen. Wie dem auch sei: Gorbatschows Stellungnahmen haben heute keine besondere Bedeutung. Er ist eine in vieler Hinsicht bewundernswerte historische Persönlichkeit – allerdings auch ein Mann der Vergangenheit ohne politische Wirkung.

Im September 2005 gelang es mir, eine schillernde, wenn auch im Westen kaum bekannte Figur der sowjetischen Geschichte zu treffen, Armeegeneral Wladimir Krjutschkow, der bis zu seinem Tod im Herbst 2007 das Privileg des direkten Zuganges zu Präsident Wladimir Putin gehabt hat. Krjutschkow war Mitte der 1950er Jahre Dritter Sekretär an der sowjetischen Botschaft in Budapest. Er sprach fließend Ungarisch und war die rechte Hand des damaligen Botschafters, späteren KGB-Chefs und schließlich Generalsekretärs der sowjetischen KP, Juri Andropow. Im Zusammenhang mit meinem Buch und einer TV-Dokumentation zum 50. Jahrestag der Ungarnrevolution, konnte ich mithilfe der österreichischen Botschaft ein Interview mit Krjutschkow vereinbaren.

Im Schlepptau Andropows war Krjutschkow zuerst Leiter der Ungarn-Abteilung in der Parteizentrale, später Chef der KGB-Aufklärung und schließlich 1989 Vorsitzender der gesamten KGB-Organisation und zugleich Mitglied der obersten Parteiführung geworden. Er war 1991 einer der Drahtzieher der schließlich gescheiterten Verschwörung gegen Gorbatschow und wurde deshalb abgelöst und kurz verhaftet. Als ich ihn in seiner geräumigen, schön eingerichteten Vierzimmerwohnung im Zentrum Moskaus traf, war er schon voll rehabilitiert. Er genoss wieder alle Privilegien samt einer standesgemäßen Datscha in der Nähe Moskaus. Er war immerhin auch der oberste Chef Putins gewesen, als dieser im Range eines KGB-Oberstleutnants in Dresden der sowjetischen Aufklärung diente.

In unserem Gespräch über Ungarn bekräftigte der bereits kränkelnde KGB-General, dass der 1958 hingerichtete Ministerpräsident Imre Nagy in den 1930er Jahren als Emigrant in Moskau Informant des sowjetischen Geheimdienstes gewesen sei. In Kontrast zur scharfen Verurteilung Nagys lobte Krjutschkow den von ihm eingesetzten und lange kontrollierten János Kádár über den grünen Klee. Er schenkte mir mit einer Widmung seine zwei 2003 und 2004 erschienenen Bücher zur Rechtfertigung und kritisierte, wie seit eh und je, die von Gorbatschow praktizierte „Politik der Kapitulation". Seine Interviews mit westlichen Sonderberichterstattern wurden von einem verlässlichen Professor der

KGB-Hochschule organisiert. Das vom ORF verlangte Honorar für das Interview betrug bloß 1000 Euro. Doch man musste das Geld vor der Begegnung mit dem General seinem Mitarbeiter im Hotel Nacional überreichen. Dieser hatte an Ort und Stelle in der Hotelhalle eine Bestätigung mit Stempel unterschrieben. Das Interview fand, wie geplant, statt. Der KGB war also zumindest in diesem Fall paktfähig …

Manès Sperber – der mutige Aufklärer

Es ist eine Ehre für mich, dass ich hier im Jüdischen Museum Wien zum 100. Geburtstag eines vergessenen und unbequemen Mahners zu Ihnen sprechen darf.

Zunächst eine persönliche Bemerkung: Wie Sie wahrscheinlich wissen, komme ich nicht aus Galizien, sondern aus Budapest. Mit Sperber verbindet mich – „en miniature“ – mein Lebensweg: die Abstammung, die ideologische Verwirrung, die Befreiung davon und nicht zuletzt die Faszination für die Landschaft Kroatiens. Im Gegensatz zu meinem Vorredner (Marcus Patka) habe ich meinen Akzent nicht verloren, sondern hüte ihn. Es trifft sich gut, dass zwei Kuratoren aus einem so schönen Land – einer mit einem ungarischen Hintergrund, die andere aus Kroatien (Mirjana Stancic) – hier in Wien eine Ausstellung und ein Buch zu Manès Sperber erarbeitet haben. Das passt zu ihm.

In mancher Hinsicht ähnelt also mein Lebensweg dem des großen Denkers und Autors. Deshalb will ich hier keine protokollarischen Fleißaufgaben erfüllen, sondern eine kurze, zutiefst subjektive Rede halten. Offen gesagt: In den letzten Wochen erschienen zahlreiche sogenannte „Schnellschüsse“ über sein Leben und Werk. Manchmal in Eile – ich weiß nicht, wer was von den Journalisten und Journalistinnen in Deutschland oder hier wirklich gelesen hat. So wusste zum Beispiel eine Journalistin, die den künftigen Sperber-Preisträger Karl-Markus Gauß interviewt hat, nicht einmal das Todesdatum. Im vermeintlichen Todesjahr 1983 erhielt er ja noch den Friedenspreis des Börsenvereins des Deutschen Buchhandels, wenn er auch nicht selbst dem Festakt beiwohnen konnte, sondern sein Freund Alfred Grosser aus Paris Sperbers Rede, die so viel Staub aufgewirbelt hat, verlesen musste.

Es freut mich sehr, dass meine Vorredner über die Literatur poetisch gesprochen haben, denn ich möchte eben über die publizistische, die politische, die essayistische Bedeutung sprechen. Diese Rede löste damals einen Eklat aus, eine Protestwelle in den Reihen der Friedensbewegung. Warum?

Der jüdische Antinazi und linksliberale Antikommunist Sperber sprach als streitbarer Mann. Mit elf Jahren sei er ein leidenschaftlicher Pazifist geworden, hieß es in dieser Rede, doch aus psychologischer und historischer Erfahrung wisse man, dass der Frieden äußerst brüchig und seine Erhaltung äußerst schwierig sei. Erst wenn Europa imstande sein würde, sich selbst zu schützen, würde es auf eventuelle Gegner Furcht einflößend wirken. Man müsse aber nach der Quelle und dem Grund der Kriegsgefahr suchen, „die Suche nach dem Feuerherd", um nicht die Mittel mit den Zielen zu verwechseln.

Ich zitiere Sperber wörtlich: „Ja, ich wiederhole es. Ich bin gegen jeden Krieg, ausnahmslos. Aber ich weiß, ich wusste es auch im Jahrzehnt des Dritten Reiches, dass ein totalitäres Regime sich gefährdet glaubt, solange es nicht seine grenzenlose Macht über die unmittelbaren Nachbarn – und eines Tages über den ganzen Planeten – ausbreitet."

Heute, 23 Jahre nach dieser Sperber-Rede, könnte man auch die folgenden Warnungen unverändert in einer Betrachtung zum Beispiel zu den nuklearen Ambitionen des Iran verwenden. In den 1930er Jahren wurden Sperber und seine Freunde als „Kriegshetzer" beschimpft, so oft sie warnten: „Jeder aber sollte wissen, dass Erpresser umso mehr verlangen und umso bedrohlicher werden, je öfter man ihnen nachgegeben hat." „Dank masochistischer Wehrlosigkeit" – hier redet kein EU-Kommissar, sondern Manès Sperber – würde sich Europa aus den Konflikten zwischen den Supermächten nicht heraushalten können, sondern nur, wenn es selbst eine Supermacht geworden sein wird. „Das ist unsäglich traurig, jedoch unvermeidlich", denn die alten Europäer müssen „leider selbst gefährlich werden, um den Frieden zu wahren".

Was waren die Ursachen dieser Protestwelle? Der berühmt-berüchtigte NATO-Doppelbeschluss und die großen Proteste gegen die atomare Nachrüstung in Westeuropa. Besonders heftige Angriffe richtete der inzwischen als Stasi-Informant entlarvte damalige Vorsitzende des Verbandes deutscher Schriftsteller, Bernd Engelmann, gegen Sperber; er sollte den irrtümlich angenommenen Friedenspreis schleunigst zurückgeben.

Damals vertraten diese Meinung auch Joschka Fischer und Daniel Cohn-Bendit. In manchen Artikeln schreibt man mehr über die beiden als über Sperber. Fischer hat sich übrigens nicht kürzlich, wie das in den „Schnellschüssen" behauptet wurde, sondern bereits im Jänner 2001 in einer Debatte im Bundestag für diese Ausbrüche entschuldigt. Cohn-Bendit sagte bereits im Oktober 1998 der Verfasserin der Biografie, Mirjana Stancic, wie sehr er Werk und Person Sperbers schätzt, die Romantrilogie „Wie eine Träne im Ozean" sei ein Schlüsselroman des Antikommunismus gewesen. Sehr nett von ihm – das hatten schon lange vor Cohn-Bendit ein Koestler, ein Malraux und ein Böll hervorgehoben.

Sperber schrieb seinen Freunden, schon schwer krank, er habe sich eingebildet, dass seine Freunde seine Bücher gelesen haben, müsse jedoch feststellen, dass dies nicht der Fall sei. Er fürchte nicht die Kritik jener, deren freundschaftliche Zustimmung ihn stärke, und noch weniger scheue er „den Beifall von der falschen Seite", denn die Wahrheit sei nicht taktisch und funktionell. In seiner viel kritisierten Friedenspreisrede sagte er noch diese Worte: „Die Feigheit, die nicht erzwungene, freiwillige, sozusagen präventive Kapitulation ist das sicherste Unterpfand der kampflosen Niederlage. Unter diesen Gesichtspunkten betrachtet, halte ich die politische Situation des Westens für außerordentlich gefährdet. Diese Gefährdung ist momentan mehr politisch-psychologischer Natur." Seitdem gibt es andere Gefahren.

Natürlich hat der Staatssicherheitsdienst der DDR sofort nach seiner Rede eine „Kerblochkarte" angelegt. Er sagte immer wieder: „Wer denkt und schreibt, als ob der andere immer und in allem Unrecht haben müsste, verteufelt die Welt und misshandelt die Wahrheit. Es gibt nämlich keine Wahrheit, die wir aus taktischen Gründen verschweigen müssten, keinen Betrug, den wir mit Stillschweigen, und wäre dies auch nur vorläufig, übergehen dürften“. Worte, die ich ins Notizbuch jedes Bankiers und Geschäftsmannes, der nach Moskau oder Minsk fährt, mitgeben würde.

Damals in der Urkunde zur Verleihung des Friedenspreises hieß es: „Er hat sein Leben lang die Unabhängigkeit seines eigenen Urteils bewahrt, und, unfähig zur Gleichgültigkeit, den Mut aufgebracht, jene nicht existente Brücke zu betreten, die sich nur vor dem ausbreitet, der seinen Fuß über den Abgrund setzt (...). Der Schriftsteller, der den Weg durch die ideologischen Verirrungen des Jahrhunderts mitgegangen ist und sich von ihnen befreite.“

Marcus Patka hat in seiner Rede Sperbers Beziehung zum Judentum erwähnt. Ich habe die Ehre gehabt, voriges Jahr hier im Jüdischen Museum das Werk des ungarischen Historikers Szabolcs Szita vorzustellen. Er hat das Schicksal der ungarischen Juden untersucht, die nach Österreich verschleppt und hier zum Teil umgebracht wurden. Und deshalb muss man einen Satz darüber sagen, von wo Manès Sperber herkommt.

Die Ortlosigkeit und der Heimatverlust begleiteten sein Leben. Das galizische Schtetl Zablotow, sein Geburtsort, war 1772 bis 1918 österreichisch, von 1918 bis 1939 polnisch und ist seit 1945 ukrainisch. Das betrifft leider das Schicksal der Juden von Zablotow überhaupt nicht, sie wurden alle ausnahmslos – außer denen, die rechtzeitig flüchten konnten – umgebracht. Zuerst in Zablotow selbst, dann in einem Ausrottungslager und schließlich im Ghetto von Kolomea, wo auch viele aus Ungarn deportierte Juden umgebracht wurden.

Diese Geschichte begleitete sein Leben – von Zablotow nach Wien, wo er dann bereits mit 17 Jahren in den Kreis des Individualpsychologen Alfred Adler aufgenommen wurde, bis zu seiner Hin- und Abwendung zum beziehungsweise vom Kommunismus, über Kroatien und Österreich hinweg, zur Schweizer Exilzeit, wie danach in Frankreich, wo er mithilfe seiner Freunde André Malraux und Raymond Aron eine neue Heimat fand. Das ist doch großartig! Da kommt ein Manès Sperber, der damals ein Niemand in Frankreich war. Wer hat ihn gekannt? Und wie André Malraux und Raymond Aron ihn aufgenommen haben! Was er dort machen konnte, wie er dann beim Verlag Calmann-Lévy Cheflektor geworden ist und wie er dann in seinem Leben (wie so viele von uns) in zwei Sprachen lebte: Die Romane schrieb er auf Deutsch, die Essays überwiegend auf Französisch.

Der Antisemitismus in Wien, den Sperber bereits als Kind in der Leopoldstadt am eigenen Leib erfuhr, als ihm ein Fremder in der Menge im Oktober 1916 eine glühende Zigarette auf dem Nacken ausdrückte, ist sein schmerzhaftes Thema geblieben. Er kritisierte einmal in einem französischen Sonderheft über Karl Kraus, dass Karl Kraus zu allem Mut hatte, nur zu seinem Judentum nicht.

Dann wurde er oft nach Wien zu Konferenzen eingeladen und bekam sogar den österreichischen Staatspreis für Literatur 1977 von Fred Sinowatz. In ihrem großartigen Buch über „Manès Sperber – Leben und Werk“ schreibt Mirjana Stancic, dass die Prägung in Wien für sein ganzes Leben bestimmend bleiben sollte, sie gehörte zu seinem zentralen autobiografischen Thema. Als seine Familie 1939 flüchten musste, hinterließ dies eine Kränkung und Risse, die lange nicht schließen wollten. „Trotz einer typisch österreichischen Zerrissenheit, die ihn gleichzeitig ärgerte und motivierte, stellte sich im Alter die Nostalgie nach Wien wie von selbst ein“, heißt es in der Biografie. Das gilt natürlich nicht nur für Manès Sperber.

Ich habe ihn einmal in meinem Leben getroffen, gesehen, gesprochen, stundenlang bei einer Veranstaltung des Europaverlages, hier in Wien. Dieser Verlag, er wurde übrigens von einem ungarischen Juden gegründet, verlegte damals mein zuerst in New York erschienenes Buch über den „Antisemitismus ohne

Juden“. Zuerst hatten die linken Lektoren des S. Fischer Verlages nicht gewagt, es herauszugeben. Aber der Europaverlag hat dieses Buch verlegt! Dort traf ich zum ersten und leider einzigen Mal Manès Sperber. Man spürte in der Tat die tiefe emotionale Bindung an Österreich und Wien. Ich habe von ihm bei diesem Treffen 1977 eine kleine Widmung mit ganz winzigen Buchstaben erhalten – ich weiß nicht, ob er immer so geschrieben hat –, wo er mich als „copain“ bezeichnete.

Die Widerständigkeit Sperbers war Haltung, nie Pose, schrieb kürzlich in einem ausgezeichneten Aufsatz Marko Martin in der „Literarischen Welt“. So legte er sich auch mit Jean-Paul Sartre und Herbert Marcuse an. Er war lange Jahre Cheflektor bei einem französischen Verlag und zog bereits Mitte der 1950er Jahre einen Vergleich zwischen dem Antisemitismus und dem Anti-Amerikanismus – einen Vergleich, der heute noch verdammt bekannt klingt: „In derselben Weise hat man auch in den letzten Jahren einen Anti-Amerikanismus in Mode gebracht, der eine Reihe von Merkmalen mit dem Antisemitismus gemeinsam zu haben scheint. In beiden Fällen handelt es sich um den Versuch, die wahrhaftige Ursache wirklicher Kalamitäten zu verdunkeln und zu vertuschen. Und in beiden Fällen geht es darum, die eigene Verantwortung abzuwälzen und einen Schuldigen für die selbst verschuldeten Leiden, kurz einen Sündenbock, zu finden.“

Ja, der Kommunismus spielte auch eine Rolle. Es war ein Abenteuer. Sperber war sehr streng mit manchen seiner Genossen in Kroatien und woanders, und dann konnte er sagen, wie Arthur Koestler in seiner Autobiografie zitiert: „Ich habe mich dem Kommunismus – heute klingt das zu aufgeblasen, aber es war so – wie einer Quelle frischen Wassers genähert, und ich verließ sie, wie man sich aus einem vergifteten Fluss rettet, in dem Trümmer überschwemmter Städte und die Leichen der Ertrunkenen treiben.“

Kroatien – das hat auch das Leben Sperbers mitgeprägt. Es hat mich sehr gerührt, dass er mit Petar Szegedin so eng zusammen war. Stellen Sie sich vor: ein junger, fantastisch aussehender Schriftsteller – sie treffen sich in Paris, und Sperber teilt ihm mit, dass er mit der Partei gebrochen hat. Das war 1938. Szegedin brach völlig zusammen, ich habe darüber auch geschrieben. 30 Jahre später lese ich in Kroatien „Kampf um die Sprache – gibt es eine eigene oder nicht?“. Szegedin sagt damals, „es gibt keine Brüderschaft ohne Brüder.“ Er hat 25 oder 30 Jahre später das verstanden – aus eigenen Erfahrungen –, was Manès Sperber ihm damals in diesem Pariser Hotel (es war sicher kein Luxushotel) gesagt hat.

Oder seine Beziehung zu Vera Ehrlich-Stein – ich habe das Glück gehabt, diese sehr schöne Frau im Alter in Zagreb zu treffen, in der gleichen Wohnung, glaube ich, wo sie und Sperber sich getroffen hatten. Sie war eine großartige Soziologin. Diese Vera Ehrlich-Stein und ihr Mann arbeiteten lange Zeit mit Sperber zusammen. Sie hat eine unglaublich wichtige Rolle gespielt zusammen mit den kroatischen Intellektuellen in der „Praxis“-Gruppe, vor allem mit Rudolf Supek. Der war auch in Frankreich, und später wurde ihm alles Mögliche unterschoben. Sein Bruder Ivan Supek war verantwortlich für die – Gott sei Dank nicht gelungene – Entwicklung der jugoslawischen Atombombe. Können Sie sich vorstellen, wenn die Jugoslawen bei ihrem Temperament und ihren Problemen eine Atombombe gehabt hätten?

Diese Supek-Brüder und die „Praxis“-Gruppe waren mit all diesen Menschen zusammen. In diesem Bekanntenkreis gab es auch eine Person, die manche von Ihnen kennen. Ina Jun-Broda war die Frau von Engelbert Broda, dem kommunistischen Bruder von Christian Broda, dem großen Naturwissenschafter. Ina Jun-Broda war eine wunderschöne Frau, ihr Sohn wurde umgebracht von den Faschisten in Kroatien. Ich habe von einer Freundin von ihr in den 1960er Jahren in Wien Serbokroatisch (heute wird dieser Begriff freilich nicht mehr verwendet) gelernt. Ina hat literarische Kritiken geschrieben und auch Bücher ins Deutsche übersetzt.

Damals hat Sperber in Wien Ina Jun-Broda getroffen und sie redeten darüber, wie schwer es sei, jugoslawische Autoren bei deutschen und französischen Verlagen durchzusetzen. Das Trauma der fast hundertprozentigen Flops mit jugoslawischen Autoren wirkt leider heute noch nach. Manès Sperber war von der Politik fasziniert, aber wie der deutsche Schriftsteller Hermann Kesten gesagt hat, hat er unter großen Opfern gelernt, Politiker zu durchschauen, Politik zu entlarven. Das ist lange her, doch es ist noch immer eine schwere Aufgabe, die Politik zu entlarven und Politiker zu durchschauen.

Heute bewundern wir Sperbers kategorische Ablehnung der Mutlosigkeit und seinen Widerstand gegen die Resignation. Siegfried Lenz, der 1983 die Laudatio beim Friedenspreis gehalten hat – eine sehr schöne Rede –, hat gesagt, Sperber sei ein Spezialist für Niederlagen. Er handelte mit der Legitimation des Zeugen überall da, wo Vernunft und Wahrheit bedroht sind, handelte nicht entmutigt als Aufklärer und Vermittler des nötigen Wortes.

Quellen und Literatur:

Paul Lendvai: Rede zur Eröffnung der Ausstellung „Manès Sperber. Die Analyse der Tyrannis" – Jüdisches Museum, Wien (18. Jänner – 10. März 2006)

Marcus P. Patka (Hrsg.): Wiener Jahrbuch für Jüdische Gesichte, Kultur und Museumswesen 7 (2006)

Mirjana Stancic: Manès Sperber. Leben und Werk (= Nexus 63). Frankfurt am Main/Basel 2003

„Michael Coles" Glück und Ende oder Die Geschichte einer gescheiterten Anwerbung

„In einer freien Gesellschaft kann alles gedruckt werden – und ist vergessen, weil man es mit einem Blick erfasst. Im Absolutismus ist alles geheim, kann aber erraten werden; das macht es interessant."

(Marquis de Custine, „Russland im Jahr 1839")

„Aber wenn nicht ich es gewesen, Euer Erlaucht, sondern ein anderer, dann wäre es noch viel schlimmer gekommen, so etwas hätte solche Berichte geschrieben, angschangte, dass Gott soll uns von solchen bewahren!"

(Michael Schipow, Polizeiagent, in einem imaginären Gespräch mit Leo Tolstoj. Aus dem Buch von Bulat Okudschawa: „Die Erlebnisse des Polizeiagenten Schipow bei der Verfolgung des Schriftstellers Tolstoj")

Aus Ungarn erhielt ich ein wertvolles und zugleich verblüffendes „Weihnachtsgeschenk". Das Historische Archiv der Staatssicherheitsdienste (ÁSZTL) schickte mir 395 Seiten operatives Material und Vorgangsakten, das heißt Vermerke, Berichte, Vorschläge, Maßnahmenpläne, Beschlüsse, Gesuche und andere Dokumente, darunter Kopien von geöffneten Privatbriefen. Dieses Material war von den mit der Auslandsaufklärung und der inneren Abwehr befassten Agenten und Offizieren im besonderen Einsatz (OibE) der ungarischen Stasi produziert worden, meistenteils in der Zeit zwischen 1958 und 1966. Diese Schriften beinhalteten auch für mich große Überraschungen. Warum?

Bereits 1996 hatte ich Materialien aus der Zeit zwischen 1952 und 1956 erhalten. Diese hatten sich auf meine Gefängnishaft, Internierung und meine Kämpfe um eine Rehabilitierung bezogen.

Im selben Jahr kritisierte ich in Zeitungsartikeln und dann in meiner Rede beim Welttreffen der Ungarn im Budapester Parlament zusammen mit dem Washingtoner Politologen Charles Gati die ungebrochene Macht der Geheimdienste über die Archive. Generalmajor Tamás Somogyi, der Kabinettschef des Geheimdienstministers der Regierung Horn, erklärte daraufhin in einem Interview mit der Tageszeitung „Magyar Nemzet" (vom 17.9.1996): „Über Lendvai gibt es in den Archiven keinerlei Dokumente." Auf die skeptische Frage des Journalisten, wie dies möglich sei, wo ich doch vor der demokratischen Wende als Mitarbeiter des ORF häufig das Land bereist hatte und, wie man es annehmen konnte, von den Geheimdiensten observiert worden war, entgegnete Somogyi: „Lendvai verließ das Land 1957, und er hält es für wahrscheinlich, dass vor 1956 Berichte über ihn verfasst wurden. (...) Entgegen dem Irrglauben arbeiteten die Geheimdienste in der Kádár-Zeit nicht in einer Weise, dass sich daraus folgern ließe, dass über Lendvai Dokumente hätten angefertigt worden sein müssen."

Diese Behauptung entsprach natürlich nicht der Wahrheit. Im Übrigen stand sie auch zu dem im Gegensatz, was der ungarische Staatssicherheitsdienst in seinem am 31. Jänner 1985 an die Stasi in Ost-Berlin weitergeleiteten Bericht festgestellt hatte: „Auf Ihre Anfrage hin teilen wir Ihnen mit, dass Pál Lendvai (...) uns bekannt ist und in unseren Karteien als feindliche Person geführt wird. Seit 1959 ist er österreichischer Staatsbürger, und seit diesem Zeitpunkt verfolgt unser Staatssicherheitsdienst die Tätigkeit Lendvais mit Aufmerksamkeit." Dieser Bericht hatte sich in jenem 38-seitigen Sammeldossier befunden, das ich von der Gauck-Behörde in Berlin erhalten hatte. Inzwischen gelangte ich über den damaligen tschechischen Ministerpräsidenten Václav Klaus und Innenminister Jan Ruml – den ehemaligen Sprecher der Charta 77 – auch in den Besitz von 152 Seiten an Berichten der tschechoslowakischen Geheimpolizei.

Auf mein Ersuchen – und im krassen Gegensatz zu den Behauptungen Somogyis – gruben die Mitarbeiter des Historischen Archivs, des ungarischen Pendants der Gauck-Behörde, schon damals mehr als 200 Seiten an Stasi-Berichten aus, die sich sehr wohl auf meine journalistische Tätigkeit bezogen, der ich nach meiner Emigration als ausländischer Korrespondent und Chefredakteur von Fernsehprogrammen nachging. Schon damals ahnte ich, dass dies nur die Spitze des Eisbergs sein konnte.

Meine zwei Leben – das vor und das nach 1956 – waren mit dem Geheimpolizei-Apparat der harten und mit dem der weichen Diktatur verbunden, ohne dass ich mir dessen bewusst gewesen wäre. Diese Doppelbödigkeit meldete sich in meinem Leben praktisch als Parallelität zu Wort. Im Sommer 1962, also fast zehn Jahre nach meiner Verhaftung, teilte man meiner Mutter im Innenministerium mit, dass man mich unrechtmäßig eingesperrt und interniert hatte und dass mir „deshalb keine Nachteile erwachsen können“. Zugleich war im selben Innenministerium und seinen Wiener Außenstellen bereits das Zusammentragen von mich kompromittierenden Berichten und Dokumenten in vollem Gange.

Die Akten, die ich im vergangenen Mai und Dezember vom ÁSZTL erhielt, unterstreichen sowohl in Hinblick auf die Fakten als auch auf die Akteure, wie wichtig es wäre, die Stasi-Akten endlich der Öffentlichkeit zugänglich zu machen. Sie entlarven das „institutionalisierte System des Lügens im öffentlichen Leben“ (János Kenedi) der Kádár-Zeit.

Bulat Okudschawa lässt seinen Nikolaj Serafimowitsch Muratow, einen hochrangigen Offizier der III. Abteilung des zaristischen Geheimdienstes, folgendermaßen zu Wort kommen: „Den Menschen regieren Bosheit und Neid, Zorn und Verachtung und Angst. Ihnen freien Lauf lassen, kann unerhörte Folgen zeitigen.

Man muss sie an die Kandare legen, ihnen eine Richtung geben, dann können sie von Nutzen sein."

Die folgenden Begebenheiten erzähle ich nicht aus persönlichen Gründen. Vielmehr möchte ich meinen Beitrag im Kampf gegen diese Mentalität und die unermessliche Dummheit der jeweiligen politischen Verantwortlichen leisten.

Am 4. Februar 1957 kam ich nach Wien. Vom ersten Augenblick an versuchte ich, mit meinem Budapester Deutsch und Englisch als Journalist zu arbeiten. Zum Teil half ich als „Ungarn-Experte" ausländischen Korrespondenten, zum Teil brachte ich eigene Artikel in österreichischen und später auch ausländischen Zeitungen unter. Mit Rücksicht auf meine in Ungarn zurückgebliebenen Eltern benutzte ich verschiedene – wenn auch nicht überaus originelle – Pseudonyme. Bezeichnenderweise fanden die Wiener und Budapester „Organe" dank ihrer zahlreichen Spitzel schnell heraus, wer sich hinter Autorennamen wie György Holló, Árpád Bécs oder Paul Landy verbarg. Mit einem Radio unter dem Arm streifte ich durch die Straßen und Redaktionen von Wien und feilte nebenbei Tag und Nacht an meinen Sprachkenntnissen. Nie in meinem Leben sollte ich für eine ungarische Emigrantenzeitung oder einen ungarischsprachigen Radiosender arbeiten.

Geheim-Dokumente im Abfallkübel

Der erste Bericht ging gut ein Jahr nach meiner Ankunft in Wien, am 17. März 1958, durch die Hände des damaligen Polizeihauptmannes Szilveszter Harangozó. (Das Ende des Kommunismus sollte er als Chef des Staatssicherheitsdienstes im Range eines Generalleutnants und stellvertretenden Ministers erleben.) Der „streng vertrauliche" Bericht aus der Vorgangsakte mit der Signaturnummer 19.652 des Agenten mit dem Decknamen „Galambos" handelte von mir und meinem inzwischen verstorbenen Freund, dem Zeitungsjournalisten Stephan Vajda.

„Galambos“ fand heraus, dass wir auf auffällige Weise „den Kontakt zu Journalisten auf der Durchreise durch Wien“ suchten und sie mit unseren Fragen „tendenziös auf die inneren Probleme der ungarischen Partei hinlenken“. Dann entlarvte er mich: „Nach anderen Informationen ist Lendvai der Ungarn-Experte des amtlichen Regierungsblattes ‚Die Presse‘ und verfasst in dieser Eigenschaft teilweise eigene Beiträge.“ Tatsächlich publizierte ich in dieser Zeitung, die weder damals ein Regierungsblatt war noch heute eines ist, unter dem Namen György Holló, aber „Galambos“ war vielleicht der erste, der mein Geheimnis verpfiff.

Derselbe Agent lenkte die Aufmerksamkeit der Unterabteilung I/5 des ungarischen Auslandsgeheimdienstes auch darauf, dass zwischen Lendvai und dem AFP-Korrespondenten Lajos Erdős „scharfe Gegensätze“ bestünden. „Man kann davon ausgehen“, so „Galambos“ weiter, „dass der zwischen ihnen bestehende scharfe Gegensatz von unserem Gesichtspunkt aus ausgenutzt werden kann.“ Am Ende seines Berichts tischte er eine an schlechte Groschenromane erinnernde Agenten-Story auf: „Sowohl die Mitglieder der emigrierten Philharmonia Hungarica wie auch andere Emigranten treffen sich in der in einer Nebengasse des Grabens befindlichen ungarischen Gaststätte, dem Ilona-Stüberl.“

Gestützt auf seinen Informanten – der Name ist im Dokument geschwärzt – heißt es bei „Galambos“ weiter: „Lendvai, weiters zwei Beauftragte der ungarischen Botschaft in Wien sowie die Emigranten namens Hegedüs und Szemere suchen diese Gaststätte regelmäßig auf und beschaffen sich hier ihre Informationen. Die Weitergabe der Informationen erfolgt auf folgende Weise: Einer der oben Genannten taucht in irgendeinem Wiener Park auf, platziert einen Brief in einem der Abfallkübel, sieht sich dann um, wartet, bis ein anderer Spaziergänger den Brief herausnimmt, und ohne dass sie miteinander gesprochen hätten, geht der eine nach rechts und der andere nach links weg.“ Wie ein echter Sherlock Holmes schlussfolgerte „Galambos“: „Dies zeigt auf jeden Fall, dass die Arbeit der ungarischen Botschaft in Wien nicht nur von den offiziellen Organen, sondern auch von den Emigranten scharf beobachtet wird."

Das Ilona-Stüberl existiert übrigens heute noch, das „Wiener Bezirksblatt" kürte es im Dezember 2005 zur besten Gaststätte Wiens. Doch der außerordentlich wachsame „Galambos" vermeldete auch, dass die Frau meines Freundes Vajda im Espresso des Hotels Europa arbeitete: „Dieses ist die prominenteste Spionagezentrale von Wien, und offensichtlich beschafft er einen Teil seiner Informationen hier." (Als „Galambos" in diesem völlig unscheinbaren Gastgewerbebetrieb ungarische Stimmen hörte, witterte er sofort Spione.)

Die Hinweise von „Galambos" über die „Spionagezentrale", über das geflohene ungarische Orchester und über uns geflüchtete Journalisten wurden von seinen Vorgesetzten todernst genommen. Mit der Hand schrieb einer von ihnen an den Rand des Berichts: „Der entsprechende Teil ist unbedingt an die Aufklärung und an die Spionageabwehr weiterzuleiten. Durchschriften mögen ergehen an die Genossen Geréb, Gál und Antal Nagy – ein Operativ-Plan ist anzufertigen: zur Aufdeckung der heimischen Kontakte von Lendvai-Vajda; zur Zersetzung der Philharmonia Hungarica; zum weiteren Vorgang (sei es zum Zwecke der Anwerbung, sei es zu dem der Kompromittierung)."

Über eine weitere Wien-Reise berichtete „Galambos" am 14. Mai 1959 dem inzwischen zum Unterabteilungsleiter avancierten Hauptmann Harangozó: „Gegenstand: Erfahrungen im Ausland". Auch in diesem Bericht legte er Rechenschaft über ein Treffen mit mir ab: „Lendvai fragte gewohnheitsgemäß nach der inneren Lage der Partei und interessierte sich vor allem dafür, wer sich um den Genossen Kádár geschart habe. (...) Auch bat er mich, Endre Gömöri zwei Bücher (Kriminalromane) mitzubringen. (...) Er berichtete von seinem Besuch in London. Bei der ‚Irodalmi Újság' traf er sich mit der gesamten Garnitur. (...) Er merkte auch an, dass die ‚Irodalmi Újság' von amerikanischem

Geld erhalten werde, und Lendvai fügte noch hinzu, dass die ‚Irodalmi Újság' nur so lange existieren werde, so lange sie dieses Geld bekommt. (...) Nach Bekanntwerden der Mérei-Affäre erschien in der Hamburger Zeitung ‚Die Welt' ein Artikel mit der Signatur ‚L-P Wien', der detailliert auf die politischen Stellungnahmen und das in den letzten Jahren an den Tag gelegte Verhalten der Akteure dieser Affäre eingeht. Aus der Unterschrift und dem Inhalt des Artikels folgernd erscheint es wahrscheinlich, dass ihn Pál Lendvai verfasst hat."

Was der Spitzel als „Mérei-Affäre" bezeichnete, war in Wirklichkeit der Budapester „Hungaricus"-Prozess, in dem am 1. Mai 1958 Ferenc Mérei und vier Gefährten, unter ihnen György Litván, zu Gefängnisstrafen zwischen zwei und zehn Jahren verurteilt worden waren.

Die Vorgangsakte (M-Akte) von „Galambos", in der diese zwei Berichte archiviert waren, wurde am 5. Oktober 1957 angelegt und erhielt die Archivsignatur 19.652.

Die Klarnamenkarte vom Karteityp 6 mit der Registriernummer 144.812, Vermerk: „Streng vertraulich! Besonders wichtig!", enthüllt, wer „Galambos" war und wann er angeworben wurde: „György Szepesi, geb. 5.2.1922, Mitarbeiter des Ungarischen Radios". Zeitpunkt der Anwerbung: 14. Februar 1950. Kategorisierung: Agent. Aktenzahl der Anwerbungsakte (B-Akte): 103208. Deckname: „Galambos"/50/1.

Die Klarnamen-Karteikarte trägt das Datum 9. Februar 1955. Im Jahr 1957 arbeitete „Galambos" für die Unterabteilung II/5 („Abwehr der inneren Reaktion") der Politischen Ermittlungshauptabteilung des Innenministeriums. Ab dem 25. Mai 1963 war er ein Inoffizieller Mitarbeiter (IM) der Unterabteilung III/III-4 („Abwehr auf kulturellem Gebiet"), die dem Gruppenkommando „Kampf gegen die innere Reaktion" des Staatssicherheits-Oberkommandos des Innenministeriums unterstellt war. Von „Galambos" existieren dieser Karteikarte zufolge weitere drei Vorgangsakten.

Wer weiß, wie viele hundert seiner Spitzelberichte im Archiv verstauben. Die Stationen seiner Karriere lassen sich jedem Lexikon entnehmen. Im September 2005 verlieh die Stadt Budapest György Szepesi die Ehrenbürgerschaft.

Die Spitzel, die über Jahrzehnte hindurch über mich Berichte anfertigten, und ihre Vorgesetzten arbeiteten zwar stets unter Decknamen, aber es gelang mir, nicht bloß „Galambos“ zu identifizieren. Unter den inzwischen aufgedeckten Agenten war der 1952 angeworbene „Lehel“ („István“) alias Ervin Földényi, der in der Branche damals „Nadelkopf“ genannt wurde und der 1961 während eines zehntägigen Aufenthalts in Wien und 1964, als ich nach Budapest reiste, über mich berichtete. Weiters der 1955 als „Budai I“ angeworbene Filmregisseur Imre Bencsik, der gemäß Karteikarte als „TMB“, das heißt „Mitarbeiter im geheimen Auftrag“, geführt wurde und als solcher dem Innenministerium „aus ideologischer Überzeugung“ zuarbeitete. Er versuchte im Februar und Mai 1963 bei der „Financial Times“ in London über mich als deren Wiener Korrespondent interne Informationen zu beschaffen.

Die Kunst des Überlebens

Auf einen der geschicktesten Spitzel traf ich 1976, als ich als Korrespondent des ORF eine zweiteilige Dokumentation zum 20. Jahrestag der ungarischen Revolution drehte. Er wurde mir auch 1980 zugeteilt, als wir an einem Film mit dem Titel „Massenkommunikation“ arbeiteten.

Der Drehplan musste wie immer mit dem Außenministerium und mit der Abteilung für Auslandsbeziehungen des Ungarischen Fernsehens (MTV) abgestimmt werden. Für ein Tageshonorar von 27 Dollar mussten wir auch einen uns aufgezwungenen Produktionsleiter beschäftigen. Viele Jahre später gelangte die Vorgangsakte mit der Signatur 58.115, Vermerk „Streng vertraulich! Besonders wichtig!“, des Agenten mit dem Decknamen „Gábor

Harmat“ in meine Hände. Sie beinhaltete die an die Abteilung III/III-4/c („kulturelle Abwehr“) gerichteten Berichte über die Dreharbeiten.

Das siebenseitige, dicht mit Maschine beschriebene Dokument hätte man als Schulungsmaterial bei Stasi-Lehrgängen verwenden können. „Harmat“ hielt die winzigsten Einzelheiten fest und listete alle interessanten oder „haarigen“ Fragen auf, die ich meinen Interviewpartnern – vom privaten Automechaniker bis zum Chirurgen, vom Schriftsteller Tibor Déry bis zum Schauspieler Iván Darvas, vom Vorzeige-LPG-Präsidenten Róbert Burger bis zum Parteizeitungs-Vizechefredakteur Péter Rényi – gestellt hatte. Unter anderem meldete er zufrieden: „Lendvai hätte gerne, ohne es schriftlich eingereicht zu haben, Zoltán Vas, Ágnes Heller und Konrád getroffen und mit ihnen gedreht. Das Zusammentreffen mit obigen Personen erledigten wir in einer Weise, dass diese Begegnungen nicht stattfinden konnten, zum Teil gelang es ihm aus objektiven Gründen nicht, die erwünschten Gesprächspartner zu finden.“

In meinen Memoiren „Auf schwarzen Listen“ erwähnte ich, dass bei den Dreharbeiten außer uns und den Interviewpartnern immer nur der Produktionsleiter Gábor Spánn anwesend war, der wiederum in den Berichten von „Harmat“ nirgendwo genannt wird.

Auf die nicht offen ausgesprochene Anspielung, dass „Harmat“ und Gábor Spánn identisch seien, antwortete dieser in einem kleinen Buch, in dem er seine morgendlichen Glossen im „Kossuth-Rádió“ veröffentlichte, ironisch: „Ein einziger Punkt zwickte mich ungemein in der Nase. Wieso dieser fantasielose Name Gábor Harmat? Harmat lasse ich mich nicht nennen, zumindest hätte man auf Doktor Sorge oder Kohn Philby kommen können.“

Nun, das Geheimnis ist inzwischen gelüftet. Der Klarnamenkarte vom Karteityp 6 mit der Nr. 232.305 zufolge wurde Gábor Spánn, Produktionsleiter des Ungarischen Radios und Fernsehens, am 22. November 1971 unter dem Decknamen „Gábor Harmat“ als Informator angeworben.

Später stieg er zum „TMT“, das heißt Geheimen Mitarbeiter, auf, der nach der Klassifizierung des ungarischen Stasiakten-Archivs „als das vertrauenswürdigste Glied im Netz der Staatssicherheitsdienste galt, das aus prinzipieller Überzeugung, mit hochgradiger Opferbereitschaft und Eigeninitiative an der geheimen Zusammenarbeit mitwirkte und auch zur Erfüllung der kompliziertesten operativen Aufgaben geeignet war.“

Harmat-Spánn verfügte also schon über eine fünfjährige Praxis, als er diese Aufgabe übertragen bekam.

Wie ich höre, amüsiert Spánn die morgendlichen Hörer des „Kossuth-Rádiós“ weiter mit seinen humoristisch gemeinten Glossen. Er wurde noch nicht Ehrenbürger.

„Michael Cole“ betritt die Bühne

Unter den Agenten und Stasi-Offizieren im besonderen Einsatz mit den diversen Decknamen spielte der Geheime Mitarbeiter (TMT) „Urbán“, der sich als würdiger Nachfolger von Okudschawas Agenten Schipow geeignet hätte, eine besondere Rolle. Aus den angeblich regelmäßig von mir erhaltenen, vertraulichen Informationen über die österreichische Innenpolitik verfertigte er dermaßen überzeugend wirkende, in Wirklichkeit aber völlig aus der Luft gegriffene Berichte, dass sein Name im Gruppenkommando III/I („Auslandsaufklärung“) des Innenministeriums von Mund zu Mund ging. „Urbán“ zufolge soll ich ihn dank meiner innigen Beziehungen zum ÖVP-Politiker Felix Hurdes wöchentlich oder noch öfter über die Wandlungen der Standpunkte und Pläne der ÖVP während einer fast fünf Monate dauernden Regierungskrise in allen Details informiert haben.

Aus den Parlamentswahlen im November 1962 war nämlich die Volkspartei als Siegerin hervorgegangen, und die Koalitionsverhandlungen zogen sich bis zum März hin. Im Mittelpunkt der Debatten stand der damalige Außenminister Bruno Kreisky. Die

Volkspartei hätte gerne dieses Ressort übernommen, doch am Ende erwies sich der Einfluss des Gewerkschaftsführers Franz Olah und des sozialistischen Bundespräsidenten Adolf Schärf als ausschlaggebend, und Kreisky behielt seinen Posten. Wenige Monate später brach der sogenannte Habsburg-Skandal aus, der durch den Rückkehrversuch von Otto Habsburg ausgelöst worden war. Die österreichischen Zeitungen beschäftigten sich sehr ausführlich mit den innenpolitischen Kämpfen. Die sogenannten „vertraulichen Informationen" vermochten die ausländischen Korrespondenten jeden Tag ganz einfach den Zeitungen zu entnehmen oder durch Fragen bei den häufigen Pressekonferenzen in Erfahrung zu bringen.

„Urbán" wollte Karriere machen und beweisen, dass er durch mich in den Besitz exklusiver Informationen aus dem inneren Führungszirkel der Volkspartei gelangen würde. Einen ausführlichen Bericht nach dem anderen brachte er über die sich täglich wandelnde Stimmung auf den Weg, oft mit dem Zusatz: „Information von Lendvai". Diese Berichte hatten einen einzigen Schönheitsfehler: Jede einzelne „Lendvai-Information" war eine Erfindung „Urbáns". In meinem Leben habe ich kein einziges Mal mit dem Ex-Minister und Ex-Parlamentspräsidenten Hurdes ein Wort gewechselt.

In den oberen Rängen seiner Vorgesetzten glaubte man jedoch den lebendig geschriebenen Berichten „Urbáns". Am 6. November 1962 legte man sogar eine Operativ-Vorlaufakte über die Kontaktperson mit dem Decknamen „Michael Cole" an. Die zusammenfassenden Berichte, Maßnahmenpläne und Operativ-Vorschläge in der Sache „Michael Cole" waren zweieinhalb Jahre lang von der Hoffnung beflügelt, dass man „Cole", das heißt mich, am Ende würde anwerben können.

Die Grundlage dafür lieferten freilich die Berichte „Urbáns". Sich immer wieder auf Hurdes, gelegentlich auf Kreisky und Olah beziehend, behauptete er gegenüber der Unterabteilung III/I-3 des Gruppenkommandos Auslandsaufklärung, dass „Coles" Informationen nicht aus der Luft gegriffen, sondern fundiert seien und sich auf vertrauliche Angaben stützten, die nirgendwo veröffentlicht worden wären. „Das Verhältnis ist ausgesprochen positiv", schrieb er. „In seiner Perspektive gibt es zu Hoffnungen Anlass."

Wer war der Geheime Mitarbeiter „Urbán"? Wie aus dem nunmehr erhaltenen Material hervorging, handelte es sich um László Endre Loránt, von 1960 bis 1963 Korrespondent der ungarischen Nachrichtenagentur MTI in Wien. Zu ihm unterhielt ich in der Tat ein kollegiales Verhältnis, zumal ich ihn, den damaligen Korrespondenten der „Népszava", schon im Jänner 1957 in Warschau getroffen hatte, als ich als Außenressortleiter des „Esti Hírlap" von dort berichtet hatte. Von seiner zentralen Rolle im Stasi-Netz hatte ich keine Ahnung.

Major Rezsö Palotás und Oberstleutnant Pál Tóth, die den Fall „Michael Cole" bearbeiteten, legten in ihrem Maßnahmenplan vom 17. April 1963, nach Punkten gegliedert und mit Fristen versehen, fest, dass von „Cole" weitere vertrauliche Informationen über die Pläne der ÖVP zu beschaffen seien, dass derselbe zwecks Aufrechterhaltung des Kontakts an „Urbáns" Nachfolger übergeben werde, dass er dahingehend zu beeinflussen sei, dass seine Artikel in den britischen und sonstigen westlichen Blättern einen loyalen Ton gegenüber der Volksrepublik Ungarn und den anderen sozialistischen Ländern anschlagen, und dass mit der Auskundschaftung seiner Beziehungen zu beginnen sei. „Im Ergebnis der Erkundung ist ein Abschlussbericht anzufertigen, auf dessen Grundlage die Anwerbung vorzuschlagen ist", heißt es in dem Papier. Frist: 31. Dezember 1963. In der Zwischenzeit beschaffte man sich mehrere Dutzend meiner unter Pseudonym verfassten, in westlichen Zeitungen erschienenen Artikel.

Schon vorher hatte man mich der Überwachung vom Typ K („feindliche Personen") unterzogen. Das heißt, alle an mich gerichteten oder von mir verfassten Briefe, die über ungarisches Gebiet gingen, wurden zensiert. Darunter waren tröstende Worte für meine verwitwete Mutter, der man den Antrag auf einen Reisepass neun Mal abgelehnt hatte. Über sie, einige Verwandte und die Hausbewohner wurden Umfeldstudien angefertigt.

Die Anwerbe-Hoffnungen der Staatssicherheit gründeten sich dem Vermerk B-45-81 vom 24. Mai 1962 zufolge ursprünglich darauf, dass „wir in dem Fall, dass er sich zur Zusammenarbeit mit uns verpflichtet, seine Mutter ausreisen lassen".

„Tutus" in der Striptease-Bar

Gyula Ortutay, dem Generalsekretär der Patriotischen Volksfront und Mitglied des Präsidialrates, verdanke ich es, dass diese Erpressungsmöglichkeit bereits zu Weihnachten 1962 nicht mehr bestand. Im September zuvor hatte ich „Tutus", wie er genannt wurde, auf eigenen Wunsch mit seinen vier Begleitern in eine der pikantesten Striptease-Shows von Wien geführt. Er hielt sein Versprechen, meine Mutter bekam kurz darauf die Ausreisegenehmigung. Diese Intervention störte offensichtlich die Anwerbepläne des Innenministeriums.

Zwei Anliegen hatte ich allerdings noch, die in der Zentrale weitere Hoffnungen nährten. Ich hatte offiziell um die Entlassung aus der ungarischen Staatsbürgerschaft angesucht, weil nur dies mir es ermöglicht hätte, als Journalist ungestört in den kommunistischen Ländern zu arbeiten. Zugleich bemühte ich mich um eine Einreiseerlaubnis für Ungarn, um eine Reportage über den Kongress der Patriotischen Volksfront im März 1965 schreiben zu können.

Im Operativ-Vorschlag mit dem Aktenzeichen 87-E-392-17/64 in der Sache „Michael Cole" vom 20. Jänner 1964 heißt es: „Seit 1960/61 Korrespondent der englischen Wirtschaftszeitungen ‚Financial Times', ‚Economist' und ‚Statist' sowie der Schweizer politischen Zeitung ‚Die Tat' und der österreichischen politischen Zeitung ‚Die Presse'. Für ihn ist es eine Existenzfrage, dass er als ‚Ost-Experte' obiger Blätter regelmäßig in die volksdemokratischen Länder, darunter auch Ungarn, einreisen kann. In Hinblick auf die Genehmigung der Einreise nach Ungarn haben Genossen der oberen Führung den Beschluss gefasst, dass wir dies nur dann billigen, wenn ‚Cole' uns regelmäßig Unterstützung gewährleistet. (...) Im Falle eines positiven Reagierens vonseiten ‚Coles' würden wir über ihn vom Außenministerium vorbereitete Artikel lancieren, über die Ausrichtung seiner weiteren Beschäftigung würden wir später entscheiden."

Oberstleutnant József Szombathy, Leiter der Unterabteilung 3-E für juristische Beurteilungen in der Untersuchungsabteilung des Gruppenkommandos III/I, der diesen Operativ-Vorschlag unterzeichnete, glaubte: „‚Cole' wird die obigen Forderungen erfüllen, umso mehr, als die regelmäßige Einreise für ihn eine Existenzfrage bedeutet."

Dass die „Firma" am Ende „Cole" weder offen noch versteckt bedrohte, war nur die Folge von schicksalsträchtigen Zufälligkeiten. Ortutay reiste nämlich eineinhalb Jahre später wegen eines Kongresses erneut nach Wien und wollte mit seinen Begleitern wieder eine erotische Show sehen. Ich wählte ein anderes Nachtlokal aus und brachte in der Pause die Frage zur Sprache, ob ich denn nicht angesichts des neuen Kádár-Kurses – „Wer nicht gegen uns ist, ist für uns" – ein Visum für eine Reportagereise erhalten könne. Ortutay, das Aushängeschild des Regimes, handelte erneut auf eigene Faust und besorgte mir die Einreiseerlaubnis. Später gelang es mir dann noch mehrmals dank der Intervention des damaligen Geschäftsträgers der ungarischen Botschaft in Wien, des Ökonomen Gerd Biró, ein Visum zu bekommen, sogar noch am Vorabend der Liquidierung von „Michael Cole", was die Agenten und ihre Vorgesetzten besonders erboste.

Inzwischen hatten nämlich die Vorgesetzten von „Urbán", das heißt Loránt, den Verdacht geschöpft, dass dessen Berichte ungeheuer übertrieben gewesen sein könnten. Loránts Nachfolger „Herzog" alias András Heltai blieb als Korrespondent von MTI bis 1969 in Wien. Immer wieder – so zum Beispiel am 28. Dezember 1963 – beklagte er sich bei seinem Hauptmann in der Budapester

Stasi-Zentrale darüber, dass „Cole“ keine Informationen gebe, Fragen politischen Charakters fortgesetzt ausweiche und selbst die geringfügigsten Gegenleistungen für unnötig halte. Es empfehle sich, ihn mit entsprechenden Methoden zu „ernüchtern“.

Während die Zentrale noch Hoffnungen hegte, schlug ein frustrierter „Herzog“ am 25. März 1963 von Wien aus eine härtere Gangart vor: „Seit Herbst 1963 stehe ich zu Lendvai in Beziehung, doch bedeutendere Informationen erhielt ich von ihm nicht, und obwohl er auf meine Initiative, zwischen uns ein ‚kollegiales‘ und soziales Verhältnis zu etablieren, ausgesprochen herzlich wurde, verschloss er sich politischen Auskünften gegenüber zusehends. (...) Zugleich unterscheidet sich der grundlegende Ton seiner Reportagen und Kommentare nicht von der allgemeinen Tendenz der österreichischen und anderen westeuropäischen Blätter. In den letzten Jahren schreibt er regelmäßig und konsequent über das Auseinanderdriften des sozialistischen Lagers, über das Aufkommen des ‚nationalen Kommunismus‘, über den Verfall des RGW usw.“ Schließlich empfahl „Herzog“ im Einklang mit seinen Wiener Vorgesetzten: „Eine gegebenenfalls mit den anderen sozialistischen Ländern abgestimmte Visum-Maßnahme sowie die entsprechende Ventilierung seiner Vergangenheit.“

Das Verschwinden des „Michael Cole“

Die Entscheidung in der Sache „Michael Cole“ alias Paul Lendvai vom 4. Oktober 1965 fiel offenbar nach langen Beratungen. „Im Westen gilt er als der beste Experte für die osteuropäischen Länder, in den westlichen Zeitungen veröffentlicht er, ursprünglich unter Pseudonym, nunmehr regelmäßig tendenziöse und feindlich gestimmte Artikel über die sozialistischen Länder, in erster Linie Ungarn“, schrieb an diesem Tag der Stasi-Hauptmann Dr. Ferenc Pieszko. „Um ihn als Osteuropa-Experten unmöglich zu machen, ersuchen wir die Staatssicherheitsorgane der DDR, der ČSSR, Polens, der Sowjetunion und Rumäniens, Paul Lendvai in Hinkunft keine Einreiseerlaubnis mehr zu gewähren." Einen Brief ähnlichen Inhalts hatte Pieszko zwei Tage zuvor an den bulgarischen „Bruderdienst" geschickt.

Besagter Offizier sorgte auch dafür, dass der Anwerbungsversuch „Michael Cole" beendet wurde, wie kurzlebig auch immer der Plan gewesen sein mag, Pál Lendvai als offizielle Kontaktperson für die ungarische Staatssicherheit zu gewinnen. „Auf der Grundlage des oben Dargelegten bitte ich um die Erlaubnis, die Akte Nr. Kt-459 ‚Michael Cole' im Archiv abzulegen", vermerkte Dr. Pieszko. Die Vorlaufakte mit dem Maßnahmenplan gelangte der Registriernummer zufolge in das „Archiv der toten Akten". Der „Totenschein" hielt Folgendes fest: „Mit der Angelegenheit ‚Michael Cole' – dem Journalisten und österreichischen Staatsbürger ungarischer Herkunft Paul Lendvai – (...) befassen wir uns zum Zwecke der Anwerbung seit 1962. Wir etablierten einen gesellschaftlichen Kontakt zu ihm, geheime Informationen gab er jedoch keine weiter. Über Ungarn und andere Länder des sozialistischen Lagers schreibt er Artikel in feindlichem Ton. Deshalb brachen wir im Sommer 1965 die Verbindung zu ihm endgültig ab, setzten ihn auf die Verbotsliste und baten die anderen sozialistischen Länder, ‚Michael Cole' keine Einreiseerlaubnis zu erteilen. Sämtliche sozialistische Länder leisteten unserer Bitte Genüge."

Der Stasi-Hauptmann verschwieg freilich taktvoll, dass Rumänien geantwortet hatte, „den erhaltenen Informationen Achtung zu schenken", aber nichts versprach. Infolgedessen reiste ich in den darauffolgenden Jahren häufig nach Rumänien und schrieb – wahrscheinlich zu positive – Artikel über die damaligen rumänischen Schritte zu einer gewissen Verselbstständigung innerhalb des Ostblocks.

Als Folge der schwarzen Liste wandte ich mich notgedrungen auch dem politisch so spannenden Jugoslawien zu. So verdanke ich es eigentlich dem ungarischen Innenministerium und seinen Spitzeln, dass ich in erster Linie zum Balkan-Experten wurde und bald mein erstes englisches Buch über Nationalismus und Kommunismus auf dem Balkan schrieb, das auch in deutscher und französischer Sprache erschien.

Und was wurde aus den Akteuren dieser Episode? „Michael Cole“ verschwand in der Tat in den Tiefen der ungarischen Stasi-Archive, von seinem Schicksal erfuhr ich erst vier Jahrzehnte später. Der erfinderische ungarische Schipow, „Urbán“ alias László Endre Loránt, war von 1969 bis 1971 erneut Korrespondent in Wien. Er erlitt einen Herzinfarkt und kehrte nach Ungarn zurück, während man in Wien sein Büro durchsuchte. Loránt verschwand dann unter rätselhaften Umständen aus Wien. Am 23. Juli 1971 teilten die polnischen Staatssicherheitsorgane der Abteilung für Internationale Beziehungen im ungarischen Innenministerium mit, dass Loránt zusammen mit seiner Frau nach Australien emigriert sei, wo deren Verwandte leben würden. Im letzten Satz dieses Berichts hieß es: „Loránt unterhielt in Wien Beziehungen zu Paul Lendvai, der mit dem amerikanischen Geheimdienst und mit zionistischen Organisationen in Verbindung stand.“ Wenn das der im Aktenfriedhof begrabene „Michael Cole“ gewusst hätte!

Loránts Nachfolger „Herzog“ blieb bis 1969 in Wien und wurde von 1983 bis 1987 erneut entsandt. Der vor einigen Jahren verstorbene Gerd Biró verlor wegen des „Michael Cole“-Flops seinen Posten im Außenministerium und wurde Abteilungsleiter in der ungarischen Handelskammer.

Am 2. Oktober 1972 schlug ein hoher Offizier des Innenministeriums mit unleserlicher Unterschrift – nach Konsultationen mit dem höchsten Stasi-Residenten in Wien und mit dem Außenministerium – dem Gruppenkommandanten Oberstleutnant Vilmos Komornik vor, Lendvai von der Verbotsliste zu streichen. Wegen neuerlicher Hoffnungen auf eine Anwerbung? Weit gefehlt! Die Erklärung ist einfach: 1970 war Bruno Kreisky Bundeskanzler geworden, und im Oktober 1972 erschien die Kreisky-Biografie von Paul Lendvai und Karl Heinz Ritschel. Meine bekanntermaßen engen Beziehungen zu dem 13 Jahre lang als Kanzler amtierenden SPÖ-Obmann Kreisky waren offensichtlich der Grund dafür, dass ich nunmehr ohne Behinderungen nach Ungarn einreisen konnte. Meine Position innerhalb des ORF, als Chefredakteur des Ost-Studios, half mir dabei, dass ich führende ungarische Politiker, unter ihnen auch János Kádár, zu interviewen vermochte.

Natürlich blieb ich in den Augen des Innenministeriums ein „Feind", und jeder meiner Schritte wurde beobachtet und vermeldet. Von den zwischen 1972 und 1989 entstandenen Berichten sah ich bislang nur wenige. Vielleicht bekomme ich das vollständige Material als nächstes Weihnachtsgeschenk, inklusive der Namen der Wiener und der Budapester Spitzel.

(Dieser Artikel erschien am 13. Januar 2006 in der Wochenzeitung „Élet és Irodalom" („Leben und Literatur") in Budapest und wird hier unverändert in der Übersetzung von Gregor Mayer abgedruckt.)

Epilog

Was war die Reaktion in Ungarn auf diesen langen Artikel über die abenteuerlichen Pläne des ungarischen Staatssicherheitsdienstes? Die Enthüllung, dass György Szepesi, der im Lande selbst als Sportlegende gilt und auch international bekannt ist, seit 1950, wie es seine Karteikarte mit dem Klarnamen beweist, als „Informeller Mitarbeiter" oder Agent unter dem Decknamen „Galambos" für die ungarische Stasi tätig war, sorgte für Schlagzeilen auf den Titelseiten der Boulevardzeitungen. Auf Anfrage der Reporter gab der berühmte Mann keine Stellungnahme ab. Das war ein Eingeständnis seiner Agententätigkeit. Da aber keine der Zeitungen Details aus seinen aberwitzigen Lügenberichten über mich und meine Freunde veröffentlichte, hatten einige Leserbriefschreiber ihn verteidigt bzw. mich kritisiert, dass ich mich sozusagen aus dem Ausland in innerungarische Angelegenheiten einmische. Bisher hat man noch keine ausführliche Fallstudie über die geheimdienstliche Tätigkeit dieses Mannes veröffentlicht.

Im Gegensatz zum vielsagenden Schweigen des Sportreporters handelte András Heltai (alias Herzog) schnell und geschickt. Er anerkannte seine „moralische Verantwortung“ und bat mich um Nachsehen in einem Kommentar in seiner eigenen Zeitung, den auch der „Standard“ vollinhaltlich abgedruckt hat. Ich antwortete in einem kurzen Zusatz: Angesichts seiner Entschuldigung sei der von ihm erbetene „neue Anfang“ mehr gerechtfertigt als bei Politikern, die nichts zugeben und nichts aus der Vergangenheit gelernt haben. Heltai amtiert übrigens bis heute als stellvertretender Chefredakteur der angesehenen deutschsprachigen Zeitung „Pester Lloyd“ in Budapest.

Der TV-Aufnahmeleiter Gábor Spánn (alias Harmat) gab in Interviews zwar alles zu, doch berief er sich auf Zwang oder Druck von außen. Eine Exilungarin aus Kanada war über seine Ausreden so erzürnt, dass sie mir in einem namentlich gezeichneten Brief mitteilte, Spánn hätte ihr in den 1970er Jahren sogar seinen Ausweis als Major des Geheimdienstes gezeigt. Wie dem auch sei: Er ist weiterhin für den ungarischen Rundfunk tätig.

Was mich sehr überrascht hat, war das Schweigen meiner Freunde und der befreundeten Kollegen. Eine bedeutende Ausnahme war der (inzwischen verstorbene) herausragende Zeithistoriker und Bürgerrechtler György Litván, der mich bereits am nächsten Morgen angerufen und mir gratuliert hatte. Ansonsten herrschte totale Funkstille, und selbst manche Kollegen im Exil missbilligten meine Abrechnung mit der Staatssicherheit, dem „Schild und Schwert“ der herrschenden Parteien in jedem Ostblockland.

In diesen Staaten, keineswegs nur in Ungarn, betrachten viele die Taten der Denunzianten und Spitzel als „Kavaliersdelikte“. Vor allem in Ungarn wurde während der 1970er und 1980er Jahre fast die überwiegende Mehrheit der Gesellschaft bewusst oder unbewusst, mehr oder weniger, in das viel gelobte Kádár-System des „Gulaschkommunismus“ und der „lustigsten Baracke“ (des Ostblocks) „kooptiert“.

So kam und kommt es, dass die meisten Gesprächspartner die Sache der Informanten in ein mildes Licht tauchen. Von Deutschland bis Ungarn werde das Bild des Kommunismus „zunehmend verharmlost und verklärt“, stellte dazu Marianne Birthler, die deutsche Beauftragte für die Unterlagen der Staatssicherheit, kürzlich fest.

Jedenfalls brachte die Wochenzeitung „Élet és Irodalom“ als eine der sehr wenigen ungarischen Publikationen eine ganze Serie von aufsehenerregenden und gut recherchierten Aufsätzen über berühmte Persönlichkeiten des kulturellen und geistigen Lebens, die irgendwann für kürzere oder längere Zeit als Informelle Mitarbeiter der Staatssicherheit tätig waren. Zu diesen gehörten unter anderen eine ganze Reihe von Kirchenfürsten, einschließlich der Erzbischöfe von Esztergom und Vorsitzenden der Bischofskonferenz, László Lékai und László Paskai, ferner der Oscar-Preisträger und Filmregisseur István Szabó sowie bekannte Schauspieler und Journalisten.

Trotz der vielen Diskussionen und Bemühungen der Forscher und Bürgerrechtler sind viele Unterlagen noch immer unter Verschluss. Der mutigste und beste Zeithistoriker, der sich mit der Staatssicherheit beschäftigt, Krisztián Ungváry, schätzt, dass zwischen 1950 und 1990 insgesamt 200.000 Personen vom Staatssicherheitsdienst als Agenten oder Spitzel beschäftigt worden waren. In dem neuen Buch „Die verschwiegene Vergangenheit – die Tätigkeit der politischen Polizei 1956–1990“ haben Ungváry und sein Mitautor Gábor Tabajdi den Aufbau, das Personal und die Macht des Geheimdienstes beschrieben. Das Buch enthält auch erschütternde Fallstudien über Täter und Opfer.

Österreich

Österreich ist wieder in einem Wellental. Nach dem Zusammenbruch der großen Koalition und einem gehässigen Wahlkampf bleibt zur Drucklegung dieses Buches alles offen. Trotzdem glaube und hoffe ich, dass all das, was seinerzeit in meinem Buch „Mein Österreich" und auch in diesen ausgewählten Kolumnen über die Erfolgsgeschichte der Zweiten Republik steht, gültig bleiben wird und ihre Grundlagen nicht ins Wanken gebracht werden.

Profit und Politik

Kein Land hat nach dem Zusammenbruch des Ostblocks und seit der EU-Erweiterung vom Boom in den exkommunistischen Staaten Mittelost- und Südosteuropas so viel profitiert wie Österreich. Stolz berichtete dieser Tage der zuständige Direktor der Österreichischen Nationalbank von Rekorderträgen heimischer Investoren im Ausland. In der Tat sind die Zahlen höchst eindrucksvoll: In Kroatien, Bulgarien, Slowenien und Bosnien war Österreich 2004/2005 der Auslandsinvestor Nummer eins, in diesem Jahr übrigens bereits auch in Rumänien. In der Slowakei, Serbien, Ungarn und Tschechien nehmen österreichische Firmen den dritten Platz ein. Besonders wichtig ist die Tatsache, dass die Rendite etwa in Polen, Slowenien, Tschechien, Ungarn und in der Slowakei elf Prozent beträgt, während im EU-15-Raum die Investoren nur eine Rendite von knapp drei Prozent verbuchen konnten.

Es handelt sich also um eine Erfolgsstory ersten Ranges. Ich erinnere mich noch an die Zeit, als ich vor vielen Jahren als

„Financial Times"-Korrespondent Heinrich Treichl, den Grandseigneur und Ostpionier der österreichischen Bankenwelt, anlässlich des Durchbruchs zur ersten Niederlassung nach Budapest begleiten durfte. Noch vor dem Fall des Eisernen Vorhanges hatten weitblickende österreichische Banken und Unternehmen die ersten Weichen gestellt. Bereits in der Zeit der kommunistischen Regime hat die Politik, von Josef Klaus und Bruno Kreisky bis Franz Vranitzky und Erhard Busek, die Ostöffnung der Wirtschaft unterstützt. Wolfgang Schüssel als Wirtschaftsminister und Bundeskanzler hat diese Strategie Richtung Osten tatkräftig unterstützt. Man muss auch offen aussprechen, dass viele Firmen anfänglich keine Erträge erwirtschaftet haben. Man hat aber aus Fehlinvestitionen gelernt und die Gruppenbesteuerung hat die Trendumkehr auch beschleunigt.

Niemand kann leugnen, dass die Rekorderträge, auch der Klein- und Mittelbetriebe, in Osteuropa der gesamten österreichischen Wirtschaft zugutekommen, hochwertige Jobs und Aufstiegsmöglichkeiten sichern. Jeder, der mit offenen Augen reist, kann die Wirkung der Entstehung von finanzkräftigen Eliten in Osteuropa auch im österreichischen Fremdenverkehr feststellen.

Trotzdem zeigen noch immer die verschiedenen Meinungsumfragen, dass die Österreicher zur Europäischen Union im Allgemeinen und zur EU-Erweiterung im Besonderen stets eine Spitzenstellung bei den Nein-Stimmen einnehmen. Abgesehen vom Sonderfall Ungarn überwiegt, freilich mit großen Schwankungen von Land zu Land, die negative Einstellung gegenüber dem Osten. Die ausländerfeindliche Stimmungsmache der populistischen Gruppen bleibt nach wie vor ein gewichtiger Faktor. Dass aber die ungeheure Bedeutung Osteuropas für den Lebensstandard aller Österreicher noch immer nicht begriffen wird, ist auch die Folge des Versagens einer breit gefächerten Kommunikation durch die Institutionen der Wirtschaft und des Bildungsbereiches. Die großen politischen Parteien müssten mit vereinten Kräften, unabhängig von der Regierungsform, eine zielgerichtete, umfassende und gründliche Aufklärungskampagne mit modernen Mitteln zur Änderung des Meinungsklimas unternehmen. Es ist zum Beispiel geradezu erschütternd, wie sich die Kärntner Politik gegenüber Slowenien verhält, wo die österreichischen Direktinvestitionen mit 5,56 Milliarden Euro 28 Prozent des Gesamtbestandes ausmachen. Jene Mischung aus Arroganz und Ignoranz, die manche ostpolitischen Stellungnahmen prägt, könnte sogar auf lange Sicht die Erfolgsstory gefährden, weil sie geeignet ist, bei den ärmeren Ländern Ängste und Ressentiments zu wecken.

(19.10.2006)

Kaltes Österreich

Dass Österreich vielleicht der größte Profiteur der Wende im Osten und des EU-Beitritts der postkommunistischen Reformstaaten ist, beweist nicht nur der Augenschein in Budapest und Pressburg, Prag und Ljubljana. Alle wirtschaftlichen und finanziellen Forschungsberichte und erst recht die Bilanzen der Banken und der Industrieunternehmen (OMV!) spiegeln die höchst erfreulichen Folgen der österreichischen Auslandsinvestitionen wider.

Im krassen Gegensatz zu den Wirtschaftserfolgen verdüstert sich aber das Österreichbild der Kulturschaffenden, der Wissenschaftler und der Minderheitenvertreter in diesen Ländern. So erklärte kürzlich der bekannteste ukrainische Schriftsteller Juri Andruchowytsch in einem Interview mit der „Neuen Zürcher Zeitung“, in Deutschland gebe es ein genuines Interesse an Osteuropa, er sei aber von dem einst idealisierten Österreich heute tief enttäuscht. Österreich sei ein „kaltes Land, von dem ich viel geträumt habe und in dem ich kein Verständnis gefunden habe (...). Österreich ist heute zur tiefsten Provinz verkommen, ich war 1997 das letzte Mal dort.“

Es ist freilich durchaus möglich, dass seine scharfe Kritik von schmerzlichen persönlichen Erfahrungen mitgeprägt wird. Man habe hier seine Gedanken über die mitteleuropäische Idee als „uninteressant und veraltet" angesehen. Österreich wird heute freilich nicht nur von dem beleidigten ukrainischen Literaten als ein „kaltes Land" angesehen. Wie der preisgekrönte Essayist Karl-Markus Gauß der „Presse" kürzlich mitteilte, habe er zum Beispiel in der Slowakei einen österreichischen Geschäftsmann getroffen, der ihm am Frühstückstisch erzählte, dass diese Slowenen schon brav dazugelernt hätten: „Der errichtet Filialen für seine Firma, weiß aber gar nicht, in welchem Land". Ein wohl extremes Beispiel für geldgierige Ignoranz. Doch sagt Gauß zu Recht auch: „Wir kaufen uns groß im Osten ein und versuchen zugleich, uns Arbeitskräfte aus dem Osten fernzuhalten. Dass das hüben wie drüben Ressentiments hervorruft, ist klar."

Wer setzt heute die Tradition eines (längst vergessenen) Bundeskanzlers Klaus fort, der zu den Slowenen in Kärnten in ihrer Muttersprache sprach und im Belgrader Rundfunk seine Rede auf Serbokroatisch hielt, eines Bruno Kreisky, der lange vor der Bundesrepublik ostpolitische Initiativen auch durch programmatische Reden vor der Akademie der Wissenschaften in Budapest und Warschau eingeleitet hatte? Wer erinnert sich noch daran, wie Erhard Busek auf eigene Faust Wien (auch seine Wohnung) als Schnittpunkt für den intellektuellen Dialog zwischen Ost und West ausgebaut hat? Im Kalten Krieg galt Österreich in den Augen der tschechischen und ungarischen, polnischen und serbischen Reformer als ein „warmes", das heißt offenes und verständnisvolles Land.

Heute beschweren sich die Rektoren der Universitäten in Wien und Graz, dass Gastprofessoren und die Studierenden aus dem Ausland „peinlichen und zynischen Schikanen" und oft Wartezeiten von einem halben bis zu einem Jahr ausgesetzt werden. Wo bleibt das besondere österreichische Bewusstsein für die Vielfalt?

Warum schweigen zum Beispiel Bundeskanzler und Außenministerin zum minderheiten- und reformfeindlichen Kurs der vom linkspopulistischen Fico geführten und von extremen Nationalisten mitgetragenen Koalitionsregierung in der Slowakei? Nicht nur der Ukrainer Andruchowytsch, sondern gerade die traditionell pro-österreichisch eingestellten und in Bedrängnis geratenen slowakischen und ungarischen Reformer in unserem Nachbarland sind, mit so vielen anderen, vom „kalten Österreich" enttäuscht.

(8.3.2007)

Neutralität de luxe

In den letzten Wochen wurde in der österreichischen Außenpolitik von politischen Amateuren viel Porzellan zerschlagen. Ein bürgerlicher Provinzpolitiker hatte ohne Not öffentlich Signale für die Abschaffung der Neutralität und den Beitritt zur NATO gesetzt. Zwar reagierte sein Parteichef schnell und entschlossen, um eine sinnlose Debatte abzuwürgen, doch wurden bereits hämische Schnellschüsse provoziert.

Noch gerade rechtzeitig griff dann der Bundespräsident in die vom Ausland belächelte Diskussion ein. Der große Routinier der österreichischen Außenpolitik warnte in einem ORF-Interview eindringlich vor einer Irreführung der Öffentlichkeit. Die Neutralität sei Teil des Verfassungsrechtes, auf das er seinen Eid abgelegt habe. Das Neutralitätsgesetz sei gültig, und die Bevölkerung wünschte das auch. In der Tat bestätigen alle Umfragen, dass die Mehrheit der Österreicher die immerwährende Neutralität nach wie vor als ein identitätsstiftendes Element und eine unerlässliche Säule der Zweiten Republik betrachtet.

Österreich darf keinem Militärpakt beitreten, sich an keinem Krieg beteiligen und die Stationierung ausländischer Truppen beziehungsweise die Errichtung militärischer Stützpunkte fremder Staaten in Österreich nicht zulassen. Die Neutralität war die Eintrittskarte für die Wiedererringung der Freiheit. Von Bundeskanzler Raab, dessen Weitsicht damals den Durchbruch in Moskau ermöglichte, bis zu Bruno Kreisky, dem international angesehensten Staatsmann der Zweiten Republik, und bei allen Nachfolgern ist aber die Devise unverändert geblieben: Österreich bestimme selbst die Handhabung der Neutralität. Abgesehen vom UNO-Beitritt und von den Blauhelmeinsätzen in Krisengebieten, bot Österreich immer wieder, so etwa bereits nach der sowjetischen Militärintervention in Ungarn 1956 und in der Tschechoslowakei 1968, wie auch bei den Bestrebungen in der europäischen Integration, den Sowjets die Stirn. Auch heute dürfen Wirtschaftsinteressen keinen Maulkorb bedeuten. Das zeigt auch die jüngste Stellungnahme des Bundeskanzlers in Jerusalem gegen die nukleare Aufrüstung des Iran und für die gesicherte Existenz des Staates Israel.

Auch nach dem Zusammenbruch des Sowjetimperiums und in der dadurch entstandenen neuen Situation sollte für Politiker und Diplomaten eines kleinen Staates der vom Jesuitengeneral Aquaviva (1543–1615) vertretene Grundsatz gelten: „fortiter in re, suaviter in modo" („stark in der Tat, milde in der Art"). Dies vergaß wiederum jener junge und unerfahrene sozialdemokratische Spitzenpolitiker, der ohne zwingenden Grund in einer der sensibelsten internationalen Streitfragen (geplantes US-Raketensystem in Polen und Tschechien) mit einer saloppen Wortmeldung „Provokation" die Putin-Leute und die iranischen Radikalfundamentalisten begeistert, die Amerikaner irritiert und selbst jene Tschechen, die das Projekt ablehnen, vor den Kopf gestoßen hatte. Was Österreich braucht, ist die von der Außenministerin klug und aktiv betriebene Nachbarschaftspolitik (soeben demonstriert durch den symbolträchtigen Auftritt ihres slowenischen Kollegen bei der österreichischen Botschafterkonferenz in Wien) und ein von alten Komplexen und Vorurteilen freies Verhältnis zu Moskau und Washington. Ein kleiner Staat riskiert viel zu viel ohne ein Mindestmaß an nationalem Konsens. Unsere Neutralität de luxe ist kein Hemmschuh bei der Teilnahme an der friedenssichernden und friedensschaffenden EU-Sicherheitspolitik. Ob man sie „Fetisch, Denkmal oder Heuchelei" nennt, ist im Grunde irrelevant: Die Neutralität kann nur durch eine Volksabstimmung abgeschafft werden.

(6.9.2007)

Österreichbild anders

Im Herzen Hollywoods, im riesigen Kinosaal des Amerikanischen Filminstituts (AFI), stand vor einem großen Publikum der junge Hoffnungsträger des österreichischen Films, Stefan Ruzowitzky, Rede und Antwort über die deutsche und österreichische NS-Vergangenheit. 99 Minuten lang sahen Kritiker, interessierte Künstler und Intellektuelle jenes bereits international hochgelobte KZ-Drama über die größte Fälschungsoperation der NS-Ära, das historische Realität und Fiktion auf der Grundlage des Berichtes des Zeitzeugen Adolf Burger in berührenden und erschütternden Bildern miteinander verwoben hat. Es ging um eine Etappe auf dem verschlungenen Weg zur Auswahl der besten nicht englischsprachigen Filme für die Oscar-Verleihung 2008. Nach der Vorführung beantwortete Ruzowitzky als Regisseur und Drehbuchautor locker, sympathisch und überzeugend in ausgezeichnetem Englisch zahlreiche Fragen über die Entstehungsgeschichte und das europäische Echo auf seinen Film.

Durch einen glücklichen Zufall konnte ich an einem Sonntagnachmittag in Los Angeles dieser Begegnung des Wiener Regisseurs mit den fachlich versierten, kritischen Zuschauern beiwohnen. Die Aufführung beim Internationalen AFI-Filmfestival (100 Filme aus 37 Ländern) fand nämlich nur einige Tage vor meinem Vortrag im Europäischen Forschungsinstitut bei der Universität von Kalifornien (UCLA) über „Österreichs Rolle in Mittel- und Osteuropa" statt. Die Szenen im Kinosaal, ebenso wie die Fragen und Kommentare der Studenten und Professoren nach dem Vortrag an der Universität, waren deshalb symbolträchtig für mich, weil sie die natürliche Akzeptanz eines neuen demokratischen Österreichbildes zeigten.

Selbst der international angesehene, ungarnstämmige Nationalökonom Professor Ivan Berend, der in seiner Einleitung zu meinem Auftritt einen roten Faden von Hitler bis zu Waldheim zog, hat vorbehaltlos die politische und wirtschaftliche Erfolgsstory der Zweiten Republik anerkannt.

Für einen Beobachter, der die amerikanischen Entrüstungsstürme nach der Schönau-Geiselaffäre und der Schließung des sowjet-jüdischen Transitlagers 1973, bei der Waldheim-Affäre 1986–87 und nach der Bildung der schwarz-blauen Regierung 2000 auf Vortragsreisen und Interviews hautnah erlebte, waren die US-Eindrücke in diesen Novembertagen über ein Österreichbild (fast) ohne Schatten besonders wohltuend. In diesem drittgrößten Bundesstaat mit einer, verglichen mit Österreich, vier Mal größeren Bevölkerung, symbolisieren zum Beispiel für jeden Durchschnittskalifornier vor allem Gouverneur Arnold Schwarzenegger, aber auch Menschen wie etwa der Starkoch Wolfgang Puck mit seinen Restaurants und seiner Produktenkette und nicht mehr, wie früher, Waldheim oder Haider das neue Österreich.

Selbst viele demokratisch gesinnte Intellektuelle sind vor allem nach dem Eintreten des Ex-„Terminators“ für konkrete Klimaschutzmaßnahmen und angesichts seiner während der Brandkatastrophe bewiesenen Handlungsfähigkeit zu „Schwarzenegger-Fans“ geworden.

Ein Österreichbild (fast) ohne Schatten wurde übrigens vorige Woche in der wahrscheinlich einflussreichsten angelsächsischen Wochenschrift, im Londoner „Economist“ auf zehn Seiten unter der prägnanten Überschrift „Der Klang des Erfolges“ veröffentlicht. Politisch, wirtschaftlich und sozial wird Österreich also trotz Kritik an der Ausländerpolitik und an manchen anderen „Schönheitsfehlern“ von London bis Budapest, von Los Angeles bis Zagreb als ein politisch stabiler und wirtschaftlich blühender Kleinstaat betrachtet und wohl zum Teil auch beneidet.

(29.11.2007)

Gedenktage

Erleben wir heuer eine mediale Überinszenierung und in der Folge eine mediale Übersättigung von den vielen Jahrestagen? Zu den Gedenktagen 2008 gehört freilich auch die Erinnerung an November 1918, an das Ende des Ersten Weltkrieges und den Zusammenbruch der Doppelmonarchie. In Deutschland stand und steht aber noch immer vor allem die Diskussion um die Bewertung der Studentenrevolte und der „neuen Linken" im Jahre 1968 im Mittelpunkt der Aufmerksamkeit. Der vom Zeithistoriker Götz Aly begangene Tabubruch in seinem Buch „Unser Kampf 1968 – ein irritierter Blick zurück" wirbelte im deutschen Feuilleton viel Staub auf.

Anders liegen die Dinge in Polen, wo im Zuge eines Machtkampfes innerhalb der kommunistischen Staatspartei eine der übelsten als „antizionistisch" kaschierten antisemitischen Kampagnen ab März 1968 fast 15.000 Überlebende des Holocausts und ihre Kinder aus dem Land vertrieben hat. Dass gerade in diesen Tagen der polnisch-amerikanische Autor Jan Tomasz Gross mit seinem Buch „Angst" bisher verschwiegene Tatsachen über die antisemitischen Ausschreitungen nach dem Krieg und die Komplizenschaft der katholischen Kirche beschrieb, löste neue Hasstiraden gegen Juden aus. Die neuen Spannungen überschatten auch die Bemühungen um eine öffentliche Entschuldigung wegen der 1968 entfesselten Hetzkampagne. Dass die Symbolfigur des studentischen Widerstandes, der 1968 zu drei Jahren Haft verurteilte Adam Michnik, bei der Ordensverleihung an die einstigen Studentenführer vom Staatspräsidenten ignoriert wurde, spricht Bände über das Demokratieverständnis der Kaczyński-Brüder.

Vierzig Jahre sind auch vergangen seit dem „Prager Frühling", dem Bestreben der Reformkommunisten, dem Sozialismus ein „menschliches Antlitz zu geben", zermalmt im August durch die Panzer der alarmierten Sowjetführung. In Wien und anderswo im Westen werden groß angelegte wissenschaftliche Konferenzen vorbereitet. Angesichts der scharfen innenpolitischen Auseinandersetzungen und der Pattsituation im tschechischen Parlament nimmt allerdings die politische und intellektuelle Elite keinen allzu regen Anteil am gescheiterten Experiment, den Kommunismus zu reformieren.

In Österreich ist indessen die mediale und wissenschaftliche Aufarbeitung des „Anschluss"-Jahres 1938 in vollem Gange, und das Bedauern mancher Historiker über die „Abkühlung der Geschichte" oder die „erkaltete Erinnerung an 1938" wirkt fast künstlich. Ganze Zeitungsbeilagen und eine Reihe von Neuerscheinungen, TV-Dokumentationen und Rundfunksendungen behandeln alle möglichen Facetten der dramatischen Entwicklung. Wichtig sind auch die letzten Umfragen des GFK-Institutes, die mehr Interesse (49 Prozent) an Zeitgeschichte zeigen als noch vor 20 Jahren (38 Prozent) und auch eine kritischere Einstellung zu den Umbrüchen vom März 1938 als 1980.

Immerhin meinen schon zwei Drittel der Befragten (1987: 46 Prozent), der „Anschluss" wäre vermeidbar gewesen, wenn alle politischen Kräfte vereint gegen Hitler gekämpft hätten. Noch immer glauben aber 26 Prozent (1980: 44 Prozent), dass der „Anschluss" eine politische und wirtschaftliche Notwendigkeit gewesen sei. Bei den FPÖ-Wählern beträgt dieser Anteil sogar 53 Prozent. Otto von Habsburgs unglückliche und inakzeptable Rede im Reichsratssaal des Parlaments hat allerdings dem Kampf um die Deutungshoheit über die pauschale „Opfertheorie" und die Rolle Dollfuß' zeitweilig einen neuen Auftrieb verliehen. Die identitätsstiftenden Gedenktage lehren jedenfalls, dass man aus der Geschichte nur durch Erinnerung und nicht durch diskretes Schweigen lernen kann.

(13.3.2008)

EU in der Krise

Seit dem Beitritt Österreichs habe ich, wie viele andere Beobachter im In- und Ausland, in zahlreichen Artikeln und Vorträgen die überwiegend positive Bilanz der Mitgliedschaft betont. Trotzdem ist die negative Einstellung der Öffentlichkeit zweifellos stärker geworden. Dass dieses große europäische Experiment zum Prügelknaben der Innenpolitik (übrigens nicht nur in Österreich!) geworden ist, geht in erster Linie auf das Konto der Politiker, aber auch jener Massenmedien, die in der Frage der Integration – aus welchem Grund immer – zur Verunsicherung und nicht zur Aufklärung der Menschen beigetragen haben. Der große deutsche Soziologe Max Weber sagte in seinem berühmten Aufsatz „Der Beruf zur Politik", dass für den Politiker eine der entscheidenden Qualitäten die Leidenschaft ist, die leidenschaftliche Hingabe an eine „Sache". Die persönlichen Erfahrungen aus den Begegnungen mit Politikern während eines halben Jahrhunderts lassen darauf schließen, dass auch in den westlichen Demokratien nur wenige bereit sind, ihre geliehene Macht wirksamer Kontrolle und echter Konkurrenz auszusetzen. Die Zukunft der nunmehr aus 27 Staaten bestehenden Europäischen Union hängt aber davon ab, ob die europäischen Politiker die weiteren langen Bewährungsproben des „Bohrens harter Bretter" in der europäischen Integrationspolitik bestehen werden.

Krebsübel Korruption

Auf der ersten Seite seines in mehrere Fremdsprachen übersetzten Buches „Terra Nostra" stellt sich der mexikanische Schriftsteller Carlos Fuentes vor, dass die Seine in Paris plötzlich angefangen hat zu kochen. Einen Monat später scheint niemand mehr dieser merkwürdigen Kalamität Beachtung zu schenken, weil „oft wiederholt auch das Außergewöhnliche zum Gewöhnlichen wird." An diese Geschichte erinnerte mich die im „Standard" am Montag veröffentlichte begeisterte Erklärung eines österreichischen Immobilienmaklers: Rumänien sei derzeit „der attraktivste Markt in der EU und das wichtigste Zielland für Neuinvestitionen." Seiner Firma gehören in Rumänien bereits 114 Objekte.

Am gleichen Tag erschien in der „Neuen Zürcher Zeitung" ein eine halbe Zeitungsseite füllender, vernichtender Bericht, dass im gleichen Land die unter dem Druck der EU erbaute Fassade der Rechtsstaatlichkeit einzustürzen drohe. Seit der Aufnahme des Landes in die EU im Jänner dieses Jahres wird die Korruptionsbekämpfung gedrosselt. Zuerst wurde die angesehene parteiunabhängige, von Präsident Băsescu berufene Justizministerin Monica Macovei durch einen jungen Gefolgsmann des Ministerpräsidenten ersetzt und vor einigen Wochen auch der leitende Staatsanwalt der Antikorruptionsbehörde entlassen. Die Entmachtung jener Behörde, die bei der Aufnahme in die EU eine außerordentlich wichtige Rolle gespielt hat, ist Teil des Ringens um die Macht zwischen dem Präsidenten und dem Ministerpräsidenten Popescu-Tăriceanu. Bei dem Referendum im Mai hat der vom Parlament abgesetzte Präsident Băsescu zwar klar gewonnen, er kann sich aber gegen die „unheilige Allianz" der Nationalliberalen, Sozialdemokraten, Nationalisten und dem Verband der ungarischen Minderheit nicht durchsetzen.

In dieser bizarren Pattsituation hielt sich der zuständige EU-Kommissar Frattini zurück und erteilte Rumänien (auch Bulgarien) bloß eine Rüge statt der von mehreren EU-Botschaftern befürworteten Strafmaßnahmen. In Bulgarien erfolgen übrigens am laufenden Band Auftragsmorde, und dieser Tage wurde nach langwierigen Manövern der wegen Bestechung angegriffene Wirtschaftsminister endlich abgelöst.

Rumänien und Bulgarien sind freilich keine schwarzen Schafe, sondern eher die Regel in Mittel- und Osteuropa. Laut dem von „Transparency International" in Berlin jährlich veröffentlichten Index rangiert Rumänien im Jahre 2006 an der 84. Stelle, knapp vor Somalia. Es ist ein schwacher Trost, dass Russland am untersten Ende der Tabelle den 121. Platz vor Ruanda und Swaziland einnimmt. Unter den 163 untersuchten Staaten finden wir Slowenien an der 28., Ungarn an der 41., Tschechien an der 46. und die Slowakei an der 49. Stelle. Bulgarien nimmt den 57. Platz, allerdings überraschend noch vor Kroatien (am 69. Platz) ein.

Bestechung und „allgemeiner moralischer Verfall" kennzeichnen den Begriff Korruption. Was allerdings den Befund über politische Sitten in den postkommunistischen Staaten mehr als 15 Jahre nach dem Zusammenbruch des Ostblocks so beklemmend macht, ist das fehlende Unrechtsbewusstsein der Regierenden von Bukarest bis Warschau und Sofia. Österreich nimmt den vornehmen 11. Platz der am wenigsten korrumpierten Staaten ein, noch vor Kanada, Deutschland, Frankreich und Japan. Trotzdem gibt es auch hier, zum Beispiel am Rande des BAWAG-Prozesses, merkwürdige Vorgänge, wie etwa die von „profil" und „Standard" aufgegriffenen unerklärlichen Kontraste zwischen der Hetzjagd gegen Elsner und dem mit Glacéhandschuhen angefassten mitangeklagten Spekulanten Wolfgang Flöttl.

(19.7.2007)

EU-Heuchler

Die Zeitungsfotos und TV-Bilder zeigten am Wochenende die lachenden und schulterklopfenden, sichtlich erleichterten 27 Regierungs- und Staatschefs, die jenen EU-Reformvertrag würdigten, der im Falle der Ratifizierung durch alle Mitgliedsstaaten die Europäische Union geschlossener, leistungsfähiger und flexibler machen soll. Politik ist laut Bismarck zwar die Kunst des Möglichen. Dass alles in

Lissabon scheinbar so glatt über die Bühne ging, bedeutet freilich nicht, dass die Akteure auch politische Kompetenz haben.

Angesichts der Rufe nach einer Volksbefragung oder Volksabstimmung zum neuen Reformvertrag scheint die demokratische Legitimierung des Vertrages, also die Mehrheitsgewinnung noch nicht oder nicht überall gesichert zu sein. Die eigentliche Triebkraft war ja nicht zielbewusste Entschlossenheit, sondern blanke Angst vor der internationalen Öffentlichkeit, das, was der portugiesische Außenminister Luís Amado noch vor dem Durchbruch aussprach: In Europa hätten alle, das heißt Politiker und Öffentlichkeit, nach rund sechs Jahren des „Nachdenkens" die Vertragsreformen satt!

Die jüngsten Umfragen zeigen, dass die Mehrheit der Deutschen, Franzosen, Spanier, Italiener, Briten und der Österreicher mehr oder weniger eindeutig ein Referendum über den Vertrag von Lissabon wünscht. Es gibt freilich keine einfachen „Ja"- oder „Nein"-Antworten auf komplexe Fragen. Überzeugte Gegner der verschiedenen Spielarten des Populismus stimmen der Meinung der Außenministerin Plassnik zu, dass Zustimmung oder Ablehnung der Ratifizierung eine Aufgabe für das Parlament als Organ der repräsentativen Demokratie sei.

Der Vertrag eröffnet zweifellos neue Chancen für die europäische Integration. Wie so oft in der langen und zuweilen turbulenten Geschichte des europäischen Einigungsprozesses hängt aber viel, ja fast alles von der Geradlinigkeit, Entschlossenheit und Standfestigkeit der handelnden Politiker ab. Es gibt viel zu viele unter den Vertretern der 27 EU-Staaten, die den Wählern nach dem Mund reden, um bei den nächsten Wahlen ihre Gunst zu erlangen. Statt ihnen das zu sagen, wovon die meisten von ihnen selbst überzeugt sind.

Bereits die allerersten Stellungnahmen nach dem Durchbruch in Lissabon lassen erkennen, dass auch diesmal, wie so oft in der Vergangenheit, die Stunde der EU-Heuchler geschlagen hat. Zu jenen, die sich sofort in Szene setzten und bereits vor der Ratifizierung die Weichen für die künftigen, erst Anfang 2008 fälligen

Personalentscheidungen stellen wollten, gehörten der britische Premier Gordon Brown und Frankreichs Staatspräsident Nicolas Sarkozy. In seiner Gastkolumne in der „Welt“ hebt der britische Verleger Lord Weidenfeld die Tatsache hervor, dass ein französischer Präsident „zum ersten Mal in der tausendjährigen Geschichte“ einen eben zurückgetretenen britischen Regierungschef (Tony Blair) als höchsten Würdenträger Europas, nämlich als künftigen Präsidenten der EU, empfiehlt.

Fast ebenso überraschend empfindet er die positive Haltung Browns zur Kandidatur seines Vorgängers. Andere Beobachter, vor allem aus den kleineren EU-Staaten, erblicken in solchen Vorschlägen einen geradezu unerträglichen Zynismus. Niemand bezweifelt Blairs herausragende Fähigkeiten. Ein Präsident aus einem der EU-skeptischsten Länder Europas, das keine Absicht zeigt, der Euro-Zone beizutreten, wäre aber so etwas wie die Ernennung eines Vegetariers zum Vorsitzenden des Fachverbandes der Fleischhauer, so der bissige Kommentar eines deutschen Topdiplomaten.

(25./26.10.2007)

Angst statt Freude

Es war im Frühjahr 1973, als der österreichische Bundeskanzler Bruno Kreisky einen festen Platz in der ungarischen Geschichte erobert hatte: Er war der erste Ausländer, der das damals rigoros bewachte Land ohne Reisepass verlassen konnte. Auf der Rückfahrt von einem offiziellen Besuch stellte sich bei der Passkontrolle heraus, dass der Diplomatenpass des Kanzlers entweder in Budapest geblieben oder irgendwo verloren gegangen war.

Fast eine Stunde lang wurde der Sonderzug mit den ihn begleitenden drei Landeshauptleuten, Klubobmännern und zahlreichen Journalisten an der Grenzstation Hegyeshalom aufgehalten. (Am nächsten Tag erfuhren wir übrigens, dass der Pass in die Innentasche eines nicht benützten Sakkos gesteckt worden war ...)

Wer hätte damals gedacht, dass mehr als 34 Jahre später, ab diesem Freitag alle Ausländer und Ungarn das Land ohne Kontrolle verlassen beziehungsweise nach Österreich kommen dürfen, wenn auch das Mitführen eines Personalausweises natürlich ratsam bleibt, falls man sich bei allfälligen Kontrollen ausweisen muss. Natürlich war der Zusammenbruch des kommunistischen Ostblocks vor 18 Jahren der historische Durchbruch, der Millionen Menschen die so lange ersehnte Reisefreiheit brachte.

Trotzdem bleibt der Abbau aller Grenz- und Zollkontrollen in 24 EU-Staaten ein zutiefst symbolischer, psychologisch enorm wichtiger und europapolitisch bedeutsamer Schritt. Der slowenische Innenminister Dragutin Mate sprach vielen Mittel- und Osteuropäern aus dem Herzen, als er sagte: „Mit der freien Bewegung in der EU werden wir tatsächlich spüren, dass wir ein Teil von Europa und gleichwertige EU-Bürger sind."

Berührend auch die Sonderbeilagen österreichischer Zeitungen mit Tipps für Abstecher zum Nachbarn und mit Beiträgen namhafter Intellektueller zur totalen Bewegungsfreiheit innerhalb des EU-Raums. Innenminister Günther Platter beteuert Tag und Nacht, dass die Sicherheit auch nach der totalen Öffnung durch 2650 Grenzpolizisten und 1500 Soldaten im beobachtenden „Assistenzeinsatz" gewährleistet werde.

Sprechen wir es trotzdem offen aus: Die meisten Österreicher, jene, die nicht Exporteure oder Händler, Spediteure oder Manager von Fremdenverkehrseinrichtungen sind, empfinden eher Ängste als Freude. Laut einer OGM-Umfrage lehnen fast 60 Prozent die Schengen-Erweiterung ab, und 75 Prozent befürchten, dass es durch das Wegfallen der Kontrollen zu einem Anstieg der Kriminalität kommt. Jedenfalls spürt man auch im Bekanntenkreis eher Ängste als Freude vor der totalen „Abrüstung" entlang der Grenzen mit der Slowakei, Tschechien, Ungarn und Slowenien.

Ob und wie weit die Ängste gerechtfertigt sind, werden wir erst in den nächsten Monaten beurteilen können. Der Amateurpsychologe Alfred Gusenbauer stellte kürzlich in einem Interview mit der

„Presse" frei nach Erwin Ringel fest: „Die österreichische Seele ist sehr komplex (...). Bei uns gibt es immer irgendwelche Ängste vor etwas. Was natürlich auch das unterbewusste Gefühl zum Ausdruck bringt, dass die Leute zufrieden damit sind, wie es ist (...). Die Österreicher sind auch diejenigen, die sich am allermeisten vor der Erweiterung gefürchtet haben und am meisten davon profitieren."

Außer Deutschland hat in der Tat unterm Strich kein EU-Mitgliedsstaat so viel von der historischen Wende im Osten und von der EU-Erweiterung profitiert wie Österreich. Ein Mitteleuropa ohne Schranken ist ein – trotz aller Schattenseiten – wahr gewordener Traum.

(20.12.2007)

Das europäische Dilemma

Als am 12. Juni die Mehrheit der irischen Wähler gegen den Reformvertrag stimmte, schlug die Stunde der politischen Heuchler, freilich auch der Politologen und Journalisten, die sich endlich wieder über Brüssel aufregen können. Da in der turbulenten Geschichte der europäischen Integration das Nein der Regierungen nie endgültig und das Ja immer bedingt war, bieten vor allem die periodischen Krisen scheinbar breiten Raum für neue Initiativen von außen – und von unten.

So meldete sich schnell wieder der berühmte Philosoph Jürgen Habermas zu Wort, der bereits 2003 mit dem (inzwischen verstorbenen) französischen Denker Jacques Derrida nach dem Irakkrieg für die Wiedergeburt eines eigenständigen Europas eine Lanze brach. Diesmal lobte Habermas die Iren und tadelte den „puren Zynismus der Macher" im Falle einer Wiederholung des Referendums. Den Ausweg sieht der streitbare Philosoph in einer Entscheidung der Bevölkerungen und dann in der Entstehung eines politisch erfolgreichen Kerneuropas. Mit anderen Worten: ein Plädoyer für eine Union der zwei Geschwindigkeiten.

Es ist allerdings angesichts der allgemeinen Missstimmung in der EU mehr als fraglich, ob die politischen Parteien auf den „Marktplätzen“, wie von ihm erwünscht, Europa zu dem lebenswichtigen Thema machen könnten. Tschechiens Präsident Václav Klaus, ein überzeugter Gegner der „künstlichen elitären Projekte der europäischen Bürokratie“, ist samt seinen Parteifreunden über das Nein aus Dublin begeistert. Mit seinem unnachahmlichen Geschick, publizitätsträchtige Schnellschüsse zu verkaufen, sieht der britische Historiker Timothy Garton Ash indessen nicht nur eine Konsolidierung der EU-Institutionen ohne neuen Vertrag voraus.

Er schlägt sogar vor, der neue US-Präsident solle in seinem Posteingang schon im Herbst EU-Lösungsvorschläge für die größten globalen Herausforderungen vorfinden („Standard“, 21.6.2008). Ein völlig irreales Gedankenspiel angesichts der Führungs- und Handlungsunfähigkeit der EU.

Die Bürger Europas erwarten konkrete Maßnahmen und klare Signale gegen die Preissteigerungen. Was die Menschen in allen Ländern der Union interessiert, ist die Frage, ob die EU durch geschlossenes Handeln mehr Druck auf die Produzenten und Verkäufer von Öl ausüben und vermutete Spekulationsgeschäfte verhindern oder zumindest mit hohen Strafen bekämpfen kann.

Es ist ein Unsinn, zu behaupten, dass eine halbe Million Iren den Willen von 495 Millionen Europäern verfälschen. In Wirklichkeit hätte man ähnliche Resultate wohl in einer Reihe von EU-Ländern erhalten. Man muss offen aussprechen, dass ein Europa der Bürger Zukunftsmusik bleibt, so lange in so großen Teilen der Öffentlichkeit Desinteresse herrscht oder die EU-feindliche Grundstimmung auch wegen Unwissenheit der Menschen durch populistische Agitation noch mehr aufgeputscht wird. Ohne maximale Anstrengungen für eine bürgernahe Kommunikation durch die Regierungen und die Brüsseler Zentrale sowie ohne handlungsfähige Institutionen wird nicht nur die Erweiterung in weite Ferne gerückt, sondern sogar die Legitimation der EU-Politik in Frage gestellt.

(26.6.2008)

Globalisierung

Die Dynamik der wirtschaftlichen Globalisierung und der unkontrollierbaren Migrationsströme hat in allen europäischen Staaten gegensätzliche Tendenzen ausgelöst. Vor dem Hintergrund der Kommunikationsrevolution gehören die weltweit verübten Terroranschläge und die Abwehrreaktionen der Behörden nicht nur in den direkt betroffenen Staaten zu den Kernfragen der Innen- und Außenpolitik. Wie hoch kann und darf der Preis für den Schutz der demokratischen Freiheiten in einem „entgrenzten" Europa sein? Die Krisen der Sozialdemokratie und der klassischen Gewerkschaften gehören ebenso zu den Folgen wie die verschärften und der politischen Kontrolle entglittenen sozialen Gegensätze.

Der Fall Schröder

Der Fall Schröder sorgt weiterhin für Aufregung in Deutschland, und nicht nur dort. In seinem großartigen Werk „König der Könige" wollte der polnische Autor Ryszard Kapuściński am kaiserlichen Hof Haile Selassies in Äthiopien den universellen Code der Machtpolitik zeigen, „wie dieses Medium der Politik die Menschen, die in der Zone der Macht leben, von Grund auf verändert: ihre Mentalität, ihre Kultur, ihr Verhalten. Das geht bis in die Körpersprache, den Gang dieser Leute, ihre Sprache, ihre Gestik."

Das Auftreten eines von Machterhalt besessenen Vollprofis wie Silvio Berlusconi im Fernsehstudio liefert ebenso eindrucksvolle Beispiele für Kapuścińskis „Parabel der Macht" wie die Intrigen und Handlungen der drei Rivalen – Chirac, de Villepin und

Sarkozy – in einer existenzbedrohenden Krise des konservativen Lagers in Frankreich. Doch im Fall Schröders geht es nicht nur um einen „durchaus degoutanten Vorgang“, um eine „indiskutable Vermischung von Interessen“, wie die Parteivorsitzende Roth von den Grünen dem einstigen Koalitionspartner sagte.

Es geht im Grunde um die Seele der deutschen Sozialdemokratie und die Reputation der Bundesrepublik. Dass seine Regierung dem russischen Unternehmen Gasprom im Oktober 2005 eine Kreditbürgschaft über 900 Millionen Euro für die energie- und außenpolitisch umstrittene Pipeline gewährt hat, verlieh Schröders russischen Geschäftsbeziehungen eine zusätzliche Brisanz. Der frühere Bundeskanzler und einstige SPD-Vorsitzende ist bekanntlich seit Kurzem Aufsichtsratschef einer Tochterfirma von Gasprom gegen eine jährliche Renumeration von 250.000 Dollar.

Vor einem Hamburger Gericht erreichte der Ex-Kanzler am Montag zwar einen juristischen Sieg gegen FDP-Chef Westerwelle, der nicht mehr behaupten dürfe, Schröder habe als Regierungschef einer Firma einen „Auftrag“ erteilt, um nur wenige Wochen später in den Dienst dieser Firma zu treten. Ein Gericht kann jedoch dem ramponierten Ansehen Schröders kaum helfen. Es geht um die Optik. In seinen Erinnerungen schrieb der französische Denker und Politiker Alexis Clérel de Tocqueville: „In der Politik muss man ebenso denken wie im Krieg und nie vergessen, dass die Wirkung der Ereignisse weniger von diesen selbst, sondern von dem Eindruck abhängt, den diese erwecken.“

Politisch und moralisch können Anwälte dem Nachfolger von Willy Brandt und Helmut Schmidt nicht mehr helfen. Es ist kaum anzunehmen, dass Schröder der Forderung des Parteirates der Grünen, „den Aufsichtsratschefsessel niederzulegen“, nachgeben wird. Darüber hinaus haben seine weiteren viel publizierten Funktionen – Berater der Bank Rothschild und der eher auf Massen- und Illustriertenblätter orientierten Schweizer Ringier Verlagsgruppe – keine ungeteilte Freude bei seinen Genossen ausgelöst. Noch mehr Unbehagen verursachen seine Vortragsauftritte, zum Beispiel kürzlich bei einem auf Risikofinanzierung spezialisierten Hedgefonds eines ehemaligen Polizisten in Wien, obwohl seine Partei vor den Wahlen im letzten Jahr vor den „Heuschreckenkapitalisten“ gewarnt hatte.

Willy Brandt und Helmut Schmidt, übrigens auch Bruno Kreisky, waren nicht so geschäftstüchtig und dienten ihrem Land und ihrer Gesinnungsgemeinschaft nach dem Ausscheiden aus dem Kanzleramt in anderer Weise als Gerhard Schröder. Vor allem wollten sie aus ihrem Amtsbonus nicht so schnell und so massiv privaten Gewinn ziehen. Es ist also verständlich, dass die deutschen Sozialdemokraten nicht nur die Popularität Angela Merkels, sondern auch den giftigen Vorwurf der Doppelmoral fürchten.

(6.4.2006)

Kapitalismus pur

Der exorbitant hohe Ölpreis löst zwar weltweit Sorgen um die Zukunft der Weltwirtschaft und vor allem um das Schicksal der Kleinstverdiener oder Arbeitslosen in den Entwicklungsländern aus. Zugleich profitieren aber solche Rohölproduzenten wie etwa Russland, der zweitgrößte nach Saudi-Arabien oder dem Iran, der den vierten Platz einnimmt. Ob aber dann die sprudelnd fließenden Eingänge wirtschaftlich sinnvoll eingesetzt werden, steht freilich auf einem anderen Blatt.

Weniger bekannt sind die persönlichen Nutznießer des Ölbooms. Für die ökonomischen und moralischen Aspekte der Globalisierung können noch immer Zitate aus dem 1848 erstmals herausgegebenen „Kommunistischen Manifest“ von Karl Marx und Friedrich Engels herangezogen werden. „Die Bourgeoisie reißt durch die rasche Verbesserung aller Produktionsinstrumente, durch die unendlich erleichterten Kommunikationen alle, auch die barbarischsten Nationen, in die Zivilisation. Die wohlfeilen Preise ihrer Waren sind die schwere Artillerie (...). Mit einem Wort, sie schafft sich eine Welt nach ihrem eigenen Bilde." Der Wandel im modernen Kapitalismus bedeutete allerdings einen Übergang vom Unternehmertum zum Managerismus. Die Vorstandschefs und Spitzenmanager schaffen die außerordentlichen Extragewinne für die Aktionäre und vor allem für sich selbst durch den Abbau von Arbeitsplätzen und durch Outsourcing von Firmenteilen. Diese Entwicklung sieht man zum Beispiel bei der Deutschen Bank und bei VW.

Noch lukrativer sind die Folgen in der Rohöl- und Raffinerieindustrie. So betrug zum Beispiel der Jahresverdienst von Rex Tillerson, dem Vorstandsvorsitzenden von Exxon Mobil, 2005 13,4 Millionen Dollar, um ein Drittel mehr als ein Jahr vorher. Den größten Skandal löste aber das Pensionspaket (bar, Aktien, Optionen und Pensionen) im Gesamtwert von 140 Millionen Dollar für den früheren Firmenchef Lee Raymond aus. Er ist sogar berechtigt, noch ein Paket im Werte von 258 Millionen Dollar zu erhalten. Exxon ist die gewinnträchtigste Gesellschaft in der US-Geschichte – allerdings zu Lasten der Konsumenten. Durch die hohen Öl- und Erdgaspreise und die große Nachfrage nach Raffinerieprodukten betrug der Gewinn von Exxon im Vorjahr 36 Milliarden Dollar. Raymond, der 1999 die Verschmelzung von Exxon und Mobil in die Wege geleitet hatte, war freilich auch begabt bei dem Abbau von Kosten. In einer Zeit, als sich die Durchschnittsamerikaner über die hohen Benzinpreise beschweren und die Ölgesellschaften große Gewinne berichten, schafft das alles böses Blut. Finanzkonsulenten sprechen von einem „sehr, sehr schlechten Signal!".

Es geht aber um eine allgemeine Tendenz. Das Nettoeinkommen des unteren Fünftels der Amerikaner erhöhte sich zwischen 1979 und 2003 nur um vier Prozent, des mittleren Fünftels um 15 Prozent, des oberen Fünftels jedoch um 54 Prozent und beim obersten einen Prozent um nicht weniger als 129 Prozent. Es geht nicht um die von Marx vorausgesagte Verelendung, aber um die relative Verschlechterung der Lage der Kleinverdiener, geschweige denn der Pensionisten, um die Erweiterung der gesellschaftlichen Kluft. Nun zeigte der Zusammenbruch des „real existierenden Sozialismus“ östlich der Elbe, dass es keine Alternative zum Kapitalismus gibt. Wenn aber der scheidende Generaldirektor eines Konzerns 30 oder 50 Millionen Dollar erhält und zugleich bei der gleichen Firma tausende Arbeiter und Angestellte entlassen werden, muss man auch in Amerika den Kapitalismus pur zügeln, weil die gewaltigen Ungleichheiten auch gewaltige Spannungen auslösen könnten – noch dazu vor dem Hintergrund eines unsinnigen und kostspieligen Krieges unter einem unpopulären Präsidenten.

(20.4.2006)

Globalisierter Terror

Nach der Vereitelung des teuflischen Plans, durch flüssige Sprengstoffe auf Transatlantikflügen von London auf dem Weg in die USA zwölf Passagierjets mit fast 3000 möglichen Todesopfern in der Luft zur Explosion zu bringen, erlebt die Welt die Rückkehr der allgemeinen Angst vor einer neuen terroristischen Offensive. Bereits jetzt ist eine heftige internationale Debatte um die Abwehrmöglichkeiten des demokratischen Rechtsstaats im Gange. Angesichts der Gefahr des Einsatzes von Massenvernichtungswaffen, insbesondere des Nuklearterrorismus durch Anleitungen zur Konstruktion aus dem Internet, sehen manche Beobachter die Welt bereits am Rande des Abgrunds.

Vor diesem Hintergrund warnte selbst der deutsche Innenminister Wolfgang Schäuble vor überzogenen Forderungen nach schärferen Sicherheitsvorkehrungen und der Einschränkung der Bürgerrechte. Der schwierige Ausgleich zwischen Freiheit und Sicherheit rückt in den Mittelpunkt der Bestrebungen, eine effektive internationale Koordinierung bei der Abwehr der globalen terroristischen Herausforderung zu erreichen. Terrorismusexperten weisen auf die globalen Gefahren durch das Internet als Kommunikationsplattform für Terroristen und ihre Anhänger hin. Hunderte Seiten mit Beschreibungen über den Bau von Bomben ersetzen die früheren afghanischen Ausbildungslager.

Bereits vor der Entdeckung des letzten Mordkomplottes betonte der Schriftsteller Hans Magnus Enzensberger in seinem neuen Essay „Schreckens Männer“, der islamistische Terrorist sei der einzige, der global agiert. Es habe „etwas Dumpfes“, Amerika (oder Israel) für den Terrorismus in der Welt verantwortlich zu machen, glaubt Enzensberger. Die „radikalen Verlierer“ hätten eine Weltreligion gekapert. Wie breit ihre Operationsbasis ist, zeigen die Hiobsbotschaften aus Großbritannien, einem Land, das gegenüber seinen 1,6 Millionen Muslimen toleranter und aufgeschlossener ist als irgendein anderes europäisches Land. Auch nach den verheerenden Attentaten in der Londoner U-Bahn (52 Tote und viele Verletzte) 2005 war die Blair-Regierung nicht untätig. Mehrere Konferenzen haben Regierungsvertreter mit den Vertretern des Islams abgehalten, neue Schulprogramme und gemeinsame Internetseiten entwickelt.

Die britische Bestsellerautorin Melanie Phillips („Londonistan“) sieht den Hauptfehler in der Unterschätzung der Gefahr des religiösen Fanatismus, in der Radikalisierung der jungen Muslime durch Hassprediger und die Übernahme der muslimistischen Einrichtungen seit Ende der 1970er Jahre durch extreme Organisationen, die vor allem von Saudi-Arabien finanziert worden seien. In ihrem Buch, das drei Jahre lang keinen Verlag gefunden hatte, bringt die Kolumnistin von „Daily Mail“ erschreckende Zahlen: Rund 70 Prozent der britischen Muslime unterstützen Gewaltakte und etwa ein Drittel halten Juden für ein legitimes Angriffsziel.

Scotland Yard rechnet mit über 1000 jungen britischen Muslimen, die jederzeit bereit sind, Anschläge zu verüben. Jeder Dritte der unter 24-Jährigen würde lieber unter der islamischen

Scharia (diese verlangt für Ehebruch die Todesstrafe durch Steinigen) leben.

Trotzdem kann man auf den Kampf um die „Herzen und Gehirne“ der jungen Menschen aus der zweiten oder dritten Einwanderergeneration nicht verzichten. Man muss weiterhin alles tun, um auch durch gerechte Friedenslösungen die gemäßigten Kräfte in der Welt der 1,3 Milliarden Muslime zu stärken. Die Eindämmung der Gewalt, gekoppelt mit stärkerer staatlicher Überwachung im Interesse der Terrorabwehr, muss aber national und global ein vorrangiges Ziel bleiben.

(17.8.2006)

Die Fremdenhasser

Dieser Tage werden (hoffentlich) viele Menschen eine ab heute zugängliche Ausstellung im Wien Museum über die Massenflucht der Ungarn nach Österreich infolge der Niederschlagung des Aufstandes vor 50 Jahren durch die Sowjetarmee besuchen können. Damals bestanden Regierung und Volk eine historische Prüfung. Im Spätherbst 1956 wurde Österreich für Wochen, ja Monate Aufnahme- und Durchzugsland für fast 200.000 Flüchtlinge. Ob mit oder ohne Ausweispapiere, jeder wurde aufgenommen, keinem Flüchtling wurde die Einreise verweigert.

Wer hätte sich damals die gehässigen fremdenfeindlichen Parolen der angelaufenen Wahlkampagne, den Ruf nach einem „einsprachigen“ Bundesland oder nach einer pauschalen 30-prozentigen Verringerung der Zahl der Ausländer vorstellen können? Die in verschiedenen Farben schillernden rechtspopulistischen Gruppierungen, flankiert von einem EU-feindlichen Einzelgänger, konzentrieren ihre politische Werbung auf die Ausländerfrage. Wie Corinna Milborn in ihrem engagierten Buch über „Gestürmte Festung Europa“ (2006 Styria) zu Recht betont, ist es „nicht die Einwanderung, die Probleme schafft – es ist der politische Umgang damit". Durch die pauschalen und undifferenzierten Angriffe oder Unterstellungen gegen *die Ausländer* werden auch die lang eingesessenen Einwanderer oder Migranten mit österreichischer Staatsbürgerschaft als Fremde behandelt.

Es handelt sich aber keineswegs nur um Österreich. Die dramatischen Bilder über die Massenflucht der Schwarzafrikaner auf die Kanarischen Inseln verschärfen die Diskussion in Spanien, wo die Zahl der Migranten zwischen 2000 und 2005 auf das Vierfache, auf 3,7 Millionen stieg. In Italien hat sich die Zahl der Einwanderer in fünf Jahren auf drei Millionen verdoppelt. Es war die Stadtverwaltung der linken Mitte, die in der Stadt Padua ein Ausländerviertel von der Nachbarschaft durch die Errichtung einer drei Meter hohen und 86 Meter langen „Stahlmauer" abtrennen ließ. Zugleich will die neue Linksregierung Prodi einer Million Ausländern italienische Staatsbürgerschaft gewähren. Angesichts der wachsenden Kriminalität könnte freilich das Problem der illegalen Immigration trotzdem eine kritische Grenze erreichen. Die Mauer von Padua, weltweit berichtet, dient als ein willkommener Vorwand für die fremdenfeindliche „Lega Nord", in Norditalien ihre Agitation fortzusetzen.

Die französische Regierung will heuer unter der Federführung des Innenministers Nicolas Sarkozy, der die Kandidatur für die Präsidentschaft anstrebt, rund 25.000 illegale Migranten ausweisen. Dass der ehrgeizige Politiker selbst der Sohn eines ungarischen Flüchtlings ist, verleiht freilich seiner Kampagne eine besondere Note. „Sarko" ist aber entschlossen, das Problem der 4,9 Millionen Einwanderer (acht Prozent der Bevölkerung) und vor allem der auf 200.000 bis 400.000 geschätzten Illegalen offensiv, ja rücksichtslos anzugehen. Auch im traditionell toleranten Großbritannien bekommen die ausländerfeindlichen Extremisten durch die größte und plötzlichste Einwanderungswelle der britischen Geschichte enormen Auftrieb. Als Folge des freien Zuganges kamen zwischen Mai 2004 und Juni 2006 statt der offiziell geschätzten 13.000 Fremdarbeiter 427.000 ausländische Arbeitskräfte, vor allem aus Polen.

Internationale Experten weisen immer wieder darauf hin, dass ohne Ausländer den Industrieländern immer mehr Arbeitskräfte fehlen werden. Medien und Politik müssten endlich national und international mit Argumenten und konkreten Beispielen die positive Kraft der internationalen Migration darstellen, um dem grassierenden Fremdenhass den Boden zu entziehen.

(7.9.2006)

Angst und Profit

Nach den Schockwellen der gigantischen Rettungsaktionen der Europäischen Zentralbank, der US-Notenbank Federal Reserve und der Zentralbank Japans wissen nun nicht nur die Bankiers und Fondsmanager, sondern auch Zigmillionen von Kleininvestoren, Sparern und Pensionisten, wie ernst die Lage tatsächlich war und vielleicht noch immer ist. In den letzten zehn Tagen haben die drei Institutionen weit über 200 Milliarden Euro zur Verfügung gestellt, um die Finanzmärkte zu stützen. Die massiven Interventionen und die Flut von beruhigenden Erklärungen dienten als Indiz dafür, dass die Lage doch wesentlich gefährlicher war als angenommen. Niemand kann heute sagen, ob nach den „Turbulenzen einer unglaublichen Hysterie" (so ein bekannter deutscher Bankier) die sich abzeichnende Beruhigung auf den Finanzmärkten anhalten wird.

Von einem Platzen der amerikanischen Immobilienblase wird schon seit längerer Zeit gewarnt. In diesem und im nächsten Jahr rechnet man damit, dass 1,7 Millionen US-Eigenheimbesitzer mit keinen sonstigen Vermögenswerten die Kreditraten nicht mehr zurückzahlen können. Das trifft nicht nur ihre Hausbanken, sondern auch Banken und Fondsgesellschaften weltweit. Die Hypothekarkredite von Schuldnern mit sehr schlechter Bonität wie auch viele andere Papiere zweiter und dritter Güte wurden gebündelt und als Paket verkauft, die dann bedenkenlos an andere Banken und Fondsgesellschaften weiterverkauft und von diesen in ihre Portefeuilles übernommen wurden. Der Ausfall zahlreicher solcher Kredite führte zur allgemeinen Nervosität der Investoren. Plötzlich wollte niemand solche Produkte kaufen.

Die Finanz- und Bankensysteme sind infolge der Globalisierung weltweit so verwoben, dass die Schließung von etlichen Fonds und alarmierende Nachrichten globales Misstrauen ausgelöst haben. Ohne die Milliardenspritze der Zentralbanken wäre der internationale Finanzmarkt zusammengebrochen. Es war aber die Politik des leichten Geldes und die damit verbundene Gier der kleinen und großen Spekulanten, Supergewinne schnell zu erreichen, die letzten Endes den möglicherweise heilsamen Schock ausgelöst haben. Man muss aber – ohne des Linksradikalismus verdächtigt zu werden – offen aussprechen: Wer sein Kapital beziehungsweise seine Ersparnisse in hochriskante Anlagen wie Hedgefonds steckt, kann und darf nach Fehlspekulationen keinen staatlichen Schutz genießen. Anders liegen die Dinge, wenn angesehene Geschäftsbanken oder Pensionsfonds betroffen sind. Die Gefahr, dass sich selbst konservativ anlegende Finanzinstitutionen und Lebensversicherungen mit hochriskanten Spekulationsgeschäften verspekulieren, besteht freilich immer. Die Finanzaufsicht muss solche Fehlentwicklungen rechtzeitig erkennen und verhindern. Wie Martin Wolf in der „Financial Times" schreibt, die Finanzwelt braucht Angst; ohne Angst wäre sie verrückt. Die Märkte müssten sich selbst regulieren.

Jene Spekulanten, die mit riskanten Papieren am aggressivsten gehandelt hatten, werden bestraft. Zu Recht warnen die meisten Finanzexperten vor unbedachten Zinssenkungen, die nur eine neue Welle von Fehlspekulationen – möglicherweise mit schlimmeren Folgen – auslösen könnten. Die Träume von risikoloser Rendite sind rechtzeitig geplatzt. Die Zentralbanken taten das Richtige, und die blühende Realwirtschaft ist von den Turbulenzen – zumindest bisher – verschont geblieben. Die berechtigte Angst vor dem Wilden Westen der hochspekulativen Fonds statt der törichten Gier nach risikolosen Gewinnen könnte nach einigen Monaten der Unsicherheit zur Stabilisierung der Finanzmärkte und der Börsen beitragen.

(16.8.2007)

Die Glücksritter

Mit der Globalisierung des modernen Kapitalismus entstand eine neue Schicht der Superreichen, von den Milliardären der Finanzindustrie bis hin zu den russischen Öl-Oligarchen. Bereits vor der jüngsten globalen Börsenkrise hatte der spektakuläre Reichtum, vermischt mit dem arroganten Selbstlob der Millionäre, selbst bei solchen Spitzenbankiers wie Paul Volcker, Ex-Chef der US-Zentralbank, und dem angesehenen früheren Präsidenten der American Airlines, Robert Crandall, scharfe Kritik ausgelöst. Die Konzernchefs sind die Nutznießer einer Marktwirtschaft, die einige wenige in einer außergewöhnlichen Weise belohnt und andere zurücksetzt. Es gibt, so Crandall, in unserer Gesellschaft keinen anderen Weg, als durch viel höhere Steuern die Einkünfte anzugleichen.

Die amerikanischen Nationalökonomen sprechen von einer „Goldenen Ära" der Konzentration des Vermögens mit fünf Prozent des Nationaleinkommens in den Taschen der Superreichen – 15.000 Familien mit einem Jahreseinkommen von jeweils über 9,5 Millionen Dollar. Laut dem US-Magazin „Forbes" gibt es in diesem Jahr weltweit 946 Milliardäre mit einem Gesamtvermögen von 2,5 Billionen Euro. Das bedeutet ein Plus von 35 Prozent gegenüber dem Vorjahr. Im Gegensatz zu solchen Wegbereitern neuer Technologien wie Bill Gates sind auch die Glücksritter der unbegrenzten Geschäftsmöglichkeiten in den vergangenen Jahren des Börsenaufschwungs (ohne echte Leistung für die Gesellschaft) maßlos reich geworden. Die vor Kurzem in den Ruhestand getretene US-Symbolfigur der gesamten „New Economy" und Architekt des größten Finanzimperiums, der Citigroup, Sanford Weill, verfügt zum Beispiel über ein Nettovermögen von einer Milliarde

Dollar, nachdem er schon laut eigener Aussage 500 Millionen verschenkt haben soll.

Paul Volcker sieht keine Verbindung zwischen den extrem hohen Einkünften jetzt und den Leistungen der Gesamtwirtschaft und weist die Behauptung der Superreichen zurück, dass sie mehr als andere die Triebkraft der robusten Wirtschaft seien. Die „New York Times" zitiert auch den nüchternen Chef einer Handelsfirma, der meint: „Obszön hohe Gehälter vermitteln dem Unternehmen die falsche Botschaft, dass die ganze Brillanz von oben komme und dass der Arbeiter im Geschäftslokal oder in der Fabrikhalle völlig unwichtig sei."

Unbestrittene Statistiken lassen eine wachsende Ungleichheit in der Marktwirtschaft erkennen. So ist zum Beispiel das Wachstum der Arbeitsproduktivität in den Vereinigten Staaten zwischen 1995 und 2006 um 340 Prozent größer gewesen als die Steigerung der Reallöhne in der gleichen Periode. In den ersten sechs Jahren der Bush-Präsidentschaft (2001–2006) erreichte diese Kluft sogar 779 Prozent! Die Schere zwischen den Löhnen und den Kapitalgewinnen klafft auch in den EU-Staaten immer mehr auseinander. Nach einer OECD-Studie ist der Anteil der Löhne am Bruttosozialprodukt der reichsten EU-Staaten seit den 1980er Jahren um 13 Prozent zurückgegangen.

Angesichts der Angst und der Verunsicherung nach den Kursstürzen auf den Weltbörsen lösen der Prestigekonsum der Glücksritter und die Auswüchse des Casino-Kapitalismus über alle weltanschaulichen oder Partei-Grenzen hinweg wachsende Irritation aus. Auch in Österreich sollte die nicht nur für die Normalbürger, sondern auch für Wirtschaftsjournalisten unglaubliche Dimensionen angenommene Skandalgeschichte des gescheiterten Glücksritters Wolfgang Flöttl samt den wahren Hintergründen im Interesse des bisher im Grunde so erfolgreichen Sozialstaates und des für den sozialen Konsens so wichtigen Gerechtigkeitsempfindens restlos und glaubwürdig aufgeklärt werden.

(23.8.2007)

Gier und Moral

Der kürzlich im 86. Lebensjahr verstorbene legendäre Chefreporter der „Süddeutschen Zeitung“, Hans Ulrich Kempski, bezeichnete einmal als seine wichtigste Erfahrung „die Tatsache, dass es in der Regel außergewöhnliche Menschen sind, nicht aber Ideologien, Programme oder strategische Konzepte, die den Verlauf politischer Vorgänge bestimmen und damit den Gang der Geschichte“.

Heute sind die Bilder und die Berichte dank der digitalen Technik sofort, überall und von jedermann abrufbar. Die Kehrseite des Internets und des Satelliten-TVs ist freilich oft die Geschwindigkeit, mit der die Medien die menschlichen und moralischen Schwächen der noch vor Kurzem gefeierten oder bewunderten Politiker entlarven.

Für viele war und ist zum Beispiel Gorbatschows pauschale Rückendeckung für Wladimir Putin enttäuschend. In einer ganzen Serie von Artikeln und Interviews hat er vor Jahresende jede Kritik an Putins autoritärem Kurs zurückgewiesen und ihn als einen demokratisch orientierten, weisen und mutigen Staatsmann bezeichnet.

Die in vielen Zeitungen abgebildeten Werbefotos Gorbatschows, wie er aus einer Limousine die Berliner Mauer anschaut, mit einer Louis-Vuitton-Reisetasche neben ihm auf dem Sitz, hat ein Leitartikel in der „New York Times“ als den traurigen Abstieg einer Heldenfigur unserer Zeit bezeichnet. Ein Staatsmann, der sich als Werbegag für ein Produkt hergibt, werte selbst seinen historischen Verdienst ab. Wie viel Gorbatschow für das Inserat erhielt, wissen wir nicht; die Firma Vuitton soll „eine bestimmte Summe“ an einen von ihm geleiteten Umweltfonds bezahlt haben.

Im Falle des früheren deutschen Bundeskanzlers und sozialdemokratischen Parteivorsitzenden Gerhard Schröder nehmen sich die großen deutschen Zeitungen kein Blatt vor den Mund. So spricht „Der Spiegel“ von einer „Schröder GmbH, gegründet 2005, einem internationalen Kleinunternehmen zur Anbahnung und Vertiefung von Geschäften. Der Altkanzler ist darin verloren gegangen. Er betreibe als bezahlter Lobbyist einer Tochterfirma des russischen Staatskonzerns Gasprom eine Art Nebenaußenpolitik: mit unterschwelliger Kritik an der Kanzlerin in China, mit Trommeln für Russland.“

Auch „Die Welt“ hat Schröder als „des Kremls größten Fürsprecher“ scharf angegriffen. Willy Brandt und Helmut Schmidt in Deutschland, Bruno Kreisky in Österreich und Jacques Delors in Frankreich waren als unabhängige Elder Statesmen geschätzt. Dagegen sei Schröder ein Elder Salesman (so „Der Spiegel“), ein Handlungsreisender – übrigens nicht nur für Gasprom.

Ob Schröder für seinen Auftritt bei einem großen chinesischen Unternehmen sogar zwei Millionen Dollar bekommen haben soll, weiß man ebenso wenig wie die Summe, die Tony Blair, bis Juni britischer Premierminister, mit insgesamt vier Reden in einer Novemberwoche in China verdient hat. Fest steht, dass Blair allein für eine 20 Minuten lange Rede vor Parteibonzen und Geschäftsleuten in einer südchinesischen Stadt eine halbe Million Dollar erhielt. Auch die langjährige ehemalige sozialdemokratische Ministerpräsidentin Norwegens, Gro Harlem Brundtland, hat sich der Sünde der Habgier schuldig gemacht. Sie gab zu Jahresbeginn bekannt, sie habe ihre großen Vortrags- und Konsulenteneinnahmen den Steuerbehörden nicht gemeldet und zahlte auch keine Steuern von ihrer hohen Rente dank ihrer Übersiedlung 2004 nach Nizza.

So fallen immer mehr prominente Politikerinnen und Politiker wegen ihrer Gier auch als unabhängige Stimmen in der Weltpolitik aus. Von Schröder bis Brundtland haben sie sich selbst moralisch ins Abseits gestellt.

(10.1.2008)

Die Demagogen

Was ist ein Demagoge? Laut Duden „jemand, der andere politisch aufhetzt, durch leidenschaftliche Reden verführt, Hetzpropaganda betreibt". Der große britische Historiker Macaulay (1800–1859) schrieb in seinem berühmten Werk „Geschichte Englands", dass in jedem Zeitalter die niederträchtigsten Wesen unter den Demagogen zu finden gewesen seien. Es gab und gibt freilich viele Abstufungen und politische Farben der Demagogie, wobei „links" und „rechts" oft austauschbar sind. Nicht nur Kriege und internationale Konflikte, sondern auch Wahlen in einer Demokratie bilden freilich einen geradezu idealen Nährboden für kalkulierte Verunglimpfungen gegnerischer Personen und Gruppen.

Die Demagogen nützen die Tatsache aus, dass die Dynamik der Globalisierung die Migration, ihre Vorteile und Nachteile für die Gesellschaft und die Wirtschaft der Empfangsländer zu einem europaweiten zentralen Medienthema gemacht hat. Sieben von zehn Befragten in Großbritannien, Tschechien, Italien, Russland, Spanien und in den Vereinigten Staaten (übrigens auch in der Türkei!) sprachen sich für eine Einschränkung der Zuwanderung und für mehr Kontrollen aus.

Zugleich weisen fundierte Untersuchungen (so unter anderem auch eine „Economist"-Beilage vom 5.1.2008 und ein in der „New York Times" im Oktober 2007 veröffentlichter Bericht des Pew-Forschungsinstituts über Umfragen in 47 Staaten) darauf hin, dass der Zuwanderungsboom für beide Seiten nützlich war. So schätzt man, dass 200 Millionen Migranten im Jahr 2006 rund 300 Milliarden Dollar an ihre Familien in den Ursprungsländern überwiesen haben. Eine Summe, die drei Mal so viel ist wie das Gesamtvolumen aller Hilfsbudgets für die Dritte Welt.

In der Öffentlichkeit der meisten europäischen Länder überwiegen Angst und Ressentiments gegen Ausländer im Allgemeinen und gegen Moslems im Besonderen. Die Videos über den brutalen Angriff zweier ausländischer Jugendlicher auf einen Rentner in der Münchner U-Bahn haben die Kriminalität türkisch- und arabischstämmiger Jugendlicher zu einem Hauptthema in den Wahlkämpfen in Hessen und zwei anderen deutschen Bundesländern gemacht. Rund 80 Prozent der Intensivtäter in Berlin kommen aus türkisch-arabischen Familien. Der Feuilletonchef der „Frankfurter Allgemeinen", Frank Schirrmacher, warnt vor der Mischung aus Jugendkriminalität und moslemischem Fundamentalismus.

Der bedrängte hessische CDU-Ministerpräsident Roland Koch hat die Kriminalität ausländischer Jugendlicher in den Vordergrund gerückt und angeregt, das Jugendstrafrecht auch auf Jugendliche im Alter von unter 14 Jahren anzuwenden. Die Publizistin Miriam Lau rief in der „Welt" in Erinnerung, dass die Zahl der Todesopfer rechtsradikaler Gewalt die von Ausländern gegen Deutsche um ein Vielfaches übersteigt.

Trotzdem haben ausländerfeindliche Demagogen von Norwegen und Holland bis Deutschland und in die Schweiz beträchtlichen Aufwind. Und auch Österreich ist diesbezüglich keine Insel der Seligen: Bei einer Wahlveranstaltung wurde am Sonntag ohne jegliche Rechtfertigung die fast 400.000 starke Islamische Glaubensgemeinschaft provoziert.

Der Bundespräsident hat vor dem Diplomatischen Korps schnell und richtig reagiert: Die Ausfälle der Grazer FPÖ-Politikerin seien nicht „die Stimme Österreichs" gewesen. Auch der besonnene Präsident der Islamischen Glaubensgemeinschaft, Anas Shakfeh, warnte davor, sich von „drittklassigen PolitikerInnen provozieren zu lassen, auch um deren billigen Slogans nicht jene Bedeutung zu geben, die sie gerne hätten".

Ob die Saat des Bösen in Graz aufgeht, wird aber erst das Wahlresultat Sonntagabend zeigen.

(17.1.2008)

Staat und Macht

Keine Woche vergeht ohne schlimme Nachrichten von den internationalen Finanzmärkten. Der Zusammenbruch von Bear Stearns, der fünftgrößten Investitionsbank der USA, und die umstrittenen Rettungsoperationen des FED, der amerikanischen Notenbank, gekoppelt mit der schnellsten Reduzierung der kurzfristigen Zinssätze, große Kursverluste an den Aktienbörsen, unaufhaltsamer Kursverlust des Dollars und ein steigender Goldpreis, die so sichtbare Verschlechterung des Vertrauens der Investoren und die Milliardenabschreibungen führender Banken sind Alarmzeichen. Die Angst vor einem drohenden Kollaps des amerikanischen Finanzsystems samt den möglichen weltweiten Folgen ist das beherrschende Thema in den Wirtschafts- und Finanzbeilagen der Weltpresse.

Es ist wohl eine Ironie der Geschichte, dass an der Spitze der US-Notenbank einer der angesehensten amerikanischen Wirtschaftsexperten, nämlich jener Princeton-Professor Ben Bernanke steht, der sich ausführlich mit den Fehlern und Versäumnissen beschäftigt hat, die 1929 den Börsenkrach an der Wall Street und schließlich die Weltwirtschaftskrise ausgelöst hatten. Er sei entschlossen, um jeden Preis eine zweite „Große Depression" durch rechtzeitige Zinssenkungen, Geldspritzen und direkte Interventionen wie bei der Absicherung des Ausverkaufs nach der beinahe bankrotten Investmentbank Bear Stearns an den Konkurrenten JPMorgan zu verhindern, heißt es in Washingtoner Finanzkreisen.

Waren aber diese Interventionen des Zentralbankchefs wirklich notwendig? Sein Vor-Vorgänger Paul Volcker und einige FED-Direktoren sprachen von einer „unangemessenen" Rolle. Der Chef der Wirtschaftsredaktion der „Neuen Zürcher Zeitung", Gerhard Schwarz, warnt, „die fast frivol lockere Geldpolitik" trage „den Keim neuer Krisen in sich". Selbst das konservative Schweizer Blatt, ein unbedingter Gegner der Eingriffe in das Marktgeschehen, gibt aber fast mit knirschenden Zähnen zu, nur der Staat kann das Schlimmste, nämlich den Kollaps des ganzen

Finanzsystems verhindern. Allerdings stellte der Wirtschaftshistoriker an der Universität Bielefeld, Werner Abelshauser, zu Recht fest: „Mit Liquidität ist diese Krise nicht zu lösen." Es fehle schließlich nicht an Geld, sondern an Vertrauen innerhalb des Systems. Die Mischung aus exzessiver Gier, ungezügelter Spekulation und fehlender Kontrollmechanismen war für das Bersten der Blase an den Finanzmärkten verantwortlich.

Inzwischen erwartet die Investmentbank Goldman Sachs für die gesamte US-Wirtschaft einen Verlust von über 1,1 Billionen Dollar oder etwa acht Prozent des Bruttoinlandsproduktes. Man muss also in Kauf nehmen, dass die Spekulanten, die unverantwortlichen Gläubiger und die leichtsinnigen Schuldner zumindest teilweise ungeschoren davonkommen und unbeteiligte Sparer, Konsumenten und Investoren massiv geschädigt werden. Vor allem jene Bankmanager und Spekulanten, die nachweisbar einträgliche Geschäfte ohne ausreichendes Risikobewusstsein betrieben haben, können nach wie vor damit rechnen, in einer Krise vom Staat, also von den Notenbanken und Steuerzahlern gerettet zu werden. Die Öffentlichkeit reagiert mit Häme und Wut auf die so offensichtliche Privatisierung der Gewinne und die Sozialisierung der Verluste. Selbst der geschasste Topmanager von Merrill Lynch kassierte zum Beispiel eine Abfindung in der Höhe von 161 Millionen Dollar, obwohl sein Haus im Vorjahr neun Milliarden Dollar verlor. Die Steuerzahler begleichen also stets die Zeche für zügellose Spekulanten. Was aber ein Zusammenbruch des amerikanischen Finanzsystems letzten Endes die ganze Welt kosten würde, mag man gar nicht beziffern.

(27.3.2008)

Sozialdemokratie – wohin?

Mit der möglichen Ausnahme Spaniens befinden sich die sozialdemokratischen Parteien in den meisten europäischen Ländern in einer kritischen Situation. Vor allem die Umfragebilanz ihrer Führungspersönlichkeiten ist von Großbritannien bis Deutschland, von Italien bis Ungarn und Österreich beinahe katastrophal. Überall lösen permanente innerparteiliche Konflikte den fast unvermeidlichen Autoritätsverfall des jeweiligen Parteichefs aus. Im Fernsehzeitalter werden in der Regel in erster Linie die Parteiführer als Sündenböcke demontiert.

Der britische Premierminister Gordon Brown konnte zum Beispiel nach fast einem Jahrzehnt als Schatzkanzler den Rücktritt des Strahlemannes Tony Blair kaum erwarten. Nach knapp zehn Monaten führten die schweren Niederlagen bei den Kommunalwahlen und zuletzt bei der Nachwahl in einem traditionell linken Wahlbezirk zu einem beispiellosen Ausbruch der Unzufriedenheit mit dem so oft grimm wirkenden Premierminister. Künftige Historiker werden sich wohl darüber wundern, laut „Economist", warum Gordon Brown so schnell so unpopulär wurde, obwohl eigentlich so wenig geschehen sei.

Die 145 Jahre alte Sozialdemokratische Partei Deutschlands sehen auch die linksliberalen Medien in einer „äußerst traurigen, nahezu erbarmungswürdigen Lage." Dieser Tage haben nur noch acht Prozent der Wähler Vertrauen in die Politik der SPD.

Der einflussreichste deutsche Sozialdemokrat im Europaparlament, Martin Schulz, sieht die Konservativen nicht nur in Deutschland, sondern auch in Italien und Frankreich im Vormarsch. Vor allem der klare, dritte Sieg Berlusconis sei ein ganz schwerer Schlag für die Linke und für Europa gewesen, meinte Schulz. Die Tatsache, dass in Rom der frühere Jugendführer der Neofaschisten nach einem klaren Sieg Bürgermeister geworden ist, bestätigt den pessimistischen Befund von Schulz.

Obwohl sich auch die Zufriedenheit mit dem französischen Staatspräsidenten Nicolas Sarkozy, vor allem durch seine peinliche Selbstverliebtheit, auf einem Tiefpunkt befindet, ist das Bild der Sozialisten nach wie vor durch Gruppenkämpfe, nicht zuletzt zwischen den einstigen Lebenspartnern Ségolène Royal und

François Holland, verdüstert. Auch die letzten Umfragen in Österreich oder in Ungarn erschrecken die Verantwortlichen im linken Lager. Sowohl Bundeskanzler Gusenbauer wie auch der ungarische Sozialistenführer und Chef einer Minderheitenregierung Ferenc Gyurcsány stellen „Negativrekorde" beim jeweiligen Vertrauensindex auf.

An der Misere der europäischen Sozialdemokraten sind freilich viele schuld; nicht nur die Parteivorsitzenden. Bei den Konflikten zwischen Modernisierern und Traditionalisten wirken die sozialdemokratischen Regierungsparteien oft unglaubwürdig. Im Kampf um die Mitte, also auch um die Aufsteiger, hat die Sozialdemokratie die (zahlenmäßig geschrumpfte) Arbeiterklasse, die Geringverdiener und ihre Familien, aber auch die Pensionisten vergessen. Es geht also nicht oder nicht nur um das fehlende Charisma, sondern auch um das eigene Profil und um eine glaubwürdige politische Strategie.

(5.6.2008)

Nationalisten und Populisten

Jemand hat einmal gesagt: Ein Scharlatan ist einer, der vorgibt, mehr zu wissen, als er wirklich weiß. Ich persönlich spüre, als jemand, der sich mit diesen Dingen jahrzehntelang beschäftigt hat, bei großen historischen Wendepunkten immer wieder ein Gefühl der Demut. Demut vor den irrationalen Kräften der Geschichte und Demut in der Erkenntnis, wie wenig wir von der Zukunft wissen. So hatte ich weder den blitzschnellen Zusammenbruch des kommunistischen Regimes in Ungarn im Oktober 1956 noch den Sieg des „Panzerkommunismus" über den „Prager Frühling" im August 1968, geschweige denn die in rasantem Tempo erfolgte Selbstauflösung des Ostblocks und des Vielvölkerstaates Sowjetunion vorausgesehen.

Wovor ich allerdings vor und nach dem Systemwechsel hinsichtlich Ost- und Südosteuropas stets gewarnt hatte, war die Sprengkraft des Nationalismus. So schrieb ich mit dem Titel „Osteuropa zwischen Liberalismus und Nationalismus – Die Hoffnungen von morgen und die Gespenster von gestern" (in der „Neuen Zürcher Zeitung" 1.4.1990), dass „die steigende Flut des Nationalismus in Osteuropa – möglicherweise aus falschem Takt – oft verschwiegen oder unterschätzt wird. Gerade in und zwischen den kleineren ost- und südosteuropäischen Staaten hat sich aber so viel nationaler und sozialpsychologischer Sprengstoff angesammelt, dass das Wechselspiel der Nationalismen ihre erhoffte Rückkehr nach Europa hier und dort überlagern könnte (…). Die Last des historischen Erbes, des Hasses, der Gewalt und der Massaker verleiht den nationalen Gegensätzen in dieser Region eine besondere Brisanz (…). Erschwerend wirkt überall das Erbe des bequemen kollektiven Vergessens der eigenen Verbrechen, die so-

wohl während des Zweiten Weltkrieges als auch vor und nach der kommunistischen Machtübernahme begangen wurden. Die Opfer des einen Totalitarismus dürfen nicht gegen die des anderen aufgerechnet werden. Die Besinnung auf die eigene Geschichte und die eigenen Leistungen bleibt ein Torso ohne die Besinnung auf die eigene Mitschuld. Selbstkritisches Nationalbewusstsein darf nicht zur Anstachelung von fremden Nationalismen missbraucht werden." Nach Hinweisen auf die „nationalistische Hysterie" in Serbien, aber auch bei der albanischen Minderheit, die in der Krisenprovinz Kosovo 90 Prozent der Bevölkerung stellt, schrieb ich: „Der Westen, der ja nicht nur das Wirtschaftswunder, sondern auch die freiheitlich-demokratische Position für die Völker Mittel und Osteuropas verkörpert, sollte rechtzeitig und überall vor der Neubelebung eines aggressiven Nationalismus und seiner Begleiterscheinungen warnen."

Knapp zwei Jahre später, vor dem Hintergrund des von Serbien entfesselten Jugoslawienkriegs, warnte ich vor dem Gespenst der „Jugoslawisierung" als Schreckensszenario für das Scheitern gewaltfreier Konfliktregelungen in der „Frankfurter Allgemeinen Zeitung" (29.2.1992). „Gerade angesichts des unvorstellbar riskanten Überganges von der Abschottung zur Öffnung, nicht nur in der Politik und Wirtschaft, sondern auch, ja vor allem in psychologisch-geistiger Hinsicht, ist die Gratwanderung zwischen Verharmlosung und Dämonisierung des Nationalgefühls voller Gefahren. Die ‚Balkanisierung' oder Fragmentierung von Staaten und Regionen und die daraus entstandenen ethnisch-nationalen Konflikte lassen sich nicht einfach auf ökonomische und soziale Gegensätze reduzieren. Zeitpunkt, Form und Intensität der akuten Konfliktsituationen und blutiger Zusammenstöße können auch nicht immer mit rationalen Argumenten erklärt werden (...). Eine kritische und selbstkritische Vergangenheitsaufarbeitung bildet deshalb mehr denn je eine Vorbedingung für den wirklichen und nicht bloß rhetorischen Wandel der gestürzten oder versunkenen Diktaturen zu freiheitlich-pluralistischen Demokratien (...). Heute sehen wir von

Kroatien bis Ungarn, von der Slowakei bis Polen, von den baltischen Staaten bis Rumänien Tendenzen einer unkritischen Verharmlosung, zuweilen sogar bedenkenlosen Heroisierung der autoritären, militaristischen und virulent nationalistischen Bewegungen der Zwischenkriegszeit und ihrer Leitfiguren von Horthy und Piłsudski bis Antonescu und Pavelić. Zu diesem dunklen Kapitel gehört auch die betrübliche Rolle der Staaten von Hitlers Gnaden (Kroatien und Slowakei) und der faschistischen Bewegungen Ungarns und Rumäniens während des Zweiten Weltkrieges. Es ist wichtig, daran zu erinnern, dass die Grenzstreitigkeiten und Minderheitenkonflikte zwischen den neuen Staaten ohne diese historische Dimension nicht zu verstehen sind (...). Statt einer Relativierung des Nationalstaats- und Souveränitätsprinzips wie in Westeuropa tauchen im Osten die aus der Vergangenheit sattsam bekannten Methoden der Konfliktaustragung auf: ‚Ich bin ein Patriot – du bist ein Nationalist oder Tribalist', ‚Meine Gemeinschaft ist eine Nation – deine ist eine Minderheit oder eine Nationalität!' In dieser Umbruchsituation sehnen sich viele enttäuschte und emotionalisierte Menschen in der postkommunistischen Welt nicht nach politischer Partizipation und demokratischen Wertorientierungen in einer weltoffenen, zivilen Gesellschaft (wie es die niedrige Beteiligung bei freien Wahlen zeigt), sondern nach Konsens auf dem nationalen und partikularistischen Weg, nach einer starken Hand, die ihnen auf dem nationalen Sonderweg das Ende der ‚Unterdrückung und Ausbeutung' durch die Fremden verspricht."

Dass diese Sorgen nicht unbegründet waren, zeigen die folgenden zehn Kolumnen, die rund 15 Jahre später geschrieben wurden.

Patt in Prag

Das Patt in Prag nach den Parlamentswahlen schafft zwar keine dramatische Situation, denn die tschechische Wirtschaft blüht, und im schlimmsten Fall, also nach drei misslungenen Anläufen zur Regierungsbildung, kann Präsident Klaus vorgezogene Wahlen ausschreiben. Trotzdem wäre es unklug, die Folgen der Lähmung in Tschechien und der möglichen Ablöse der slowakischen Reformer bei den Wahlen in zehn Tagen zu übersehen. In beiden Ländern geht es nicht nur um innenpolitische Machtkämpfe, sondern auch um die Gefahr der weiteren Schwächung proeuropäischer Kräfte und dadurch um eine Renationalisierung der Politik.

Wer hätte bei der friedlichen Scheidung Tschechiens und der Slowakei am 1.1.1993 gedacht, dass das allgemein unterschätzte kleinere Land zum „Vorreiter der Region", zum „Energiefeld des Kapitalismus" und zum „Detroit des Ostens" (einer der weltgrößten Produzenten von Autos im Verhältnis zur Einwohnerzahl) werden könnte? Das mutige Reformerduo Ministerpräsident Mikuláš Dzurinda und Finanzminister Ivan Mikloš haben die Slowakei trotz politischer Krisensituationen nicht zuletzt durch ihre „Flat Tax", also mit einem Einheitssatz von 19 Prozent Steuer für alle zu einem international anerkannten Musterschüler unter den neuen EU-Mitgliedsstaaten avancieren lassen. Während die Region Bratislava das österreichische Niveau beim Bruttoinlandsprodukt pro Kopf (nach Kaufkraftparitäten) erreicht hat, müssen die zurückgebliebenen Gebiete der Ostslowakei die Zeche bezahlen. Linkspopulistische Gruppen, allen voran die Partei „SMER" von Robert Fico und die antiungarischen Ressentiments schürenden Nationalisten, versuchen die sozialen Spannungen zur Eroberung der Macht auszunützen.

In Tschechien gelang es dem Chef der Bürgerpartei (ODS) Mirek Topolánek, zuletzt nach dem slowakischen Beispiel mit dem Lockmittel einer Flat Tax von sogar nur 15 Prozent, zwar die Wahlen zu gewinnen, jedoch konnte er keine regierungsfähige Mehrheit erzielen. Das rechte und linke Lager sind mit je 100 Mandaten gleich stark. In einer ähnlichen Pattsituation 1998 garantierte die ODS, damals unter Václav Klaus, den Sozialdemokraten durch einen Pakt die parlamentarische Duldung. Trotz viel kritisierter fauler Kompromisse ermöglichte die Abmachung letzten Endes den Beitritt Tschechiens zur NATO und zur EU. Diesmal ist die Stimmung zwischen dem noch amtierenden sozialdemokratischen Regierungschef Jiří Paroubek und dem siegreichen Herausforderer Topolánek so gereizt, dass die Bildung einer großen Koalition nur nach einem sehr schwierigen und zeitraubenden Kuhhandel (wenn überhaupt) möglich sein könnte.

Zwei Faktoren wirken sich erschwerend aus. Erstens sind die Kommunisten trotz eines Rückschlags mit 12,8 Prozent noch immer zwei Mal so stark wie die zum ersten Mal kandidierenden Grünen. Dass im tschechischen Parlament weiterhin 26 Vertreter einer Partei sitzen, die nach 15 Jahren mit der stalinistischen Vergangenheit (im Gegensatz zu den Sozialisten in Ungarn und Polen) noch immer nicht radikal gebrochen hat, erschwert die Bildung einer regierungsfähigen Mehrheit. Zweitens gilt Präsident Klaus nicht gerade als ein Mann der zurückhaltenden Vermittlung, als eine auch von linker Seite anerkannte überparteiliche Instanz. Darüber hinaus sind Topolánek und erst recht Klaus keine großen Freunde der EU.

Eine betont euroskeptische und schwache Regierung in Prag und ein möglicher Sieg der Linkspopulisten und rechten Nationalisten in Bratislava würden zusammen mit der nationalkonservativen Führungsmannschaft in Warschau den Einigungsprozess Europas stören und unter Umständen verlangsamen.

(8.6.2006)

Etikettenschwindel

In seinem Buch über die „Macht der Dummheit“ (1985) schrieb André Glucksmann: „Der Massenterror verbreitete Schrecken, die post-totalitäre Lüge verdummt – zwei Möglichkeiten, den Einzelnen daran zu hindern, als Mensch seinen Kopf zu gebrauchen.“

Die Slowakei war ein Beispiel sowohl für die „Nomenklatura der Dummen“ wie auch für die überraschenden Chancen der Begabungen unter den Bedingungen der Demokratie und der Marktwirtschaft. Nun liefert das gleiche Land auch ein Beispiel für einen nicht ungefährlichen Etikettenschwindel.

Der designierte slowakische Ministerpräsident Robert Fico nennt sich neuerdings einen Sozialdemokraten. Die vor nicht allzu langer Zeit rechtspopulistische Fico-Gruppe gehört nun auch der Sozialistischen Internationale an. Wenn man die Koalitionspartner dieses angeblichen Sozialdemokraten unter die Lupe nimmt, wird der Etikettenschwindel offensichtlich. Welcher aufrechte deutsche, österreichische oder französische Sozialdemokrat würde mit solchen zwielichtigen Gestalten wie mit dem zügellosen Rechtsextremisten und Nationalistenchef Ján Slota und dem während seiner Regierungszeit europaweit diskreditierten Vladimir Mečiar gemeinsame Sache machen?

Bereits die ersten Erklärungen dieser Partner zeigen, auf welch gefährlichen Weg sich der junge populistische Sieger der letzten Wahlen begibt. Kein Wunder, dass das internationale Echo dieses Experimentes vernichtend ist.

Es geht aber nicht nur um die Slowakei, sondern auch um den Ruf der Sozialdemokratie. Jahrzehntelang haben die Kommunisten den Begriff Sozialismus missbraucht und versucht, mit allen nur möglichen Mitteln die sozialdemokratischen Parteien des Westens zu untergraben oder zu spalten.

Auch die Parteigänger des verstorbenen Kriegsverbrechers Milošević nennen sich ja in Serbien „Sozialisten". In Ungarn versuchte das Rechts-von-der-Mitte-Bündnis Viktor Orbáns durch die Hilfe der von dem einstigen Moskauer Botschafter und ZK-Sekretär Szűrös gegründeten nebulosen „Neuen" sozialdemokratischen Partei linke Wähler zu gewinnen. Das Experiment misslang, doch fragen nun auch viele Oppositionelle, was hat ein Multimillionär wie Ministerpräsident Gyurcsány, der demnächst wahrscheinlich auch die Führung der sozialistischen Partei übernimmt, mit der Idee des Sozialismus am Hut? Es gab freilich auch in Harold Wilsons Labour-Regierung einen Millionär (Harold Lever), der eine Schlüsselrolle in der Finanzpolitik gespielt hat.

In Wirklichkeit ging und geht es nicht darum, wie viel Geld ein Politiker geerbt oder früher verdient hat, sondern um die Wahrhaftigkeit des politischen Engagements. Dagegen können auch einstige Hilfsarbeiter oder Installateure das Vertrauen der Menschen blitzschnell verlieren, wenn sie sich, den Rezepten des Casino-Kapitalismus folgend, bereichern.

Wenn man die Macht missbraucht, die man durch den Wählerauftrag bekommen hat, werden auch linke Wähler zu Wechselwählern, ja sogar zu Geiseln der Rechtspopulisten. Man hat das 1999 in Österreich und bei den letzten Wahlen in Polen erlebt. Kurz, auf die Wähler ist kein Verlass mehr.

Vor 15 Jahren schrieb der Soziologe Ralf Dahrendorf: „Die Sozialdemokratie ist am Ende ihrer Kunst" („Die Zeit", 27.3.1992). Er plädierte damals für die Liberalen. Diese sind freilich von Großbritannien bis Österreich und Ungarn eine kleine Minderheit in der Politik, wenn auch manchmal ein Zünglein an der Waage.

Die Sozialistische Internationale sollte jedenfalls dem Etikettenschwindel ein Ende setzen und den irreführenden Aufkleber vom Pressburger Regierungschef entfernen.

(6.7.2006)

Gespenster im Osten

Die meisten exkommunistischen Länder Mittel- und Osteuropas sind entweder bereits Mitglieder der EU und der NATO oder ihr Beitritt zur EU steht, wie im Falle Rumäniens und Bulgariens, unmittelbar bevor. Trotz dieser Erfolge und des erschreckenden Beispiels der Jugoslawienkriege der 1990er Jahre zeichnet sich eine besorgniserregende Rückkehr der Gespenster der Vergangenheit ab. Die Gründe für die Wiederkehr des Nationalismus mögen sich von Land zu Land unterscheiden, doch sind die negativen Folgen für die wirtschaftliche Stabilität und den sozialen Frieden überall spürbar.

So wurde der 50. Jahrestag des Ungarnaufstandes 1956 geradezu ein Fanal für den Ausbruch schärfster innenpolitischer Konflikte. Die bei den letzten zwei Parlamentswahlen geschlagene rechtskonservative Opposition will nun offensichtlich durch die Mobilisierung der Straße die nach dem „Lügenskandal" geschwächte sozial-liberale Koalition stürzen. Dabei setzt sie auch auf die nationale Karte durch die angestrebte Rückendeckung aus den Reihen der über zweieinhalb Millionen starken ungarischen Minderheiten in den Nachbarländern.

Der Erfolg der nationalistischen und linkspopulistischen Gruppen in der Slowakei und die Bildung der Fico-Regierung haben den ungarischen Nationalisten auf dem silbernen Tablett Argumente geliefert. Durch die Zusammenarbeit mit der aggressiven Slowakischen Nationalen Partei und dem umstrittenen Ex-Premier Vladimir Mečiar hat Ministerpräsident Fico die Schleusen der aufgestauten antiungarischen Ressentiments in der Südslowakei geöffnet.

Diese merkwürdige Koalition könnte schneller als erwartet die Früchte der erfolgreichen Wirtschaftsreformen der vom Bündnis der ungarischen Parteien unterstützten Dzurinda-Mikloš-Regierung rückgängig machen und damit das Ansehen der Slowakei verspielen.

Die jüngsten Vorgänge in Polen bestätigen auch die zeitlose Gültigkeit der Warnung des russischen Revolutionärs Alexander Herzen: „Die Geschichte hat kein Libretto." Aus der einstigen Vorhut der Öffnung nach Europa ist zumindest vorübergehend eine Bastion des rechtskonservativen, engstirnigen polnischen Nationalismus geworden. Antideutsche, antirussische und antilitauische Vorurteile werden im Dienst einer populistischen Linie zur Stärkung der errungenen Machtpositionen benützt. Die Kaczyński-Brüder müssen, ähnlich wie Fico in Bratislava, einen hohen Preis für die brüchige Koalition mit den rechtspopulistischen Kräften zahlen.

Auch in Serbien zeigt die neuerliche Festschreibung des Anspruches auf den Kosovo (trotz einer 90-prozentigen albanischen Mehrheit) in der neuen Verfassung die ungebrochene Kraft des großserbischen Nationalismus. Das Drängen der Kosovo-Albaner nach Unabhängigkeit der Provinz vermag dieses knappe Votum nicht aufzuhalten. Doch ist es möglich, dass Belgrad mit dem Referendum und den angeblich noch für Dezember geplanten Wahlen den Zeitplan der internationalen Vermittler für die Regelung des künftigen Status des Kosovo vereitelt. Unter diesen Umständen kann von einer Öffnung nach Europa wohl keine Rede sein.

Die Sehnsucht der Mittel- und Osteuropäer nach Sicherheit und Wohlstand bleibt nach wie vor die eigentliche Antriebskraft des Wirtschaftsaufschwunges. Von Budapest und Bratislava bis Warschau und Belgrad sehen wir aber, dass die Rückkehr des selbstzerstörerischen Nationalismus, gefördert durch links- oder rechtspopulistische Politiker, den europäischen Einigungsprozess immer wieder gefährden könnte.

(2.11.2006)

Minderheitenrechte

Kürzlich hat Broniław Geremek, angesehener polnischer liberaler Europa-Abgeordneter und früherer Außenminister, in einem „Zeit"-Interview gemahnt: „Wenn wir es nicht schaffen, die politischen Emotionen der Bürger in die Demokratie zu integrieren, haben wir das Spiel schon verloren. Jede Regierung ist nach ihrer Fähigkeit zu beurteilen, das Leben der Schwächsten und Ärmsten zu verbessern." Es geht dabei nicht nur um soziale Gerechtigkeit, sondern auch um die Minderheitenrechte, zumal die Populisten von Serbien bis Rumänien, von der Slowakei bis Polen und Ungarn dann besonders gefährlich sind, wenn sie nationalistisch auftreten. Zu Recht wies der seinerzeitige Vordenker der polnischen Bürgerrechtsbewegung auch darauf hin, dass im Gegensatz zum Westen aus politischen und historischen Gründen der Nationalismus eine Sache der Mehrheit in Mittelosteuropa sei.

Seit dem europäischen Einigungsprozess ist der Umgang mit nationalen Minderheiten und Volksgruppen keine ausschließliche Angelegenheit der Nationalstaaten mehr. Resolutionen und Richtlinien der Vereinten Nationen, der EU, der OSZE und des Europarats sollen überall gelten. Auch beim Ringen um die Zukunft des Kosovo geht es nicht nur um das Recht der albanischen Mehrheit auf Selbstbestimmung, sondern auch um die Minderheitenrechte der in der Krisenprovinz noch verbliebenen Serben.

Das Lehrbeispiel Jugoslawien legt nahe, scheinbar unbedeutende Streitigkeiten zwischen einer Staatsnation und einer nationalen Minderheit, vor allem dann, wenn diese mit der Unterstützung ihrer Mutternation rechnen kann, nicht auf die leichte Schulter zu nehmen. Deshalb verdient auch die Gärung in den Reihen der ungarischen Hochschullehrer und Studenten in Siebenbürgen, vor allem an der Babes-Bolyai-Universität in Cluj (Klausenburg-Kolozsvár), internationale Beachtung. Obwohl der Bevölkerungsanteil der Ungarn (rund 1,5 Millionen) 6,6 Prozent der Gesamtbevölkerung Rumäniens beträgt, sind nur 4,4 Prozent der Studenten ungarischer Herkunft und bloß 1,6 Prozent können in ihrer Muttersprache studieren.

Unterstützt von 80 angesehenen internationalen Wissenschaftlern, unter ihnen von elf Nobel-Preisträgern und mit dem Hinweis auf die Existenz ähnlicher Hochschulinstitutionen für Minderheiten in Finnland, Schweden, Spanien, Mazedonien und in der Slowakei, fordern die ungarischen Professoren und Studenten die Wiederherstellung der traditionsreichen Bolyai-Universität für die rund 6000 Studenten ungarischer Volkszugehörigkeit. Diese wurde 1959 von dem kommunistischen Regime abgeschafft beziehungsweise mit der rumänischen Babes-Universität „vereinigt“.

Zwei junge Dozenten, der Physiker Peter Hantz und der Mathematiker Lehel Kovács wurden kürzlich unter einem fadenscheinigen Vorwand in Cluj fristlos entlassen, weil sie Proteste organisiert hatten. Der formelle Entlassungsgrund war der Vorwurf, dass die beiden ungarischen Hochschullehrer in einigen Universitätsgebäuden ungarische Aufschriften angebracht hatten. Die zwei gemaßregelten Dozenten entlarvten dieser Tage auch in Wien mit einer Fülle von Beweisen, dass von einer der EU-Mitgliedschaft würdigen „Multikulturalität" und „Dreisprachigkeit" etwa an der Bolyai-Babes-Universität keine Rede sein kann und dass die Gleichberechtigung und die Minderheitenrechte der ungarischsprachigen Universitätslehrer und Studenten in Cluj (und nicht nur dort) nicht respektiert werden.

Der symbolträchtige Fall der Babes-Bolyai-Universität und die Maßregelung der mutigen Bürgerrechtsaktivisten belasten nicht nur die rumänisch-ungarischen Beziehungen, sondern lassen auch den neuen EU-Mitgliedsstaat in einem schiefen Licht erscheinen.

(25.1.2007)

Die Kaczyńskis als Störenfriede

Seit die Zwillingsbrüder Lech und Jarosław Kaczyński an der Spitze des Staates beziehungsweise der Regierung Polens stehen, sind zwei Ministerpräsidenten, zwei Außenminister, zwei Verteidigungsminister, fünf Finanzminister und zwei Budgetminister zum Rücktritt gezwungen worden. Das letzte Opfer des Größenwahns der Brüder wurde Anfang dieser Woche, völlig überraschend, der erst im vergangenen Mai von ihnen eingesetzte Präsident des staatlichen Fernsehens, Bronisław Wildstein. Die von der Opposition als „großer Skandal" kritisierte Entlassung des als regierungsfreundlich geltenden Journalisten hing offensichtlich mit der kritischen TV-Berichterstattung über den umstrittenen Regierungsbericht zum früheren militärischen Geheimdienst WSI zusammen.

Wegen der Auseinandersetzungen über die jüngsten Säuberungsaktionen mussten kürzlich bereits zwei angesehene Regierungsmitglieder, Verteidigungsminister Sikorski und Innenminister Dorn über die Klinge springen. Angeblich soll sich Dorn auch der unter einem fadenscheinigen Vorwand geplanten Absetzung der liberalen Warschauer Bürgermeisterin Hanna Gronkiewicz-Waltz widersetzt haben. Die Wirtschaftsprofessorin will man trotz ihres Sieges über den Regierungskandidaten im November 2006 entlassen, weil sie eine Vermögenserklärung ihres Mannes zwei Tage zu spät eingereicht hat. Die frühere Präsidentin der Nationalbank deutete an, dass sie von der zuständigen Behörde irregeführt worden sei.

Es geht nicht um die Richtigkeit des überfälligen Kampfes gegen Korruption und Verbrechen. Auch die Entlarvung der einstigen Mitarbeiter und Agenten der Geheimdienste aus der kommunistischen Ära ist – nicht nur in Polen – eine unerlässliche Vorbedingung für die Aufarbeitung der Verbrechen des Kommunismus. Was aber immer mehr Beobachter in und außerhalb Polens mit Sorge beobachten, ist die Maßlosigkeit und die Rachsucht der Kaczyńskis. So behauptete der mit großem Propagandaaufwand präsentierte Bericht über den 2006 aufgelösten militärischen Geheimdienst ohne handfeste Beweise, dass dieser als Kern eines dunklen Verschwörungsnetzes seit der Wende Polen im russischen Auftrag kontrolliert habe. Auch die Präsidenten Wałęsa und Kwaśniewski hätten ihre Aufsichtspflicht vernachlässigt.

Der Lubliner Erzbischof Józef Życiński warnte jetzt vor den Folgen des missionarischen Großreinemachens. Die Brüder Kaczyński hätten sich mit ihrer Kampagne zur Reinigung des Staates mit der früheren Kommunistischen Partei auf eine Stufe gestellt. Wie diese beanspruchten sie die Rolle der einzigen moralischen Autorität im Staate. Der einstige Oppositionsführer und Ex-Präsident Lech Wałęsa formulierte salopp, er habe nun einmal leider einen „Trottel“ zum Präsidenten.

Auch in der Außenpolitik haben die Brüder durch nationalistisches Handeln gegen Deutschland und Russland viel Unheil angerichtet. Bereits im Juli 2006 haben acht ehemalige Außenminister in einem offenen Brief kritisiert, dass Präsident Lech Kaczyński wegen eines satirischen deutschen Zeitungsartikels die Teilnahme am Treffen des „Weimarer Dreiecks“ mit der deutschen Bundeskanzlerin Angela Merkel und mit dem französischen Staatspräsidenten Jacques Chirac abgesagt hatte.

Die polnische Regierung, deren Existenz von der Willfährigkeit höchst umstrittener Koalitionspartner abhängt, entpuppt sich immer mehr als ein Störenfried in der Europäischen Union. Die Kaczyńskis überleben, weil es der Wirtschaft gut geht und die gespaltene Opposition schwach ist. Dieser für die Machthaber idyllische Zustand dürfte aber kaum ewig so bleiben.

(1.3.2007)

Mahnung aus Estland

Eine Krisensituation sei, so Präsident Putin, zwischen Russland (147 Millionen Einwohner) und dem Nachbarn Estland (1,35 Millionen) entstanden. Der Moskauer Oberbürgermeister Luschkow rief bei einer Feier zum 1. Mai zum Boykott estnischer Waren auf. Die Moskauer Duma, das Parlament, verlangte gegen Estland schärfste Maßnahmen, wirtschaftliche und politische bis hin zum Abbruch der diplomatischen Beziehungen. Bundeskanzlerin Merkel als EU-Ratspräsidentin drückte in Telefongesprächen mit Putin und dem estnischen Ministerpräsidenten Ansip Besorgnis aus und schlug direkte Gespräche zwischen Estland und Russland vor.

Was ist geschehen? Lange angekündigt und diskutiert, wurde ein zweieinhalb Meter hohes im Zentrum der estnischen Hauptstadt Tallinn 1947 aufgestelltes sowjetisches Kriegerdenkmal entfernt und auf einem Soldatenfriedhof in einem Randbezirk wieder errichtet. Am bisherigen Standort wurden neun Särge gefallener sowjetischer Soldaten ausgegraben. Vorher kam es zu nächtelangen Ausschreitungen zwischen der Polizei, russischen Jugendlichen und estnischen Rechtsradikalen. Es handelte sich laut glaubhaften Polizei- und Presseberichten um zum Teil betrunkene Steinewerfer, Schläger und Plünderer. Indessen blockieren kremltreue organisierte Jugendgruppen die estnischen diplomatischen Vertretungen in Moskau und Sankt Petersburg.

Den selbstentlarvenden Schlüsselsatz sagte allerdings Bürgermeister Luschkow bei der Mai-Feier: Es dürfe niemandem erlaubt werden, „die Geschichte umzuschreiben." Es geht in der Tat um die Geschichte, nämlich darum, wie der kleine Staat, zusammen mit Lettland und Litauen, im Einklang mit den Geheimprotokollen des Hitler-Stalin-Paktes im Juni 1940 annektiert wurde. Der berüchtigte Ideologe Stalins, Andrej Schdanow führte die Regie bei diesem „Anschluss".

Damals lebten 89 Prozent Esten und 8,3 Prozent Russen in dem kleinen, 45.000 km^2 großen Land. 1940 und dann wieder 1949 wurden schätzungsweise insgesamt 70.000 Esten in Viehwaggons nach Sibirien und Nordrussland deportiert; viele kamen unterwegs wegen Hunger und Krankheit um. Im Jahre 1945 flüchteten etwa 75.000 Esten. Nach dem Zweiten Weltkrieg, zwischen 1945–1949, ließ Stalin 190.000 Russen, Ukrainer und Weißrussen in Estland ansiedeln. Als die Esten 1990–1991 die volle Unabhängigkeit wieder erlangten, waren nur knapp zwei Drittel der Bewohner Esten. Russen (28 Prozent), Ukrainer und so weiter machten das restliche Drittel aus.

Für die Esten waren die Sowjetsoldaten weder 1940 noch 1945 Befreier, sondern Besatzer. Das verlegte Denkmal des Bronzesoldaten war für die Esten ein Symbol der Unterdrückung und der doppelten Knechtschaft unter der kommunistischen und sowjetischen Herrschaft. Heute ist Estland eine wirtschaftlich blühende Demokratie mit einem frei gewählten Parlament und einem in Schweden geborenen sozialdemokratischen Präsidenten, der in den USA studierte. Jene Russen, die, ab 1990 gerechnet, bereits fünf Jahre in Estland leben, estnische Sprachkenntnisse nachweisen und einen Treueeid auf die Verfassung leisten, werden eingebürgert und nehmen an den Parlamentswahlen teil.

Das freie Estland ist eine absolute Erfolgsstory mit einem starken Wachstum und nach Slowenien und Tschechien mit dem höchsten Bruttoinlandsprodukt pro Kopf unter den Reformstaaten. Nicht Estland, sondern Putins Russland, „dieser neue Typ eines postkommunistischen autoritären Systems“ (so Václav Havel in einem Interview mit der „Süddeutschen“), muss sich endlich mit einer noch immer tabuisierten Vergangenheit auseinandersetzen.

(3.5.2007)

Polnischer Druck auf die EU

Der sozialdemokratische deutsche Außenminister Frank-Walter Steinmeier rief am Vorabend des EU-Gipfels alle Staaten dazu auf, ein Scheitern zu verhindern. „Das Endspiel um die Zukunft der europäischen Verfassung ist eröffnet“, warnte er. Quer durch die politischen Fronten wächst Unmut über Polen – und keineswegs nur in Deutschland. Bundeskanzler Gusenbauer, der auf Wunsch von Bundeskanzlerin Angela Merkel als EU-Ratspräsidentin eine Vermittlungsmission in Warschau unternahm, kehrte mit großer Enttäuschung über die Engstirnigkeit seiner Gesprächspartner zurück und erklärte mit ungewöhnlicher Offenheit: „Man gewinnt den Eindruck, dass die polnische Führung unter den Brüdern Kaczyński den Deutschen den Erfolg nicht gönnt, die Reform wieder in Schwung zu bringen.“

Dass die Dankbarkeit keine politische Kategorie ist, gilt auch für Polens Beziehungen zum Westen im Allgemeinen und zu Deutschland im Besonderen. Es geht nicht nur und vielleicht nicht einmal in erster Linie um die polnische Vetodrohung gegen das praktisch von allen anderen Staaten (möglicherweise mit der Ausnahme Tschechiens) gebilligte Prinzip der sogenannten doppelten Mehrheit. Statt der Einstimmigkeit bedürfen danach Beschlüsse der Zustimmung von mindestens 15 der 27 EU-Staaten. Zugleich müssten diese Länder mindestens 65 Prozent der 490 Millionen EU-Bürger repräsentieren. Bekanntlich sah der unsinnige, aber bloß als vorübergehende Ausweichlösung betrachtete Nizza-Vertrag vom Dezember 2000 vor, dass Polen mit 38 Millionen Einwohnern fast einen gleich großen Machtanteil oder Stimmgewicht (7,8 Prozent) haben würde wie das zwei Mal so große Deutschland mit 82 Millionen Menschen (8,4 Prozent). Laut der neuen Formel würde Polen etwa sechs (von 100 Stimmen) und Deutschland 17 Stimmen haben.

Seinerzeit erfand Jan Rokita, der Führer der heute oppositionellen liberalen Bürgerplattform, den lächerlich-pathetischen Slogan „Nizza oder Tod“. Jetzt lautet das Schlagwort der Kaczyńskis „Sterben für die Quadratwurzel-Berechnung“, nach der Polen sich ein höheres Stimmgewicht (sechs Stimmen gegen neun für Deutschland) sichern würde. Was aber gerade die Freunde Polens im Ausland bedrückt, ist die zügellose nationalistische Stimmungsmache, vor allem gegen das angebliche Streben des demokratischen Deutschland nach politischer und wirtschaftlicher Hegemonie. Es wird bestritten oder zumindest verdrängt, dass alle deutschen Bundesregierungen unter Helmut Kohl, Gerhard Schröder und nun Angela Merkel Polens EU-Beitritt beziehungsweise großzügige Finanzhilfe aus den EU-Töpfen unterstützt haben.

Polen bekommt in den nächsten sieben Jahren netto 49 Milliarden Euro von den Steuerzahlern anderer Länder. Europas größter Nettoempfänger führt ohne Rücksicht auf die Folgen den offenen Machtkampf. Gemäßigte oder proeuropäische Wissenschaftler und Journalisten wurden in Polen als Mitarbeiter der deutschen Geheimdienste oder Menschen, die vom deutschen Geld leben, von dem Ministerpräsidenten Jarosław Kaczyński im Parlament höchstpersönlich diffamiert.

Zu Recht warnt EU-Kommissionspräsident Barroso vor der Öffnung des mühsam ausgehandelten Kompromisspakets. Auch die Briten, Tschechen und Franzosen haben nämlich Sonderwünsche. Die Zitterpartie um Polens Blockadepolitik eröffnet das Endspiel um die Zukunft der ganzen europäischen Integration. Bei 27 Staaten können immer wieder Quertreiber auftreten. Wenn man der Arroganz der „merkwürdigen Zwillinge" (Literaturnobelpreisträger Günter Grass) nicht standhält, dann droht Stillstand in einem gespaltenen Europa.

(21.6.2007)

Sorge um Polen

Der ehemalige tschechische Staatspräsident, der Dramatiker Václav Havel, sieht die Demokratie in Polen so stark gefährdet, dass er die Entsendung von internationalen Beobachtern zur Überwachung der für den 21. Oktober festgesetzten vorzeitigen Parlamentswahlen vorgeschlagen hat. Obwohl diese Idee von allen polnischen Politikern und den Medien schnell entrüstet zurückgewiesen wurde, zeigt der Vorstoß des einstigen Bürgerrechtskämpfers die auch international spürbaren Auswirkungen des politischen Chaos in Polen. Auch in Brüssel und in den Regierungskanzleien wichtiger EU-Staaten sieht man die nationalistische und ausländerfeindliche, vor allem antideutsche Stimmungsmache der Kaczyński-Zwillinge an der Staats- und Regierungsspitze mit kaum verhohlenem Unbehagen. Die Unberechenbarkeit der von populistischen Gesichtspunkten geprägten Außenpolitik der ums Überleben kämpfenden Regierungspartei wirft einen Schatten auf das EU-Gipfeltreffen, zumal dieses zwei Tage vor den Wahlen stattfindet und damit eine willkommene Gelegenheit für neuerliche Querschüsse aus Warschau gegen den europäischen Grundlagenvertrag bietet.

Dem polnischen Schriftsteller Andrzej Stasiuk gefällt das Schauspiel der Zwillinge. „Vor der ganzen Welt führen sie ganz schamlos das Drama und die Komödie des Polentums auf, vermischt mit dem Drama und der Komödie der Macht", schrieb er in der Monatsschrift „Literaturen", und fügte hinzu: „die Zwillinge entwickeln sich förmlich zu Shakespeare'schen Gestalten (...)." Trotz Missbrauchs von Institutionen und Missachtung der Gesetze ist es glücklicherweise noch nicht so weit, wenn auch die Kaczyńskis in zwei Jahren statt der versprochenen „moralischen Erneuerung" ein Klima der Angst geschaffen haben. Statt Shakespeare finde ich eher die Worte des großen französischen Kulturphilosophen Paul Valérys (aus den 1920er Jahren) zutreffend: „Macht ohne Missbrauch verliert an Reiz".

Nicht alles, was die Kaczyńskis zur Abrechnung mit den korrupten Seilschaften der postkommunistischen Apparate unternehmen wollten, war falsch. Sie verloren aber durch ihren Verfolgungswahn und Machtrausch den Sinn für Maß bei der versuchten Ausschaltung der politischen Gegner. Die Verhaftung und dann die durch Gerichtsbeschluss erzwungene Freilassung des missliebig gewordenen Innenministers, die Entlassung und dann die umgehende Wiederernennung der „vertrauenswürdigen" Minister durch den Staatspräsidenten Lech Kaczyński und vor allem das symbolträchtige Bündnis des Ministerpräsidenten Jarosław Kaczyński, des eigentlichen starken Mannes, mit dem zwielichtigen Chef des katholischen Senders „Radio Maryja" sind zweifellos bedenkliche Zeichen.

Der Krakauer Kardinal Stanisław Dziwisz, seinerzeit engster Mitarbeiter des polnischen Papstes Johannes Paul II., hatte kürzlich vergeblich in einem der Presse zugespielten Brief an das Episkopat die Ablösung des für fremdenfeindliche und antisemitische Programme verantwortlichen Direktors, Pater Tadeusz Rydzyk gefordert. Ministerpräsident Jarosław Kaczyński und auch der konservative Vorsitzende der Bischofskonferenz sprachen sich öffentlich für den berüchtigten Pater und „Radio Maryja" aus. Es geht um die Gefolgschaftstreue von jenen vier Millionen täglichen Stammhörern (am Wochenende noch viel mehr), die den Doppelsieg der

Regierungspartei „Recht und Gerechtigkeit“ (PiS) der Kaczyńskis bei den Parlaments- und Präsidentenwahlen möglich machten.

Die jüngsten Meinungsumfragen lassen darauf schließen, dass keine Partei eine regierungsfähige Mehrheit erreicht und die Politik der „faulen Kompromisse“ mit den fremden- und EU-feindlichen Tendenzen fortgesetzt wird.

(13.9.2007)

Aufstieg der Nationalisten in der Slowakei

Die vielfach geäußerten Hoffnungen, dass der Beitritt zur Europäischen Union die nationalistischen Tendenzen in den postkommunistischen Reformstaaten eindämmen würde, sind leider nur zum Teil erfüllt worden. Der viel diskutierte Übernahmekampf zwischen der österreichischen OMV und der ungarischen MOL ist im Grunde die Folge der Globalisierung, die auch in Deutschland, Spanien und Frankreich um den vermeintlichen Schutz der nationalen Öl- und Energiekonzerne internationale Konflikte ausgelöst hat.

Anders liegen die Dinge bei dem Rückfall in jene nationalistische, fremdenfeindliche, rechtsextreme und zum Teil antisemitische Stimmungsmache in der Slowakei, Ungarn, Polen und in manchen neuen Bundesländern in Deutschland, die schon einmal in Mittel- und Osteuropa zum Völkermord führten. Die besondere Gefahr liegt heute darin, dass im Gegensatz etwa zum demokratischen Deutschland, wo alle im Bundestag vertretenen Parteien glaubwürdig und entschlossen gegen die Gespenster der Vergangenheit auftreten, in den postkommunistischen Staaten oft Regierungschefs und Parteiführer wegsehen oder sogar mit den Umtrieben rechtsextremer und ultranationalistischer Gruppierungen kokettieren.

Dies ist zum Beispiel der Fall in der Slowakei, in einem Land, das noch vor nicht allzu langer Zeit unter der Dzurinda-Mikloš-

Regierung als ein Hoffnungsträger galt. So hatte das slowakische Parlament nur einen Tag vor einem Treffen der Präsidenten der sogenannten Visegrád-Staaten (Ungarn, Polen, der Slowakei und Tschechien) in der Balaton-Stadt Keszthely dem Gastgeberland Ungarn eine schallende Ohrfeige erteilt. Gegen die Stimmen der Partei der Ungarischen Koalition hat fünf Jahre nach einem ähnlichen Beschluss in Prag das Pressburger Parlament die berüchtigten Beneš-Dekrete für „unantastbar" erklärt. Auf der Grundlage dieser Dekrete wurden nach dem Zweiten Weltkrieg nicht nur über drei Millionen Sudetendeutsche vertrieben, sondern auch fast 100.000 Ungarn in der damaligen Tschechoslowakei entrechtet und zur „Umsiedlung" gezwungen. Hunderttausende Ungarn wurden einer brutalen „Reslowakisierung" ausgesetzt; viele mussten Zwangsarbeit leisten. Im Gegensatz zu den Karpatendeutschen hat das slowakische Parlament nie „Bedauern" über die Verfolgung der Ungarn ausgedrückt. Der ungarische Staatspräsident hat diese Frage, die in Ungarn Empörung auslöste, nach der ergebnislosen Begegnung mit dem slowakischen Präsidenten öffentlich thematisiert.

Für den Stil des slowakischen rechtsextremen Führers, Ján Slota, Koalitionspartner des sich sozialdemokratisch bezeichnenden populistischen Ministerpräsidenten Robert Fico, ist sein jüngster Ausbruch gegen den früheren Vizepremier und Vorsitzenden der Partei der ungarischen Minderheit, Pál Csaky, charakteristisch: Er hatte Csaky als „Kotzbrocken" und „stinkende Scheiße", als einen „Bastard" und einen „Exponent des faschistischen Regimes in Ungarn" beschimpft. Fico, dessen Gruppe von der Partei der Europäischen Sozialisten auf Zeit suspendiert wurde, hat sich von den antiungarischen Ausfällen nicht distanziert.

Die slowakischen Nationalisten und einige Bischöfe wollen den 1947 hingerichteten Priester Jozef Tiso, den Staatspräsidenten der faschistischen Slowakei, der für die Ermordung von 60.000 Juden verantwortlich war, und seinen klerikofaschistischen Vorgänger, den Priester Hlinka, als Helden verehren. All das ist Wasser auf die Mühlen jener ungarischen Rechtsradikalen, die kürzlich ihre berüchtigte paramilitärische Garde vereidigt haben und die ungarischen Minderheiten in den Nachbarstaaten aufhetzen wollen.

(4.10.2007)

Korruption in Rumänien

War der EU-Beitritt Rumäniens am 1. Januar doch zu früh und waren die von der Kommission gestellten Bedingungen zu leicht beziehungsweise war die Überprüfung ihrer Erfüllung zu locker? Diese viel zu spät gestellten Fragen beschäftigen nicht nur die EU-Kommission, sondern auch die internationale Öffentlichkeit. Es geht dabei nicht oder nicht nur um die politische Krise, den Kampf auf Gedeih und Verderb zwischen Premier Călin Popescu-Tăriceanu und Staatspräsident Traian Băsescu, der im Mai bei einem Referendum ein Vertrauensvotum von 75 Prozent der Bevölkerung erhalten hatte.

Im Mittelpunkt der internationalen Kritik und wohl auch der innerpolitischen Kontroversen steht das fast traditionelle Krebsübel der rumänischen Politik: die Korruption. Dass Rumänien trotz Bestechungsskandalen in den höchsten Kreisen der Regierungs- und Oppositionsparteien der EU beitreten konnte, verdankte das Land vor allem jenen energischen Maßnahmen, die die Ende 2005 zur Justizministerin ernannte parteilose Menschenrechtsaktivistin Monica Macovei und die von ihr errichtete Abteilung zur Korruptionsbekämpfung ergriffen haben. In den letzten zwei Jahren wurden gegen elf Abgeordnete und drei Minister, quer durch alle Parteien, dutzende Polizei- und Grenzwacheoffiziere, Richter und Staatsanwälte Verfahren wegen Betrugs und Bestechung eröffnet.

Ministerin Macovei galt in Brüssel als Garantin dafür, dass die Maßnahmen zur Sicherung der unabhängigen Justiz und zur wirksamen Bekämpfung der Korruption auch nach dem Beitritt fortgesetzt werden. Diese Hoffnungen wurden enttäuscht, als Premier Popescu-Tăriceanu die entschlossen handelnde Justizministerin im April dieses Jahres brüsk abgelöst hat. Macovei kritisierte seitdem in mehreren Interviews die Versuche der Regierung und des Parlaments, die Antikorruptionsmaßnahmen zu stoppen und die Korruption durch Sondergesetze zu institutionalisieren.

Rumänien ist mit Abstand das korrupteste Land in der EU. Laut dem Internationalen Korruptionsindex nimmt es 2007 unter 163 Staaten den 69. Platz, knapp vor Ghana und Kolumbien, ein. Die EU-Agrarkommissarin Marian Fischer-Boel hatte Anfang Oktober Rumänien mit einer Kürzung der Agrarsubventionen um 25 Prozent gedroht, weil das System für die Verteilung der Gelder nicht zufriedenstellend funktioniert. Rumänien soll nächstes Jahr 443 Millionen Euro und danach bis 2013 insgesamt 4,3 Milliarden Euro von Brüssel erhalten.

Die Aussichten für einen Durchbruch sind nicht gerade vielversprechend. Nur einen Tag nach der öffentlichen Mahnung aus Brüssel musste nämlich ausgerechnet der für die Landwirtschaft zuständige Minister wegen schwerer Korruptionsvorwürfe zurücktreten. Er soll von einem Geschäftsmann 15.000 Euro, 20 Kilogramm Würste und 100 Liter Schnaps erhalten haben. Am Vorabend hatte das staatliche Fernsehen ein Video ausgestrahlt, das den Minister zeigte, wie er von seinem Vorgänger (!) einen Umschlag mit dem Bestechungsgeld übernimmt.

Kein Wunder, dass der deutsche Bundestagspräsident Norbert Lammert in einer Rede vor dem Bukarester Parlament kürzlich „sehr deutlich“ die Erledigung der unerfüllten Vereinbarungen im Justizwesen gefordert hat. Nach seiner Rückkehr sagte Lammert allerdings in einem Interview mit der FAZ, er sehe keine Kraft in Rumänien, die den Willen und die Fähigkeit hätte, die Dinge zum Besseren zu wenden.

(15.11.2007)

Bronisław Geremek: Der Mann ohne Maske

Es gibt kaum einen osteuropäischen Intellektuellen und zugleich Politiker, dessen Tod eine solche weltweite Welle der Trauer ausgelöst hätte wie der tödliche Autounfall des polnischen Historikers und Ex-Außenministers Bronisław Geremek. Der Lubliner Erzbischof Józef Życiński sagte zu Recht: Wenn man die heutigen Konflikte unter Politikern ansieht, könnte man sagen: „Lieber Gott, möge es in der Zukunft neue Geremeks geben."

Jeder, der den bärtigen, stets eine Pfeife rauchenden Historiker der Armut im Frankreich des Mittelalters kennengelernt hat, konnte den Worten des Alterzbischofs von Danzig, Tadeusz Gocłowski, zustimmen: Geremek sei ein kluger, vernünftiger, sachlicher Mensch gewesen, der „nie einen Konflikt mit den anderen anstrebte."

Diese Zitate der Kirchenfürsten zeigen den besonderen Platz, den dieser Sohn eines Rabbiners, dessen Eltern von den Nazis umgebracht worden sind und der von polnischen Bauern versteckt und gerettet wurde, in der Geschichte seiner Heimat einnimmt. Nach seiner kommunistischen Studienzeit wurde Geremek an der Seite Lech Wałęsas einer der geistigen Wegbereiter der großen Streikbewegung im August 1980 und dann zweifellos der Hauptarchitekt jenes Runden Tisches, der 1989 den friedlichen Übergang zur parlamentarischen Demokratie und zur freien Marktwirtschaft ermöglicht hatte.

Ich habe Geremek in den frühen 1970er Jahren durch einen polnisch-amerikanischen Freund im Woodrow Wilson Center in Washington D. C. kennengelernt und ihn dann auf vielen internationalen Kongressen getroffen. Insgesamt zweieinhalb Jahre hat er in kommunistischen Gefängnissen verbracht. Doch blieb dieser aufrechte und geradlinige Mann ein Vertreter der Versöhnung und nicht der Rache.

Geremek war ein unerschütterlicher Europäer, der mit seinem großen internationalen Ansehen den Weg Polens in die NATO und die EU geebnet hat. Mit aller Schärfe kritisierte Geremek, der seit 2004 dem EU-Parlament angehörte, den nationalistisch-rückständigen Kurs der Kaczyńskis und die Verweigerung der Unterzeichnung des Lissabon-Vertrages durch Präsident Kaczyński. Trotz seines späteren Bruches mit Wałęsa hatte er zusammen mit anderen Weggefährten den Helden von Danzig gegen Agentenvorwürfe in Schutz genommen.

Geremek war ein zutiefst liberaler Mann, der die Kunst der geschmeidigen Lügen und den abrupten Frontwechsel der postkommunistischen Wendehälse stets verachtet hat. Ob Außenminister (1997–2000), ob Vortragender oder Zuhörer ist der polnische Historiker, in welcher Funktion immer, ein offener, freundlicher Brückenbauer, ein liberaler Europäer geblieben. Dass der Vorschlag, ihn nach der Erweiterung zum Präsidenten des Europaparlaments zu wählen, durch die kombinierten Intrigen der sozialistischen und konservativen Parteibürokraten vereitelt wurde, gehörte wohl zu den verspielten Chancen beim Bau eines neuen Europa. Zur Zeit des großen Ausverkaufs der europäischen Werte und des Aufstiegs stromlinienförmiger Opportunisten fallen die Masken der Politiker von Berlin bis Warschau, von Wien bis Budapest. Bronisław Geremek trug nie eine Maske.

(17.7.2008)

Turbulenzen am Balkan

Dass Unerwartetes und Unvorhergesehenes jederzeit geschehen könne (so der österreichisch-amerikanische Historiker des Nationalismus, Hans Kohn), ist stets das Leitmotiv bei meinen Betrachtungen über die unkontrollierbare und unberechenbare Dynamik der nationalen und politischen Konflikte, vor allem in den Balkanländern und in ihren zwischenstaatlichen Beziehungen. Im Mittelpunkt meiner Berichte, Essays und Bücher, die ich im Laufe der letzten fast 50 Jahre geschrieben habe, stand stets das Schicksal des jugoslawischen Vielvölkerstaates. Zwar habe ich immer den Nationalismus als die mächtigste ideologische und politische Kraft in diesem Teil der Welt bezeichnet, doch habe ich – wie so viele andere Beobachter – relativ lange an das Überleben des zweiten Jugoslawien geglaubt. In meinem 1969 veröffentlichten Buch „Der Rote Balkan – Zwischen Nationalismus und Kommunismus" habe ich das Jugoslawien-Kapitel hoffnungsfroh beendet: „Der jugoslawische Einheitsstaat, so sehr er auch von Spannungen heimgesucht wird, besteht und wird auch fortbestehen, weil eine Sezession von Teilen oder ein Zerfall die Teilnationen einer noch gefährdeteren Zukunft aussetzen würde." Noch Ende 1974 schloss ich eine Artikelserie für österreichische und Schweizer Zeitungen mit der optimistischen Meinung ab, dass Jugoslawien „trotz anhaltender Kraftproben seine Einheit bewahren und seinen faszinierenden, wenn auch immer wieder von Rückschlägen unterbrochenen eigenen Weg weitergehen" würde. Gewiss hatten vier Jahrzehnte der permanenten Gefahr aus dem Sowjetblock und die Ost-West-Konfrontation sozusagen automatisch einen „Vorschuss" an Sympathie für das bedrohte, weil blockfreie und eigenständige Balkanland bedeutet.

Nach dem Zerfall des Ostblocks und der unaufhaltsamen Eskalation der nationalen Spannungen vor dem Hintergrund des großserbischen Hegemoniestrebens warnte ich in der Hamburger „Zeit" im Juli 1991, dass „eine europäische Tragödie" drohe und „nur dauerhaftes internationales Krisenmanagement in und über Jugoslawien noch verhindern könne, dass der kranke Staat an der Adria zu einem neuen Libanon wird." Der Weg vom Zerfall zum blutigen Bürgerkrieg ist bekannt. Trotz drei Millionen Flüchtlingen und fast 300.000 Toten wird die Aufarbeitung der Konkursmasse des versunkenen Vielvölkerstaates nicht nur alle Balkanstaaten, sondern auch die Europäische Union und die Vereinten Nationen belasten. Die Verhaftung und Auslieferung des Kriegsverbrechers Radovan Karadžić bedeutet zwar einen wichtigen Beitrag zum Ausbruch Serbiens aus der Isolation, doch regiert noch immer viel zu oft in den Balkanländern der Hass und nicht die Vernunft. Die zehn Artikel dieses Kapitels sind von meinem Bestreben geprägt, Pauschalurteile und Verallgemeinerungen zu vermeiden und die widersprüchlichen Tendenzen der letzten Jahre im Balkanraum widerzuspiegeln.

Handkes Nostalgie

Zwei scharfe und völlig gerechtfertigte Angriffe sind in den letzten Tagen gegen Peter Handkes unsägliches Essay zum Milošević-Prozess erschienen: von Hans Rauscher im „Standard" und vom großen serbischen Schriftsteller Bora Ćosić in der „Presse".

Dass Handke ein Narziss ist, weiß jeder, der seine Laufbahn und die Kontroversen um seine das serbische Kriegsverbrechen relativierenden, ja verharmlosenden Schriften seit 1996 verfolgt. Schon damals („Gerechtigkeit für Serbien") behandelte er mit verächtlicher Herablassung die Slowenen und die Kroaten, die sich „launenhaft, eilfertig und trotzig-dünkelhaft (...) von einem trotz allem wohlbegründeten Jugoslawien" losgesagt hätten, ja sich „den Zerfall ihres Staates von außen einreden“ hätten lassen. Die Gründe für seinen Weg von nostalgischem Jugoslawien-Illusionismus zu den jüngsten Desinformationen über das Srebrenica-Massaker, das Haager Kriegsverbrechertribunal usw., dargelegt auf 20 Seiten in der Titelgeschichte der Zeitschrift „Literaturen“, sind unerheblich. Die Fakten etwa über die Hinrichtung von fast 8000 muslimischen Männern durch serbische Soldaten 1995 waren allgemein bekannt, bereits vor dem Auftauchen der letzten empörenden Videos.

Was aber uns zusätzlich beschäftigen muss, ist die hemmungslose Journalistenschelte, die sozusagen als Begleitmusik zu Handkes Texten und Interviews dient. Die Antwort auf die Kritiker seiner „poetischen Erfahrungen“ ist eine pauschale Beschimpfung: Die Reaktionen seien eine „gesteigerte Form der Pornographie“ und diese Kritiker verdienen „nicht einmal den Namen Journalist“. Im Szenemagazin „News“ (sein bevorzugtes Sprachrohr in Wien) geht der beleidigte Handke vor allem mit der „sogenannten“ Qualitätspresse ins Gericht: „Das sind schlechte Leute, ästhetisch, moralisch, human. Schlechte Leute und schlechte Journalisten, das gehört ja alles zusammen. Sie machen ihren Beruf schlecht, sie machen ihr Leben schlecht, sie machen die Wörter schlecht, sie machen die Luft schlecht.“

Diese Luft- und Sprachverpester findet der erboste Handke „überall“, vom Madrider „El País“ bis zur Pariser „Libération“. Doch das „Schlimmste“ ist die „Frankfurter Allgemeine Zeitung“ und ihr namentlich nicht genannter, doch mehrmals erwähnter Jugoslawienkorrespondent. Es handelt sich um Matthias Rüb, derzeit in Washington, der acht Jahre lang, von 1994 bis 2002 Balkankorrespondent war und seine Erfahrungen nicht nur in zahlreichen glänzenden und keineswegs einseitigen Reportagen, sondern auch in zwei viel beachteten Büchern „Balkantransit“ (1998) und „Kosovo – Ursache und Folge eines Krieges in Europa“ (1999) beschrieben hatte. Die unter dem Titel „Straf-Gericht“ im Wiener Magazin wiedergegebenen Hassausbrüche übertreffen in Stil und Lautstärke sogar die Schimpfkanonaden rechts- oder linksextremer Politiker.

Kein ernst zu nehmender Balkankorrespondent aus Hamburg oder Wien, London oder Paris stellt etwa die Serben pauschal als Aggressoren und Kriegsverbrecher hin. Unbestechliche Publizisten oder Reporter, wie Renate Flottau im „Spiegel" und Bernhard Küppers in der „Süddeutschen", C. Stieger in der „Neuen Zürcher" und Misha Glenny vom „Guardian", sowie die mutigen kroatischen Autorinnen Slavenka Drakulić und Dubravka Ugrešić haben von Anfang an auch stets die verbrecherischen Handlungen kroatischer oder bosnisch-muslimischer Soldaten beschrieben. Ebenso haben diese herausragenden Berichterstatter die Entstehungsgeschichte der jugoslawischen Tragödie unvoreingenommen geschildert. Die Gegenüberstellung von Handkes „Weltwahrnehmung" mit der „geballten journalistischen Meinungsmacht" ist also mehr als lächerlich – sie ist zutiefst irreführend, ja gefährlich.

(7.7.2005)

Keine Illusionen über Bosnien

Vor zehn Jahren habe ich die direkte TV-Übertragung aus dem Luftwaffenstützpunkt Dayton im US-Bundesstaat Ohio über die Unterzeichnung jenes Abkommens kommentiert, die einen dreieinhalb Jahre dauernden Krieg in Bosnien-Herzegowina beendet hatte. Die Gesichter und die Körpersprache der drei Hauptkontrahenten nach drei Wochen des erbitterten Ringens unter der Aufsicht Präsident Clintons und dessen Chefbeauftragten, UN-Botschafter Richard Holbrooke, waren aus unzähligen TV-Reportagen sattsam bekannt. Der Serbenführer Slobodan Milošević, heute im Gefängnis in Den Haag, erzwang die Aufspaltung des Staates in zwei ethnisch bestimmte Teilstaaten: in die Bosniakisch-Kroatische Föderation und die serbische Republik (Republika Srpska), wenn auch der serbische Anteil des Gesamtterritoriums nur 49 Prozent statt der auf dem Höhepunkt der Offensive eroberten 70 Prozent betrug. Der vom großserbischen Hegemoniestreben entfesselte Krieg kostete 200.000 Menschen das Leben. Zwei Millionen Flüchtlinge und eine zu 90 Prozent zerstörte Infrastruktur und Industrie waren die Folgen eines sinnlosen Krieges.

Die zwei zeitweiligen Verbündeten gegen die Serben und dann wieder erbitterten Feinde, der Bosniake Alija Izetbegović und der Kroate Franjo Tudjman sind tot. Der von Milošević und seinen Handlangern Radovan Karadžić und General Ratko Mladić entfachte Bosnienkrieg gehört zweifellos zu den düstersten Kapiteln der Balkangeschichte.

Es ging weder in Dayton noch in den seither vergangenen zehn Jahren um Gerechtigkeit, sondern um die Beendigung des Blutvergießens beziehungsweise um die Stabilisierung der Instabilität durch die internationale Staatengemeinschaft.

Man muss die Bilanz von Dayton und die Aussichten für die Zukunft nüchtern einschätzen. Der ehemalige schwedische Ministerpräsident und erster vom Friedensimplementierungsrat eingesetzter Hoher Repräsentant in Bosnien (1996–97), Carl Bildt, sieht heute die Dinge eher positiv. Die Erfolge seien offensichtlich: Mehr als eine Million Flüchtlinge kehrten zurück, die interethnischen Grenzen seien kaum wahrzunehmen.

Im Gegensatz zum Kosovo erlebten die viel geprüften Einwohner Bosniens seit Dayton keine blutigen Gewalttaten. Die Zahl der internationalen Soldaten wurde im Laufe der Zeit von 60.000 auf 6000 abgebaut. Doch ist dieser Staat Bosnien-Herzegowina in seiner gegenwärtigen Form eine Totgeburt. Ein Gesamtstaat (mit einem ethnisch gegliederten dreiköpfigen Präsidium), bestehend aus zwei Teilstaaten und zehn Kantonen mit 160 Ministern samt entsprechender Bürokratie, ist unregierbar.

Die Kosten dieses enormen Apparates verschlingen über zwei Drittel der Staatseinnahmen. Die Schattenwirtschaft blüht. Die Wirtschaftsleistung liegt noch immer unter dem Vorkriegsniveau.

Zwei Milliarden Dollar Auslandshilfe sollen einfach verschwunden sein. Die politischen Parteien bleiben nationale Interessenvertretungen und pochen auf ihre verbrieften Vetorechte im gesamtstaatlichen Parlament. Der Hohe Repräsentant ist de facto ein Statthalter, der Politiker absetzen und am Parlament vorbei Gesetze erlassen darf. Die Frage bleibt offen, ob eine Zentralregierung mit echten Kompetenzen überhaupt ermöglicht werden könnte. Es fehlt fast allen Politikern der Mut, dem Dienst am bosnischen Staat und nicht an ihrer eigenen Volksgruppe den Vorrang zu geben. Es ist also eine Illusion, zu glauben, dass Bosnien-Herzegowina, ein Staat, in dem Korruption und organisierte Kriminalität blühen, in dem die schwerer Kriegsverbrechen angeklagten Karadžić und Mladić absoluten Schutz genießen, den Weg zu einer Mitgliedschaft in der Europäischen Union überhaupt gehen kann.

(24.11.2005)

Kroatien im Umbruch

Die Fußballweltmeisterschaft bewegt die Gemüter, die Sieger werden gefeiert, die Verlierer schnell vergessen. So schied auch das kroatische Team sang- und klanglos in der Vorrunde aus dem Rennen. Was für die großen Zeitungen und Fernsehanstalten nur eine kleine Nachricht war, wirkte im Land der Verlierer fast wie ein Schicksalsschlag.

Zwar streben der kroatische Ministerpräsident Ivo Sanader und seine Regierung mit ganzer Kraft einen erfolgreichen Abschluss der angelaufenen EU-Beitrittsverhandlungen im Laufe des Jahres 2008 an, doch bleibt die Kraft des kroatischen Nationalismus nach wie vor der bestimmende Faktor in der Politik – und nicht nur bei der Fußball-WM.

Dass Kroatien möglicherweise, wie von Sanader erhofft, im Sommer 2009 als 28. Mitgliedsstaat an der Wahl zum Europa-

Parlament teilnehmen könnte, ist wohl in erster Linie der tatkräftigen Unterstützung Österreichs und Deutschlands zu verdanken. Die österreichische EU-Präsidentschaft hat wichtige Weichen gestellt und Sanader bedankte sich vor einigen Tagen ausdrücklich auch bei der deutschen Bundeskanzlerin Angela Merkel für die Unterstützung.

Gespräche mit kroatischen Intellektuellen aus Anlass einer Buchpräsentation in Zagreb und Eindrücke während einer Rundreise in Istrien lassen Zweifel an den viel publizierten „europäischen Werten" Kroatiens aufkommen. Von der wirtschaftlichen Warte aus ist Kroatien mit einem doppelt so hohen Bruttoinlandsprodukt pro Kopf wie in den Kandidatenländern Rumänien und Bulgarien zweifellos qualifizierter als die beiden Balkanstaaten. Die Wachstumsrate beträgt auch heuer über vier Prozent und trotz einer Arbeitslosigkeitsrate von 18 Prozent erweist sich der Tourismus wie in den alten Zeiten als eine Lokomotive des Wirtschaftsaufstiegs. Ein Fünftel des Inlandsproduktes wird im Fremdenverkehr erwirtschaftet und 15 Prozent der Beschäftigten finden in Dalmatien und Istrien und auf den Adria-Inseln eine Anstellung. In diesem Bereich sind die größten Hoffnungen für die Zukunft, aber nach wie vor gibt es gerade hier auch enorme Schwierigkeiten.

Deutsche und österreichische Investoren beschweren sich über die mangelnde Rechtssicherheit und die korrupte lokale Bürokratie, die mit allen Mitteln die Macht der Seilschaften retten will. Gerade an der Küste, wie zum Beispiel auf der Insel Hvar oder bei Rovinj, werden deutsche und österreichische Hoteliers durch die örtliche Politikerkaste behindert, ja nach großen Investitionen zum Rückzug gezwungen. Die immer wieder angekündigte Privatisierung wird durch die lokale Bürokratie verhindert. Hier spielt auch die latente Xenophobie eine wichtige Rolle. Österreich ist nach wie vor der größte Auslandsinvestor mit einem Anteil von 26 Prozent an den Gesamtinvestitionen im Finanzdienstsektor, in der Telekommunikation, in der Medienbranche, im Fremdenverkehr und bei den Umweltdienstleistungen.

Trotz der österreichischen Hilfe bei der EU beschweren sich bei internen Umfragen die meisten Unternehmer über Bürokratie, Korruption und Schwarzarbeit. Im Korruptionsindex von Transparency International nimmt Kroatien den 67. Platz ein. Was die Freiheit der Wirtschaft betrifft, rangiert das Land laut Heritage Foundation an der 74. Stelle, so weit hinten wie Uganda und der Senegal. Kroatien hat wegen des Krieges und dann unter der autoritären Herrschaft des Tudjman-Regimes über ein Jahrzehnt verloren. Ministerpräsident Sanader führt das Land durch einen Umbruchsprozess in Richtung Europa. Ohne radikale Reformen im Justizwesen (Vergangenheitsbewältigung!), der Verwaltung, der Subventions- und Privatisierungspolitik wird jedoch der Durchbruch kaum erfolgen.

(29.6.2006)

Österreich im Kosovo

Nach Russlands Blockierung einer UNO-Resolution zur Lösung des Kosovo-Konflikts im Sicherheitsrat tritt die sogenannte Troika der Balkan-Kontaktgruppe (aus den USA, Russland und der EU) demnächst zusammen, um eine neue Verhandlungsrunde mit den Kosovo-Albanern und den Serben einzuleiten. Trotz der üblichen diplomatischen Höflichkeitsfloskeln glaubt niemand wirklich daran, dass in den für die Verhandlungen vorgesehenen 120 Tagen die Hängepartie um den Status, also die politische Zukunft des Kosovo beendet und Klarheit in der Frage der Unabhängigkeit geschaffen werden kann.

Nach 14 Verhandlungsrunden mit den Vertretern Serbiens und der nominell zu Serbien gehörenden Provinz hatten bekanntlich die UNO-Unterhändler Martti Ahtisaari, der Ex-Präsident Finnlands, und Albert Rohan, früherer Generalsekretär des österreichischen Außenministeriums, einen umfassenden Plan zu einer „überwachten Unabhängigkeit" der seit 1999 von der UNO verwalteten Provinz dem Sicherheitsrat vorgelegt. Obwohl das Paket auch sehr weitgehende Minderheitenrechte für die im Kosovo verbliebenen Serben (weniger als zehn Prozent der Bevölkerung) vorsieht, besteht Belgrad auf einer überwachten Autonomie innerhalb Serbiens.

Österreich hat in der Balkanpolitik des Westens stets eine aktive Rolle gespielt. Lange vor der viel gepriesenen deutschen Ostpolitik waren die Bundeskanzler Klaus und Kreisky die eigentlichen Bahnbrecher der Öffnung in Richtung der damals noch von der sowjetischen Hegemoniemacht unterjochten oder im Falle Jugoslawiens bedrohten Staaten im Osten und Südosten Europas gewesen. Unabhängig von ihren unterschiedlichen innenpolitischen Akzenten wurden in Krisensituationen auch die Stimmen von Franz Vranitzky und Alois Mock, Erhard Busek und Wolfgang Schüssel von der internationalen Staatengemeinschaft beachtet.

Während der vom serbischen Hegemoniestreben entfesselten Jugoslawienkriege und anschließend bei der Festigung der Unabhängigkeit der Nachfolgestaaten haben herausragende österreichische Balkanexperten wie Erhard Busek und Wolfgang Petritsch im Auftrag der EU einen bedeutenden Beitrag zur Befriedung und zum Wiederaufbau, vor allem im Kosovo und in Bosnien, geleistet. Österreichische Diplomaten, allen voran Botschafter Albert Rohan, haben viel getan, um die Minderheiten zu schützen und die nationalistischen Extremisten auf allen Seiten in die Schranken zu weisen. Dass Rohan als stellvertretender UNO-Vermittler bei der Suche nach einer Lösung des Kosovo-Konfliktes über ein Jahr lang mitwirken konnte, war auch eine weithin sichtbare Anerkennung der österreichischen Diplomatie.

Zu Recht betonte kürzlich Außenministerin Ursula Plassnik (im „Standard"), dass schon zu viel Zeit verloren sei und dass die Stabilität und Zukunftsfähigkeit der gesamten Region eine Klärung des Status des Kosovo erfordere. Ihre vorsichtige, aber unmissverständliche Warnung vor den Folgen einer „gezielten Vetopolitik" Russlands ist eine selbstverständliche Ergänzung der jüngsten Erklärung des Bundeskanzlers: Kosovo sei ein Testfall für eine gemeinsame europäische Außen- und Sicherheitspolitik. Gerade deshalb darf man sich im Westen der russischen Machtpolitik nicht beugen. An der „überwachten Unabhängigkeit“ des Kosovo von Serbien führt kein Weg mehr vorbei. Wegen der von Moskau demonstrativ bestärkten Verweigerungshaltung Belgrads und der Gefahr der Radikalisierung der Kosovo-Albaner stehen freilich auch Zerreißproben mit unkalkulierbaren Risiken bevor.

(9.8.2007)

Hängepartie Kosovo

Der in der vorigen Woche abgesandte Brief der vier größten EU-Staaten – Deutschland, Großbritannien, Frankreich und Italien – an die anderen 23 Mitgliedsstaaten mit der klaren Stellungnahme gegen weitere Verhandlungen war ein überfälliger Schritt, um die Hängepartie über den Status der abtrünnigen Kosovo-Provinz zu beenden und grundsätzliche Klarheit über die Zukunft des von Serbien beanspruchten UN-Protektorates zu schaffen. Was Konfliktprävention und Konfliktlösung betrifft, gehören die Jugoslawienpolitik im Allgemeinen und die Kosovofrage im Besonderen nicht zu den Glanzleistungen der westlichen Diplomatie.

Nicht wenige westliche Diplomaten und Journalisten betrachten das lästige Kosovoproblem mit kaum verhohlenem Zynismus, gemischt mit Ignoranz gegenüber der Geschichte Serbiens und der Kosovo-Albaner. Sie vergessen oder verdrängen die Tatsache, dass seit der Eroberung dieser an Naturschätzen reichen Region durch Serbien in den Balkankriegen 1912/13 die serbische politische Klasse – ausgenommen in den 1970er Jahren während der Tito-Ära – im Grunde ein „Kosovo ohne Albaner“ (so der Balkan-Historiker Prof. Holm Sundhaussen) behalten und verwalten wollte.

Bereits die jugoslawische Verfassung von 1946 garantierte (freilich nur auf dem Papier) das Recht auf „freien Austritt aus der föderativen Volksrepublik", und in der Verfassung von 1974 hatte Kosovo als autonome Provinz innerhalb Serbiens auf Bundesebene den gleichen Status und die gleichen Rechte wie die jugoslawischen Teilrepubliken, was die Vertretung in den obersten Bundesorganen und das faktische Veto anbelangt.

Nach Titos Tod kam es zu Zwischenfällen, als die jungen Albaner für ihre Region (mit damals 1,8 Millionen Einwohnern) den gleichen Status einer jugoslawischen Teilrepublik forderten, den die nicht einmal eine halbe Million zählenden Montenegriner von Anfang an besaßen. Der serbische Ministerpräsident Koštunica will einen „Schurkenstaat Kosovo" nie anerkennen, obwohl er das Referendum der Montenegriner zugunsten ihrer staatlichen Unabhängigkeit von Serbien zur Kenntnis nehmen musste.

Kosovo wurde eigentlich bereits 1999 unabhängig, als die NATO nach 78 Tagen den serbischen Widerstand durch Luftangriffe brach. Es war der später wegen Kriegsverbrechen angeklagte Serbenführer Slobodan Milošević, der durch eine illegale und brutale Gewaltherrschaft ab 1997 die Autonomie gänzlich liquidierte, den bewaffneten Widerstand der Kosovaren und schließlich die Kettenreaktion der blutigen Jugoslawienkriege provozierte.

Nach der Vertreibung von hunderttausenden Kosovaren nach Mazedonien und Albanien und dem gewaltsamen Tod von fast 10.000 Menschen übten die zurückgekehrten Albaner blutige Rache. Seitdem sind die Serben – heute kaum fünf Prozent der Gesamtbevölkerung – (und die Roma) immer wieder Opfer von albanischen Gewalttaten, zuletzt 2004.

Deshalb hatten die zwei herausragenden UNO-Vermittler, der finnische Ex-Präsident Martti Ahtisaari und der frühere Generalsekretär des österreichischen Außenamtes, Albert Rohan, in ihrem von Serbien und Russland verworfenen Projekt der „überwachten Unabhängigkeit" detaillierte Schutzbestimmungen für die rund 100.000 Einwohner starke serbische Minderheit und die weitere Stationierung internationaler Truppen (derzeit 16.000 Mann) und ausländischer Polizeikräfte mindestens für zwei Jahre vorgesehen.

In der gefährlichen Übergangsperiode vor der Unabhängigkeitserklärung der Kosovaren ist angesichts der russischen Veto-Drohung im UN-Sicherheitsrat die Einigkeit der EU die wichtigste Voraussetzung der Handlungsfähigkeit.

(13.12.2007)

Hilfe für Serbien

Die Unabhängigkeitserklärung des Kosovo hat nirgendwo (außer im Kosovo selbst) Freude ausgelöst. Selbst in den Staaten, die stets für die Anerkennung der zu 90 Prozent von Albanern bewohnten südserbischen Provinz Stellung genommen haben, herrscht Nervosität und Ungewissheit über die Folgen.

Man muss freilich offen aussprechen, dass die angeblichen Sorgen der Spanier oder der Rumänen, der Slowaken oder der Russen um ihre eigenen Minderheitenprobleme überhaupt nichts mit den Realitäten in der so lange umkämpften Provinz zu tun haben.

Kurzum, der Kosovo ist ein Sonderfall, kein Präzedenzfall für andere Staaten. Wie es der finnische Vermittler, der frühere Präsident Martti Ahtisaari, einmal formulierte: Der Kosovo sei ein einzigartiger Fall, der eine einzigartige Lösung verlangt. Leider hatte Belgrad, mit lautstarker Unterstützung aus Moskau, Ahtisaaris Plan einer „überwachten Souveränität" mit maximalen Rechten für die serbische Minderheit abgelehnt.

Jene, die heute heuchlerisch Krokodilstränen für das Armenhaus Kosovo mit der höchsten Arbeitslosen- und Geburtenrate Europas weinen, vergessen, dass die zwei Millionen albanische Kosovaren vor knapp neun Jahren am Rande der Ausmerzung standen: Die serbische Armee hatte eine Million Albaner aus ihren Häusern vertrieben und über 10.000 umgebracht.

Ohne die Luftangriffe der NATO wären die Folgen der von Slobodan Milošević befohlenen Kampagne zur totalen Liquidierung der Autonomie der Region verheerend gewesen. Seit dem erzwungenen Rückzug der serbischen Armee und der Stationierung internationaler Truppen ist der Kosovo de facto bereits ein eigener, wenn auch international überwachter Staat geworden.

Angesichts des blinden serbischen Nationalismus und der wiederholten Verweigerung der Kompromisse durch Belgrad gab es letztlich keine Alternative zur Unabhängigkeitserklärung. Sie besiegelt die Tragödie des serbischen Volkes durch das Abtreten von insgesamt 15 Prozent des Territoriums, des als historische Wiege der serbischen Nation geltenden und deshalb für so viele Serben (wenn auch keineswegs für alle) geheiligten Amselfelds.

„Es ist anstrengend, ein Serbe zu sein“, zitierte kürzlich (in der „New York Review of Books“) Charles Simic, jener US-Poeta laureatus, der 15-jährig seine Heimatstadt Belgrad verlassen hatte, aus einem Gespräch mit seinem Vater. Seine Verwandten in Serbien sehen sich wie so viele ihrer Landsleute als Opfer der Geschichte und des Verrats der großen Verbündeten in zwei Weltkriegen: Großbritannien, Amerika und Frankreich.

Nicht nur Charles Simic, sondern auch der große serbische Schriftsteller Bora Ćosić und sein ungarnstämmiger Kollege László Végel (Autor des berührenden Buches „Exterritorium“) aus Novi Sad sowie auch nicht wenige, heute noch schweigende Intellektuelle glauben, dass Serbien mit dem nationalistischen Wahn endlich brechen und einen Neuanfang finden muss. Seit der Ermordung des serbischen Ministerpräsidenten Zoran Djindjić, des mutigen Bahnbrechers der Modernisierung, vor fünf Jahren, steckt die geschlagene und mehr denn je zerrissene Nation in einer veritablen Identitätskrise.

Die politische und intellektuelle Elite muss endlich die schmerzhafte eigene Vergangenheit aufarbeiten und jene nationalistischen Illusionen verwerfen, die letzten Endes zum Verlust des Kosovo geführt haben.

Der Westen sollte dabei durch politische, finanzielle und kulturell-wissenschaftliche Kooperation Serbien helfen, die Wirtschaftsreformen anzukurbeln und den Weg nach Europa wiederzufinden.

(21.2.2008)

Balkanwirren

Heftige Straßenschlachten im Norden Kosovos zwischen serbischen Demonstranten und den internationalen Ordnungskräften mit 63 verletzten polnischen, französischen und ukrainischen UN-Polizisten und NATO-Soldaten und über 100 Verletzten auf der serbischen Seite; ungeklärte gewaltige Explosion eines Munitionsdepots in Albanien, Regierungskrise in Mazedonien nach dem Ausscheiden der albanischen Vertreter aus der Koalitionsregierung und ein drohendes Veto Griechenlands gegen den geplanten NATO-Beitritt des seit 1991 unabhängigen Staates, da die Athener Regierung Mazedonien zur Umbenennung des Staates zwingen will: Das sind einige der letzten Nachrichten aus der spannungsgeladenen Balkanregion. Zu den anderen Konfliktzonen in Südosteuropa gehört vor allem das brüchige künstliche Gebilde Bosnien-Herzegowina mit den beiden Teilen – die kroatisch-muslimische Föderation und die Republika Sprska.

Das vielfältige Spannungsverhältnis zwischen historisch gewachsenen ethnischen Siedlungsverhältnissen und dem modernen nationalstaatlichen Ordnungsprinzip hat nach jeder neuen Staatsbildung und Grenzveränderung im engeren Balkanraum (ein Gebiet, das kleiner ist als Frankreich) wiederholt dramatische Folgen im Ringen zwischen (momentanem) Gewinner und Verlierer gezeitigt. Das Verständnis, das der als „gemäßigter Nationalist" geltende serbische Regierungschef Koštunica und sein „Kosovo-

Minister“ Samardžić für die Gewaltakte gegen ausländische Botschaften in Belgrad und nun gegen die internationalen Truppen zeigten, lässt nichts Gutes für die Zukunft der umkämpften abgespaltenen Provinz und vor allem der von der „Opfer-Hysterie“ der Nationalisten dominierten serbischen „Mutterrepublik“ erwarten.

Auch die unversöhnliche Haltung der griechischen Regierung gegenüber Mazedonien lässt die unveränderte Kluft zwischen sogenannten „historischen Rechten“ und den Folgen des modernen Selbstbestimmungsrechtes bezüglich des fraglichen Gebietes trotz der Zugehörigkeit zur EU deutlich erkennen. Die griechische Außenministerin Bakoyannis konnte auch in einem langen Interview („Süddeutsche Zeitung“, 17.3.) keine triftigen Gründe für den grotesken Namensstreit vorbringen. Die sich zu ihrer mazedonischen Identität bekennenden rund eineinhalb Millionen Einwohner des kleinen Staates (die albanische Minderheit macht mindestens ein Viertel der Gesamtbevölkerung von über zwei Millionen aus) lehnen den griechischen Druck ab, „sich zwischen der nationalen Identität und der NATO zu entscheiden“ (so Sicherheitsberater Nikola Dimitrov).

Der Untergang des jugoslawischen Experiments war die Folge unter anderem auch der bewussten Handlungen der nationalen Eliten. Es war die rechtzeitige präventive Intervention der internationalen Gemeinschaft, die in Bosnien, Mazedonien und in der Region Kosovo eine neue Welle blutiger ethnischer Säuberungen verhindert hat. Auch die Minderheitenrechte der 100.000 bis 120.000 verbliebenen Serben können nur durch die Wachsamkeit und den Druck der internationalen Staatengemeinschaft voll gesichert werden. Aber man muss offen aussprechen, dass der auch von dem zurückgetretenen Koordinator Erhard Busek kürzlich vertretene Traum von der Aufnahme aller Länder Südosteuropas in die Union eine Illusion ist. Bereits die nicht entsprechend vorbereiteten letzten Erweiterungen gefährden die Handlungsfähigkeit der EU. Rascher Kandidatenstatus für alle Balkanstaaten mit allen tickenden Zeitbomben wäre trotz Erfindungsreichtums der praktischen Politik wohl der Auftakt zum totalen Scheitern des großen europäischen Experiments.

(20.3.2008)

Zeitbombe Mazedonien?

Die vorrangige Beschäftigung mit dem Schicksal des Kosovo und den Gegenreaktionen des serbischen Volkes haben einen potenziell fast ebenso gefährlichen internationalen Krisenherd etwas in den Hintergrund gedrängt. Nach dem durch ein griechisches Veto vereitelten Versuch, Mazedonien in die NATO aufzunehmen, zerfiel die zerstrittene Regierung in Skopje. Vorgezogene Wahlen finden schon am ersten Juni statt. Die Wahlkampagne wird sowohl durch die Auswirkungen des griechischen Vetos wie auch durch neue Spannungen zwischen Mazedoniern und der großen, vor allem im Westen des Landes lebenden albanischen Minderheit geprägt. Je nach Schätzungen sind zwischen 25 Prozent und einem Drittel der knapp über zwei Millionen Einwohner Albaner.

Viele Diplomaten diskutierten zur Zeit des Zerfalles der jugoslawischen Föderation, ob das kleine Mazedonien, umgeben von den feindlichen oder schwierigen Nachbarn Griechenland, Serbien, Bulgarien, Albanien und dem Kosovo, überhaupt lebensfähig sei. Nach den Balkankriegen von 1912–13 wurde Mazedonien aus der Konkursmasse des Osmanischen Reiches zwischen Griechenland, Serbien und Bulgarien aufgeteilt. Jahrzehntelang wurden die slawischen Mazedonier als Bulgaren oder Griechen betrachtet. Auch im ersten Jugoslawien war ihre besondere Identität negiert.

Die historische Wahrheit ist, dass erst Tito die Mazedonier (wie übrigens die bosnischen Muslime) aus politischen Gründen als eigene Nation anerkannt hat. Ich habe die Teilrepublik Mazedonien und die mehrheitlich albanisch bewohnten Bezirke ebenso wie das sogenannte Pirin-Mazedonien in Bulgarien und den zu

Griechenland gehörenden Teil des historischen Mazedonien besucht. Heute kann man kaum mehr behaupten, dass die mazedonische nationale Identität bloß eine titoistische Erfindung oder eine künstliche Konstruktion sei.

Bereits in der spät-titoistischen Zeit und erst recht nach dem Zerfall Jugoslawiens haben alle maßgeblichen Politiker in Skopje dem großmazedonischen Gedanken eine klare Absage erteilt. Dass der Flughafen von Skopje nach „Alexander dem Großen" umbenannt wurde, war natürlich eine klare, wenn auch lächerliche Provokation. Allerdings antworteten die bedrängten Mazedonier damit auch auf die griechischen Druckversuche. Die meisten nicht griechischen Balkanexperten verurteilen den Versuch, einen Alleinvertretungsanspruch auf den Namen Mazedonien zu erheben und einem anderen Volk das Recht auf seine Identität abzusprechen. Mit seinem Veto in der NATO hat Griechenland nicht nur Mazedonien destabilisiert, sondern auch der für Athen so wichtigen Beruhigung des Balkans einen Bärendienst erwiesen.

Der französische Dichter Paul Valéry schrieb einmal: „Die Geschichte rechtfertigt, was immer man will, sie klärt schlechterdings nichts, denn es gibt nichts, was sich mit ihr nicht belegen ließe." Dementsprechend gibt es nicht nur die Kosovo-Hysterie der Serben, sondern auch die Mazedonien-Hysterie der Griechen. Ebenso wäre es heuchlerisch, den aggressiven Nationalismus vieler Mazedonien-Albaner zu leugnen, der zusammen mit der Weigerung der Mazedonier, den Albanern großzügige Minderheitenrechte zu gewähren, bereits 2001 fast zu einem Bürgerkrieg geführt hat. In und um Mazedonien tickt also wieder einmal eine Zeitbombe.

(24.4.2008)

Serbische Fragezeichen

In einer Hinsicht hat Serbien am Wahltag westliches Niveau erreicht: Man erlebte auch in Belgrad das Fiasko der Meinungsforscher, die bis zuletzt einen fulminanten Wahlsieg der ultranationalistischen Radikalen vorausgesagt hatten. Der (relative) Sieger der Wahl, Präsident Boris Tadić, und das von ihm geführte prowestliche Bündnis wurden mit Gratulationen aus den EU-Staaten überhäuft. Die Belgrader Börse reagierte zunächst „euphorisch". Dass ein Mann wie Tadić, der auch bei seinen Auftritten im kleinen Kreis in Wien in seinen ersten Amtsjahren einen unentschlossenen Eindruck machte, nun ein so gutes Resultat mit fast 40 Prozent der Stimmen erzielte, ist zweifellos ermutigend.

Ein westlicher Beobachter sprach von einem Pyrrhussieg, also von einem Scheinerfolg, der eher einer Niederlage gleichkommt. Ich teile diesen Pessimismus nicht. Eher geht es darum, dass sich nun endlich das andere Serbien lautstark zu Wort gemeldet hat. Jenes moderne, offene und westlich orientierte Serbien, das den Status einer russischen Provinz ablehnt und nicht bereit ist, von der Kosovo-Hysterie verblendet zu werden. Diese aufgeputschte Stimmung diente als demagogisches Instrument, nicht nur den Radikalen, sondern auch dem unbändigen Machtstreben des Ministerpräsidenten Koštunica. Dieser Politiker, der nur dank des 2003 ermordeten Zoran Djindjić überhaupt an die Macht gelangte, ist zweifellos eine der bösen Überraschungen der jüngsten serbischen Geschichte. Durch seine Tricks torpedierte er immer wieder die Öffnung nach dem Westen und wohl auch die Auslieferung des wegen Kriegsverbrechen gesuchten Mörderduos Mladić-Karadžić.

Das enttäuschende Abschneiden der Radikalen um Nikolić und die Ohrfeige für die Koštunica-Partei dürfen allerdings bei aller Freude über den Erfolg der Demokraten nicht über die Machtrealitäten hinwegtäuschen. Es gibt keine klaren Verhältnisse; arithmetisch besitzen die rückwärtsgewandten Parteien eine knappe Mehrheit. Zwar sind laut Umfragen zwei Drittel der Befragten für einen Beitritt zur EU. Doch hängt die künftige Regierung in erster Linie von der Haltung der sogenannten Milošević-Sozialisten, also von den 20 Mandaten dieser völlig diskreditierten Gruppierung ab. Das demokratische Bündnis von Tadić könnte nur dann eine Regierung bilden, wenn es die Unterstützung der Sozialisten gewinnt. Diese Leute haben sich aber bisher nie öffentlich von der Kriegspolitik von Milošević distanziert. Ob sie nun bereit sein werden (wie von Tadić vor den Wahlen gefordert), die Annäherung an die EU mitzutragen, den Kampf gegen die Korruption aufzunehmen und die Festnahme flüchtiger Kriegsverbrecher zu unterstützen, bleibt höchst fraglich. Ein fauler Kompromiss in diesem tief gespaltenen Land wäre jedenfalls keine zukunftsweisende Perspektive.

Diese vierten Wahlen seit 2006 waren friedlich und fair. Das kräftige Lebenszeichen der Demokraten könnte dem Zufluss der angesichts des Leistungsbilanzdefizites (im Vorjahr um 88 Prozent gestiegen) so wichtigen ausländischen Direktinvestitionen kräftigen Auftrieb geben. Die Wahl am Sonntag war also ein weithin sichtbares Signal der Hoffnung – nicht mehr, aber auch nicht weniger.

(15.5.2008)

Kroatiens Weg in die EU

Die innerpolitischen Turbulenzen haben den wichtigen Auftritt des kroatischen Ministerpräsidenten Ivo Sanader beim Europaforum Wachau in Stift Göttweig überschattet. Vor einem internationalen Publikum bekannte sich Sanader zu den Bemühungen um eine EU-Mitgliedschaft und zur intensiven Zusammenarbeit mit Serbien. In der letzten Zeit beobachtet man eine früher undenkbare Verbesserung des Klimas zwischen den beiden so lange verfeindeten Nachfolgerepubliken.

Es wird in der letzten Zeit eigentlich mehr über Grenzstreitigkeiten zwischen Slowenien und Kroatien gesprochen, wobei die überfallsartige Einführung des 35-Euro-Autobahnpickerls durch die Laibacher Regierung einen Schlag gegen den blühenden kroatischen Tourismus bedeutet. Kroatiens Phasenverspätung in der europäischen Integration, verglichen etwa mit Slowenien, ist freilich vor allem die Folge der Erbschaft aus der Tudjman-Ära. Erst nach Sanaders Wahlsieg 2003 wurde die Kooperation mit dem UN-Tribunal verbessert und die Aufarbeitung der kroatischen Kriegsverbrechen in Schwung gebracht. Der sprachbegabte einstige Vizeaußenminister Tudjmans, der in Innsbruck promovierte und auch fließend Italienisch und Englisch spricht, hat sich erfolgreich um ein neues Image Kroatiens bemüht und seine Partei programmatisch erneuert.

Zu Recht wies also Sanader in Göttweig auf die wirtschaftlichen, politischen und kulturellen Erfolge seines Landes hin. Manche Bürokraten in Brüssel wissen wahrscheinlich nicht einmal, dass die Kroaten eines der ältesten europäischen Kulturvölker sind; bereits im Jahr 925 wurde Fürst Tomislav im Dom von Split zum König von Kroatien gekrönt. Seit 1102 mussten die Kroaten zuerst lange die ungarische und im ersten Jugoslawien die großserbische Hegemonie erdulden. Kroatien konnte den Weg der echten Unabhängigkeit erst 1991 einschlagen.

In den von den großserbischen Nationalisten entfesselten Jugoslawienkriegen waren die Kroaten nicht nur Opfer, sondern später auch selber Täter. Sanader weiß, dass die Abrechnung mit der wuchernden Korruption, mit den Schwierigkeiten für Auslandsinvestoren und mit den mutmaßlichen Kriegsverbrechern eine Vorbedingung für den EU-Beitritt bleibt. Zur Schattenseite seiner Regierung gehört, dass der mit der Verantwortung für die Ermordung von serbischen Zivilisten in der Stadt Osijek beschuldigte starke Mann Slawoniens, Branimir Glavaš, nach zeitweiligen Verhaftungen nicht nur auf freiem Fuß ist, sondern sogar wieder als Abgeordneter im kroatischen Parlament sitzt.

Auch der Druck auf die unabhängigen Medien wird international kritisiert und die Einstellung der angesehenen Feral Tribune in Split als Beispiel angeführt. Trotzdem wäre es ein politischer Fehler, Kroatiens Weg nach Brüssel wegen des irischen

„Neins“ zu blockieren. Außenministerin Ursula Plassnik, der langjährige Balkan-Koordinator Erhard Busek sowie EU-Außenkommissarin Ferrero-Waldner unterstützen zu Recht auch im eminenten österreichischen Interesse das Anliegen Kroatiens und die überraschende (wenn auch wackelige) politische Wende in Serbien zugunsten der EU-Annäherung.

(10.7.2008)

Ungarn im Zwielicht

In den letzten Jahren hat Ungarn eine für viele Beobachter verblüffende Wandlung durchgemacht. Warum wurde aus dem einstigen Schrittmacher der Reformen der kranke Mann der Transformationsstaaten? Welche Rolle spielen die schillernden Persönlichkeiten des sozialistischen Ministerpräsidenten Ferenc Gyurcsány und des rechtskonservativen Oppositionsführers Viktor Orbán? Einen für „Die Welt" verfassten Aufsatz (28.8.2004) schloss ich mit der Frage ab, ob sich Gyurcsány, „diese faszinierende und polarisierende Figur, als Totengräber oder Erneuerer der ungarischen Linken entpuppen wird" und fügte hinzu, dass davon letztlich die politische Zukunft der linksliberalen Koalition abhängt. Zur Zeit der Drucklegung steckt die sozialistische Minderheitenregierung (die gespaltenen Liberalen verließen bereits die Koalition) in einer so tiefen Krise, dass die Meinungsforscher bereits auch eine Zweidrittelmehrheit der Opposition bei den 2010 fälligen Wahlen nicht mehr ausschließen. Zugleich löst der Vormarsch rechtsradikaler Gruppierungen auch international wachsendes Unbehagen aus.

Nach einem trügerischen Wahlerfolg

Die ungarischen Wähler haben zum ersten Mal seit dem friedlichen Wechsel von Diktatur zur Demokratie eine Regierung nicht abgewählt, sondern bestätigt. Im Gegensatz zu den meisten postkommunistischen Ländern gilt also in Ungarn weiterhin die Regel der Kontinuität.

Wahlentscheidend war das Duell zwischen zwei Führungspersönlichkeiten mit einem jeweils eigenen politischen Stil. Die meisten politischen Beobachter waren sicher, dass Viktor Orbán, der frühere Ministerpräsident (1998–2002), die nach dem Sturz des glücklosen Regierungschefs Medgyessy sich in einer Führungs- und Orientierungskrise befindlichen Sozialisten bei den Wahlen im April 2006 leicht schlagen wird. Es gelang dem neuen Ministerpräsidenten Ferenc Gyurcsány jedoch innerhalb von 20 Monaten, den Spieß völlig umzudrehen. Der einstige jungkommunistische Funktionär, später einer der reichsten ungarischen Unternehmer, erwies sich als der begabteste und dynamischste, ungewöhnlichste und lernfähigste Politiker Ungarns.

„Der Stil ist der Mensch selbst“, sagte Buffon in seiner Antrittsrede in der französischen Akademie 1753. Gyurcsány profilierte sich durch seinen Stil als ein besonnener Europäer national und international, als ein willkommener Partner nicht nur für Tony Blair, sondern auch für die bürgerlichen Regierungschefs Österreichs und Rumäniens, Deutschlands und der Slowakei. Er hatte von Medgyessy (zum Teil freilich auch von der früheren Orbán-Regierung) ein massives Budgetdefizit geerbt. Um die Wahlen zu gewinnen, hat Gyurcsány, wie auch sein Herausforderer, unbekümmert das Blaue vom Himmel versprochen. Man darf freilich nicht vergessen, dass Gyurcsány seinen Sieg im innerparteilichen Machtkampf im September 2004 einem in der Geschichte der Sozialisten beispiellosen Aufstand von unten zu verdanken hatte. Er kann erst jetzt, nach seinem Wahlsieg, mit einer Flurbereinigung in der Partei anfangen. Für einen einschneidenden Reformkurs braucht er vor allem in der eigenen Partei politische Rückendeckung.

Der große Rivale Viktor Orbán habe „diese Wahl schon vor Jahren verloren“, sagte die konservative Vorsitzende des MDF (des Ungarischen Demokratischen Forums) Ibolya Dávid, die trotz Spaltungsversuche durch Orbán hautnah den Einzug ins Parlament geschafft hat. Eine bürgerliche Partei sollte weder gegen Kapital, Privatbesitz, Banken und Ausländer agitieren, noch mit „Extremisten flirten“. Auch im Ausland hat Orbán sein Vertrauenskapital verspielt. Er wurde (in der „Neuen Zürcher Zeitung“) als ein „begabter, wendiger, aber auch skrupelloser Politiker“ beschrieben, der an „seinen übersteigerten Ambitionen und an seinem absoluten Führungsanspruch scheitert“.

Die Voraussage der „Süddeutschen Zeitung“, „Orbáns politisches Schicksal scheint mit dieser Wahl nun besiegelt“, ist jedoch mit an Sicherheit grenzender Wahrscheinlichkeit falsch. Dieser 42-jährige Berufspolitiker hat in der Tat bereits drei Wahlen – 1994, 2002 und 2006 – verloren. Doch ist er in Wirklichkeit, wie seltsam es für ausländische Beobachter auch klingen mag, mächtiger denn je in seiner eigenen Gruppierung. Es gibt keine wirklichen Rivalen, er ist die einzige Leitfigur in seiner Parlamentsfraktion und bleibt außerordentlich populär in breiten Schichten am Lande und in den Reihen der studentischen Jugend. Sollte Ibolya Dávid mit ihrer gemäßigt-konservativen Politik europäischen Zuschnitts keinen Erfolg aufweisen und Gyurcsány mit einem zu spät oder halbherzig eingeleiteten Reform- und Sparkurs politisch scheitern, dann würde die Stunde Orbáns an der Spitze einer rückwärts gewandten, extrem nationalistischen populistischen Bewegung schlagen.

(27.4.2006)

Prügelknabe Auslandsungarn

Eine ganze Kette besorgniserregender Vorfälle in der Slowakei und die Gegenreaktionen in Ungarn, die wiederholten Ausschreitungen gegen die ungarische Minderheit in der serbischen Provinz Vojvodina und die periodisch aufflammenden Ressentiments zwischen Ungarn und Rumänen in Siebenbürgen zeigen die Wiederkehr der alten Feindbilder und der nationalistischen Klischees.

Gerade in den letzten Wochen haben wir völlig gegensätzliche Entwicklungen bei dem politischen Umgang mit der Gefahr des Nationalismus erlebt. Das positive Beispiel des europäischen

Geistes lieferte Ferenc Gyurcsány, der Ministerpräsident Ungarns, jenes Landes, das unter dem Diktat vom Trianon 1920 mehr als zwei Drittel seines Territoriums und seiner Bevölkerung verloren hatte. Am Vorabend des Nationalfeiertages am 20. August erteilte der junge Chef der linksliberalen Koalitionsregierung in einem aufsehenerregenden Interview mit „Népszabadság" eine unmissverständliche Absage an die nationalistische Nostalgie der „falschen Propheten, die versprechen, die historischen (Trianon) Wunden heilen zu können. Wir müssen lernen, mit der Vergangenheit zu leben. Man darf die Menschen nicht damit vertrösten, dass die Geschichte rückgängig gemacht werden könnte." Sein Bekenntnis zum „modernen Patriotismus" statt des „nationalen Radikalismus" war eine mutige politische Geste, die allerdings im nördlichen Nachbarland, in der Slowakei mit einer schallenden politischen Ohrfeige beantwortet wurde.

Kurz nach den versöhnlichen Worten aus Budapest sind empörende Übergriffe gegen Angehörige der eine halbe Million zählenden ungarischen Minderheit in mehreren slowakischen Städten berichtet worden. Mit feindlichen Parolen hatten Anhänger der in der neuen Regierung vertretenen Slowakischen Nationalpartei (SNS) eine junge Studentin zusammengeschlagen, weil sie sich auf ihrem Handy auf Ungarisch unterhielt. Die zwei Täter zwangen sie, ihre Bluse auszuziehen und schrieben darauf: „Tod deinen Vorfahren" und „Ungarn, schert euch über die Donau". Auch andere junge Ungarn wurden in den letzten Tagen tätlich angegriffen. Bei Fußballspielen wurden ungarische Fahnen verbrannt und riesige Transparente mit ungarnfeindlichen Parolen entrollt.

Was die ungarische Regierung und namentlich den enttäuschten Gyurcsány besonders empörte, war „die Politik des Schweigens" des slowakischen Ministerpräsidenten Robert Fico, der die ausländerfeindlichen Nationalisten in seine Regierung geholt hatte. Der SNS-Führer Ján Slota hat durch seine jüngsten Erklärungen dem Fremdenhass neuen Auftrieb gegeben. In Ungarn revanchierten sich die Fußballfans schnell mit Transparenten mit

Parolen wie „Slota muss sterben". Auch Gyurcsány schlug nun scharfe Töne an und forderte Fico persönlich zur eindeutigen Verurteilung der ungarnfeindlichen Rhetorik und der Übergriffe auf. Rund zweieinhalb Millionen Ungarn leben in den Nachbarländern Rumänien, in der Slowakei, in Serbien und in der Ukraine. Sie unterstützen mehrheitlich eher den harten nationalen Kurs des Oppositionsführers und Ex-Premiers Viktor Orbán und seiner Fidesz-Partei. Während der letzten Jahre haben die gemäßigten Politiker der ungarischen Minderheit eine Schlüsselrolle bei der Absicherung des Reformkurses in der Slowakei und auch in Rumänien gespielt.

Die Angriffe des chauvinistischen Pöbels in der Slowakei sind eine ernste Warnung, dass trotz der Zugehörigkeit zur Europäischen Union der alte Nationalismus unter bestimmten Umständen mit ungeahnter Geschwindigkeit neue politische Stärke gewinnen und Krisenherde im Herzen Europas schaffen kann.

(31.8.2006)

Folgenschwere Panne

Es ist unwahrscheinlich, dass der ungarische Regierungschef Ferenc Gyurcsány je ein Stück von Johann Nestroy gesehen oder gelesen hat. Doch dürfte ihn bei seiner kürzlich bekannt gewordenen sensationellen Rede vor der eigenen Parlamentsfraktion am 26. Mai der Ausspruch aus „Umsonst!" von Nestroy geleitet haben: „ Wahrheit ist das Erhabenste, drum kann man's nicht jedem auf die Nase binden"!

In seiner schonungslosen, in manchen Passagen fast kathartisch wirkenden Rede nach der gewonnenen Wahl hat das vor zwei Jahren aus einem millionenschweren Geschäftsmann zum sozialistischen Parteiführer gewandelte politische Naturtalent eine geradezu unglaubliche Anklageschrift gegen die sozialistische Regierung präsentiert: „In den letzten vier Jahren haben wir nichts getan, gar nichts getan (...). Stattdessen haben wir gelogen in der Früh, in der Nacht und am Abend." In der deftigen Rede, die jetzt dem eher zur Opposition neigenden Kossuth-Sender des öffentlich-rechtlichen Rundfunks zugespielt wurde, präsentierte Gyurcsány seinen Leuten mit brutaler Offenheit die Alternative „zwischen Reform oder Sturz".

Diese in einer für viele Hörer abstoßend wirkenden vulgären Sprache gehaltene Rede diente wohl zur Motivierung der eigenen Leute vor einer entscheidenden Weichenstellung in Richtung drastischer Sparmaßnahmen. Zwei Wochen vor den landesweiten Kommunalwahlen zündete nun ein Anhänger der Opposition nach wochenlangem Trommelfeuer gegen „das Lügengeflecht der Regierung" die sensationelle Bombe. Zwar trat Gyurcsány nun in einer Reihe von Interviews die Flucht nach vorne an und versuchte aus der peinlichen Panne gar eine Tugend im Sinne eines Bruchs mit 16 Jahren „der Lebenslüge Ungarns" zu machen, doch geriet er in die Defensive, und seine Popularitätswerte dürften noch tiefer gefallen sein. Es ist also eine groteske Annahme, dass der Ministerpräsident selbst die Katze aus dem Sack gelassen hat.

Es herrscht auch in Ungarn, wie in so vielen anderen Ländern, eine tiefe Missstimmung gegen die politische Klasse. Wie der regierungskritische Korrespondent der „Neuen Zürcher" treffend feststellte, der Fidesz Viktor Orbáns habe sich durch seinen hemmungslosen Linkspopulismus jeglicher Autorität beraubt. Dem noch immer nur 43-jährigen Herausforderer und Ministerpräsidenten 1998–2002 geht es aber nicht um die Wahrheit oder um einen moralischen Schönheitswettbewerb, sondern um die Macht. Er will kein Zurück zur Normalität der parlamentarischen Auseinandersetzung, da die Mehrheitsverhältnisse einen erfolgreichen Misstrauensantrag ausschließen. Orbán spielt vor der Kommunalwahl ein politisches Roulette, bei dem alles auf die Mobilisierung der Straße gesetzt wird. Sollten, wie erwartet, die Sozialisten und ihre liberalen Koalitionspartner bedeutende Einbußen erleiden (Orbán spricht bereits von einer „Volksabstimmung"), würde Orbán das Verschwinden Gyurcsánys „samt seinem Sparpaket", die Bildung einer „Expertenregierung" und die Ausschreibung von Neuwahlen fordern. Die beispiellosen gewaltsamen Ausschreitungen in dem Fernsehgebäude waren der Auftakt zu weiteren regierungsfeindlichen Demonstrationen. Der britische Ministerpräsident Harold Macmillan wurde einmal von einem Jungpolitiker gefragt, was denn das Schwierigste beim Regieren sei? „Events, my dear boy, events", sagte Macmillan. Die Ereignisse kann man auch mit einer Parlamentsmehrheit nicht voraussehen oder kontrollieren. Das gilt nach seiner packenden Predigt sowohl für Gyurcsány wie auch für seinen zu allem entschlossenen Widersacher Viktor Orbán.

(21.9.2006)

Orbán im Angriff

In Ungarn geht zu Beginn des neuen Jahres die Angst um. Im Mittelpunkt der Kombinationen über eine nahende und spätestens im Frühjahr explodierende Kraftprobe steht der „Tiger von Alcsut" (so László Lengyel), der 43-jährige Ex-Ministerpräsident (1998–2002) und Oppositionsführer Viktor Orbán, ein Berufspolitiker mit ungeheurer Dynamik, unbändiger Angriffslust und totaler Kompromisslosigkeit in seinem Streben nach ungeteilter Macht.

Manche seiner Gegner meinen, Orbán sei nach zwei verlorenen Parlamentswahlen und einer gescheiterten Volksabstimmung sowie einem ergebnislosen Ultimatum in den vergangenen fünf Jahren in eine Sackgasse geraten, ohne Aussicht auf eine Rückkehr an die Macht vor 2010, also vor dem Ablauf der Legislaturperiode. Der Menschenrechtsaktivist Ferenc Donáth bezeichnete in einem Zeitungsartikel („Népszava", 20.12.2006) die Belagerung und zeitweilige Besetzung der Zentrale des öffentlich-rechtlichen Fernsehens am 18. September als einen gewaltsamen

Putschversuch. Er kritisierte auch scharf die Verharmlosung der 42 Tage langen öffentlichen Hetze vor dem Parlamentsgebäude durch die Opposition. Damals haben rechtsextreme Randalierer die Namen angeblich jüdischer Journalisten und Politiker sowie die Adressen von jenen Richtern und Staatsanwälten vorgelesen, die die gewalttätigen Ruhestörer verurteilt hatten.

Die aggressive Strategie Orbáns erwies sich aber als ein Rohrkrepierer. Der wegen seiner berühmt-berüchtigten „Lügenrede" bekämpfte sozialistische Ministerpräsident Ferenc Gyurcsány blieb trotz des 72-Stunden-Ultimatums Orbáns im Amt, versucht das unvermeidliche Sparprogramm durchzusetzen und soll demnächst höchstwahrscheinlich auch zum Vorsitzenden der Sozialistischen Partei gewählt werden. Der Eindruck der Beruhigung ist jedoch trügerisch.

Der angesehene konservative Publizist und Autor einer Orbán-Biografie (2002), József Debreczeni, gilt als bester Kenner des vom Führerkult verblendeten Oppositionsführers. Debreczeni, der auch über den ersten demokratischen Premier, József Antall, und kürzlich über Ferenc Gyurcsány Biografien verfasst hatte, warnt nun in einer aufsehenerregenden Serie von Artikeln in diversen liberalen und sozialistischen Publikationen vor den verhängnisvollen Folgen des von Orbán verfochtenen totalen Konfrontationskurses. Er drückt „ernsteste Sorgen" über den nationalistischen, hasserfüllten, aggressiven, populistischen, fremdenfeindlichen und verhüllt antisemitischen Kurs der nach rechts gerutschten Oppositionspartei Fidesz aus. Zugleich stellt er die Ratlosigkeit, Verwirrung und Angst der sozialistischen und linksliberalen Seite fest.

Die jüngste Stellungnahme Orbáns in der rechtskonservativen Wochenzeitung „Heti Válasz" mit dem reißerischen Zitat auf der Titelseite („Da gibt es nichts zu handeln") hat auch Menschen, die dem Regierungschef seit seiner geheimen „Skandalrede" sehr kritisch gegenüberstehen, erschreckt. Orbán drohte Gyurcsány, ja beinahe der ganzen postkommunistischen Elite unverhüllt mit strafrechtlicher Verfolgung und lehnte jedes Gespräch mit Gyurcsány, dem „pathologischen und für die Demokratie gefährlichen Lügner", ab. Zugleich machte er keinen Hehl aus seiner Hoffnung, dass nur „die politische und soziale Unzufriedenheit" der Menschen eine Wende durch eine Expertenregierung oder vorzeitige Parlamentswahlen erzwingen könnte. Ein ungezeichneter Artikel im Fidesz-Blatt „Magyar Nemzet" präzisierte, Orbáns Vision der Volksempörung bedeute, dass die drastischen Sparmaßnahmen der Regierung im Frühjahr eine zum Bersten gespannte Lage schaffen würden.

(4.1.2007)

Regierung in Not

Die von der ungarischen Opposition erhoffte „revolutionäre Wende" ist nach dem Nationalfeiertag am 15. März ausgeblieben. Die rechtsradikalen Störtruppen wurden diesmal – im Gegensatz zu den Unruhen im vergangenen Oktober – durch die Polizei mit Wasserkanonen und Tränengas relativ rasch zerstreut. Der Führer der nationalkonservativen Fidesz, Viktor Orbán, behauptete vor 200.000 Anhängern wieder einmal, dass das Volk das Recht habe, die „räuberische Lügenregierung" zu verjagen, falls die von ihm geforderte Volksabstimmung gegen das radikale Sparprogramm der sozial-liberalen Regierung im Herbst einen Erfolg erziele.

Der Konfrontationskurs und die aufrührerische Rhetorik der Fidesz-Leute haben aber – abgesehen vom harten Kern ihrer Anhänger – die Massen nicht wirklich mobilisieren können. Regierungsfreundliche Kommentatoren sahen bereits den Umschwung zu einer längeren Periode der Konsolidierung voraus. Die politischen Ereignisse der letzten Tage haben allerdings diese Scheinstabilisierung schnell zerstört. Der seit der Veröffentlichung der (parteiinternen) „Lügen-Rede" von Ministerpräsident Gyurcsány aus den Fugen geratene Kommunikations- und PR-Apparat der Regierung produziert sozusagen am laufenden Band sachliche und persönliche Peinlichkeiten. Vor einer Woche schied Gesundheitsminister Molnár, jener Mann, der für die umstrittene Reform des Spitals- und Versicherungssystems die Hauptverantwortung trug, ohne nähere Erklärung aus der Regierung aus. Er war einer der drei Minister, die der kleine Koalitionspartner, die Freien Demokraten, stellte. Zugleich fand am Parteitag dieser liberalen Gruppe eine Wachablöse statt: Der angesehene Parteichef Gábor Kuncze, 57, wurde nach einer Kampfabstimmung durch den 35-jährigen Wirtschaftsminister János Kóka ersetzt. Dieser trat erst vor knapp einem Jahr der Partei bei. Er absolvierte zwar die medizinische Fakultät, doch hat er in der Computerbranche eine fulminante Geschäftskarriere gemacht. Kóka gehört, wie übrigens auch Regierungschef Gyurcsány, zu den 100 reichsten Ungarn mit einem geschätzten Vermögen von drei Milliarden Forint (rund zwölf Millionen Euro).

Der abrupte Rücktritt des Gesundheitsministers spiegelt nach Presseinformationen einen tiefen Riss zwischen den Koalitionspartnern über die Teilprivatisierung der Krankenversicherung wider. Es dürfte demnächst eine Regierungsumbildung stattfinden. Bei den ersten zwei Wahlgängen nach der Wende 1990 und 1994 konnten die von mutigen Bürgerrechtsaktivisten geführten Liberalen noch über eine Million Stimmen gewinnen, seit dem hielt sich die inzwischen zerstrittene kleine Partei nur knapp über der Vier-Prozent-Grenze und verfügt nur über 20 Parlamentssitze. Ohne die Liberalen hätten aber die Sozialisten weder 2002 noch 2006 eine mehrheitsfähige Regierung bilden können.

Trotz seiner einstigen lukrativen Verbindungen zu den postkommunistischen Seilschaften ist Premier Ferenc Gyurcsány der mit Abstand fähigste dynamische Vertreter der Modernisierung und der Westbindung in der Sozialistischen Partei. Er ist nach wie vor der einzige, der mit seinen Führungsqualitäten dem machthungrigen Orbán Paroli bieten kann. Wenn es aber seiner Koalitionsregierung nicht gelingt, das so oft angekündigte wirtschaftliche und soziale Reformprogramm zu verwirklichen, in den eigenen Reihen für Ordnung und Solidarität zu sorgen und durch richtige Kommunikation das Vertrauen der Menschen zurückzugewinnen, ist eine Rückkehr der Nationalpopulisten von Fidesz an die Macht unaufhaltsam.

(12.4.2007)

Ungarische Garde verbreitet Angst

Dem Beobachter, der die ganze gespenstische Vereidigungszeremonie der ersten Mitglieder der neuen „Ungarischen Garde“ auf der Budapester Burg mit den abgewandelten faschistischen Emblemen auf ihren schwarzweißen Uniformen samt der Weihe ihrer Fahnen durch katholische, evangelische und reformierte Pfarrer in den Videoaufnahmen verfolgte, und der die Aufrufe zur Rettung des „physisch, seelisch und geistig“ tödlich gefährdeten Ungartums auf der Webseite der Organisation las (www.magyargarda.hu), fällt der Satz William Faulkners ein: „Die Vergangenheit ist niemals tot, sie ist nicht einmal vergangen.“ Diesem angeblichen „Kulturverein“ kann jeder Ungar und jede Ungarin über 18 angehören, unabhängig davon, welche Staatsbürgerschaft er oder sie besitzt.

Mit der im schwülstigen Stil angekündigten nationalen Mission des vorderhand unbewaffneten paramilitärischen Verbandes im „Karpatenbecken“ will der Anführer und auch Chef der rechtsextremen politischen Gruppe, „Jobbik“, der 29-jährige Gábor Vona über die Grenzen hinweg die ungarische Nation vor den angeblich drohenden Gefahren von den NATO-Anrainerstaaten mit großen ungarischen Minderheiten schützen. Deshalb hat die Aktivität der Garde, die übrigens bereits 2000 Anmeldungen erhalten haben soll, in den Nachbarstaaten ein besonders starkes Echo ausgelöst.

Die Pfeilkreuzler-ähnliche Ausrüstung hat die Kommentatoren der Weltpresse verblüfft und die jüdischen Organisationen empört. Während des Zweiten Weltkrieges wurden schätzungsweise zwischen 560.000 und 600.000 ungarische Juden und getaufte Christen, vor allem 1944 durch Deportation nach Auschwitz, umgebracht. Die Schreckensherrschaft der von den Deutschen im Oktober 1944 eingesetzten Pfeilkreuzler kostete allein in Budapest mehr als 50.000 Juden das Leben. Als Folge der Taktik der „verbrannten Erde" mussten noch knapp vor Kriegsende auch zehntausende Zivilisten sowie ungarische, deutsche und sowjetische Soldaten sterben. Der grenzenlos verblendete Nationalismus des Horthy-Regimes als Folge der Amputation des historischen Ungarn durch das Diktat von Trianon (1920) führte das Land auf der Seite Hitlerdeutschlands ins Verderben. Rund 40 Prozent des Nationalvermögens wurden im Weltkrieg vernichtet; mehr als 900.000 Ungarn starben. Der Zweite Weltkrieg war also auch eine Tragödie des Ungartums.

Es wäre ein folgenschwerer Fehler, die neue „Ungarische Garde" und andere radikale Gruppierungen als unbedeutende, ja lächerliche Gruppen abzutun. Im Hintergrund entwickelt sich nämlich eine breite Protestbewegung gegen das halbherzige Reformprogramm der zutiefst gespaltenen regierenden sozialistischen Partei und ihrer linksliberalen Koalitionspartner. Der Fidesz-Chef und ehemalige Ministerpräsident Viktor Orbán fischt laut der „Neuen Zürcher" (24.8.2007) „seit Jahren mit dunkler Rhetorik und missverständlichen Gesten in trüben nationalistischen Gewässern". Er und seine Partei haben sich bisher keineswegs eindeutig von der merkwürdigen neuen „Garde" und ihrer ethnisch-völkischen Linie distanziert. Angesichts der Unzufriedenheit, ja des Hasses heterogener Schichten gegen das vermeintliche Machtkartell der neuen Bourgeoisie und der obersten postkommunistischen Staatsbürokratie ist die Gründung von nationalistischen paramilitärischen Gruppen ein Spiel mit dem Feuer. Die bisher ausgebliebene eindeutige Verurteilung der Gründung von solchen „Garden" durch den Staatspräsidenten und die Spitzenrepräsentanten der katholischen und protestantischen Kirchen ist deshalb schwer verständlich.

(30.8.2007)

Politischer Selbstmord der Sozialisten?

Ungarn ist von einem Schrittmacher der Reformen zum „kranken Mann“ Mittel- und Osteuropas geworden: Im abgelaufenen Jahr registrierte das Land die niedrigste Wachstumsrate und die höchste Inflation in der Europäischen Union. Angesichts der negativen Auswirkungen des von der EU und der internationalen Finanz gelobten Austeritätskurses der sozial-liberalen Gyurcsány-Regierung für den Lebensstandard spürt der Besucher auf Schritt und Tritt die tiefe Depression, die das Land befallen hat.

Kein Wunder, dass sich die üblichen Interviews und Essays während der Festtage fast ausnahmslos mit der Wut, der schlechten Laune, dem Hass und der Ungeduld in diesem von einer tiefen Traurigkeit erfassten Land beschäftigen. Man sucht die Gründe unter anderem im Versagen der politischen Eliten, im fehlenden Bürgertum und in den paternalistischen Verhaltensweisen sowie dem infantilen Benehmen der politischen Führung. So lautet etwa der Befund des renommierten Schriftstellers und einstigen Bürgerrechtskämpfers György Konrád.

Nationalökonomen weisen freilich darauf hin, dass die ungarischen Politiker auch nach der demokratischen Wiedergeburt falsche Prioritäten gesetzt und die Menschen zum Teil dank der großzügigen Ausgabenpolitik und dank zahlreicher Vorwahlgeschenke der diversen Regierungen – zum Teil wegen der unversteuerten Einkünfte aus der Schwarzmarktwirtschaft – weit über die tatsächlichen Möglichkeiten des Landes gelebt haben. Nur ein Beispiel: Von der arbeitsfähigen Bevölkerung sind bloß 56 bis 57 Prozent nachweislich beschäftigt. Der „Rest“ setzt sich aus registrierten Arbeitslosen, Frühpensionisten und Nutznießern der grauen und schwarzen Wirtschaft zusammen. Diese beziehungsweise ihre Arbeitgeber zahlen keine Steuern oder Abgaben, genießen aber die vom Staat subventionierten Leistungen. Nach den Berechnungen des Ökonomen Peter Róna müssen also 2,8 Millionen arbeitende Menschen das Land beziehungsweise insgesamt zehn Millionen Einwohner erhalten!

Die Verbitterung vieler Menschen trifft mit voller Wucht die in wechselnder Zusammensetzung seit 2002 regierende sozial-liberale Koalition und vor allem den seit 2004 amtierenden sozialistischen Regierungschef Ferenc Gyurcsány. Die jüngsten Umfragen zeigen, dass die von Viktor Orbán geführte Oppositionspartei Fidesz, wären die Bürger im November 2007 zu den Urnen gerufen worden, zwei Drittel der Parlamentsmandate hätte erringen können.

Vor allem möchte Orbán durch eine geschickt gesteuerte Referendumskampagne Gyurcsány selbst stürzen. Für ihn bleibt allerdings die einzige realistische Hoffnung für die Wiedereroberung der 2002 und 2006 verlorenen Macht ein innerparteilicher Aufstand gegen Gyurcsány noch vor dem Ende der Legislaturperiode 2010.

Katalin Szili, die SP-Parlamentsvorsitzende, gilt als seine größte Hoffnungsträgerin. Diese mit gefühlslinken und oft vagen nationalen Phrasen operierende Politikerin ist freilich keine Ersatzfigur für Gyurcsány – die weit und breit einzige Persönlichkeit des linken Lagers –, der trotz allem Orbán Paroli bieten kann. Szili bleibt trotz hoher Popularitätsquoten nur die Vertreterin des biederen Mittelmaßes. Sie habe „zu allem eine Meinung, aber von nichts eine Ahnung“. So beschrieb ein führender Journalist die politische Bedeutung Szilis.

Die herausragendsten Ökonomen, Politologen und Schriftsteller betrachten das radikale Reformprogramm als den einzig gangbaren Weg aus Ungarns Krise. Ein Putsch des Mittelmaßes gegen Gyurcsány käme also einem Selbstmord jener Partei gleich, die derzeit noch immer von 70 Prozent der Befragten als korrupt und lügenhaft betrachtet wird.

(3.1.2008)

Salonfähiger Antisemitismus

Nach seinem Triumph bei der kürzlich abgehaltenen Volksabstimmung wartet der ungarische Oppositionsführer Viktor Orbán (Fidesz) siegessicher auf die Rückkehr an die Macht. Der Vormarsch des von ihm bewunderten Silvio Berlusconi in Italien fällt zeitlich mit dem Zerfall der linksliberalen Regierungskoalition und wachsenden wirtschaftlichen Schwierigkeiten in Ungarn zusammen. Im Mittelpunkt der Ungarnberichte angesehener europäischer Zeitungen steht aber in letzter Zeit eher die Besorgnis über das Wiederaufleben der aus den 1920er und 1930er Jahren bekannten offenen rassistischen und antisemitischen Hetze in einem Teil der Medien und über den Aufmarsch diverser paramilitärischer Garden am Budapester Heldenplatz und in Dörfern mit starkem Roma-Anteil. Sie treten nämlich mit Fahnen und Uniformen auf, die an die Schreckensherrschaft der nationalsozialistischen Pfeilkreuzler in den letzten Monaten des Zweiten Weltkrieges erinnern.

Am Vorabend des 64. Jahrestages des deutschen Einmarsches in Ungarn erschien in der Tageszeitung „Magyar Hírlap" ein berüchtigter Artikel, in dem ein bekannter Journalist, der zum engeren Kreis um Viktor Orbán gehört, in den Worten des Schriftstellers Péter Esterházy „den mit Abstand verabscheuungswürdigsten Text der vergangenen Jahre" verfasst hat. So hieß es dort unter anderem: „Die Budapester jüdischen Journalisten schmähen die Fidesz. Und uns. Weil sie uns mehr hassen als wir sie (...), ihre schiere Existenz rechtfertigt den Antisemitismus."

Weit über 100 prominente ungarische Intellektuelle protestierten in einem offenen Brief (vgl. Dokumentation im „Standard" vom 28.3.2008) an den Besitzer der Zeitung, einen multimillionenschweren Industriellen, der bis vor einigen Tagen Präsident der Vereinigung der ungarischen Unternehmer war und den Oppositionsführer Orbán kürzlich mit Lajos Kossuth, dem legendären Revolutionsführer von 1848/49, verglichen hat. Besondere

Aufmerksamkeit löste das mutige Auftreten der Obfrau der kleinen konservativen Oppositionspartei Ungarisches Demokratisches Forum (MDF), Ibolya Dávid, aus. Sie schrieb in einem offenen Brief, es sei skandalös und empörend, verblüffend und verabscheuungswürdig, dass ein solcher Artikel überhaupt erscheinen durfte, und bat als „Christin und konservative Ungarin" ihre jüdischen und nicht jüdischen Freunde um Verzeihung. Ibolya Dávid schrieb auch, es gehe um das Schicksal ganz Ungarns. In der Tat war und ist eine der Hauptzielscheiben der rechtsnationalen Angriffe der herausragende katholische Publizist und Schriftsteller Rudolf Ungváry, der als Student nach 1956 verhaftet und unter dem Kádár-Regime verfolgt wurde. Einer der wenigen Bürgerrechtskämpfer vor dem Systemwechsel also, der auch heute kein Blatt vor den Mund nimmt und das Kokettieren der Fidesz mit den rechtsradikalen Strömungen und dem Tonfall der Vorkriegsära offen verurteilt.

Nach glaubwürdigen Schätzungen belief sich die Zahl der während der deutschen Besatzung in Auschwitz, aber auch auf den Budapester Straßen ermordeten ungarischen Juden auf 560.000. Es ist also kein Wunder, dass der Aufmarsch des Pöbels, der für europäische Standards oft rabiat antijüdische Tonfall und die Verunglimpfungen liberaler ungarischer, aber auch ausländischer Journalisten in rechten Presseorganen, TV-Sendern und Internetportalen den Kindern und Enkeln der Verfolgten in Budapest Angst einjagen. Aber nicht die braune, relativ kleine gewaltbereite Szene ist wirklich gefährlich, sondern das „feine Schweigen" der politischen Rechten um Orbán und mit sehr wenigen Ausnahmen der katholischen und protestantischen Kirchen.

(10.4.2008)

Spitzel

Unter den Verhältnissen der totalitären, ja sogar der autoritären Systeme blüht das Geschäft der Spitzel und der Denunzianten. Mit der Ausnahme Russlands und der meisten Nachfolgestaaten des versunkenen Sowjetreiches, beschäftigt die Abrechnung mit der Erbschaft der Geheimdienste immer wieder die politischen Eliten der postkommunistischen Staaten. Zu viele der politischen und kirchlichen Würdenträger waren bis zuletzt im Netz des Spitzelwesens verstrickt. Die folgenden Beiträge zeigen nur die Spitze des Eisbergs.

Betrüger und Informanten

Dieser Tage wird der 100. Geburtstag eines vergessenen und unbequemen Mahners, des Schriftstellers und Essayisten Manès Sperber gefeiert. Als er knapp vor seinem Tod in Paris den Friedenspreis des Deutschen Buchhandels 1983 erhielt, warnte er in einer Rede, die dann eine Protestwelle der linken Kriegsgegner in der Bundesrepublik auslöste, „vor der Feigheit, der nicht erzwungenen, freiwilligen, sozusagen präventiven Kapitulation“ vor der drohenden sowjetischen Militärmacht.

Trotz der enormen Änderungen seit dem Zusammenbruch des Ostblocks und der Sowjetunion bleiben auch diese Worte Sperbers zeitlos gültig: „Es gibt keine Wahrheit, die wir aus taktischen Gründen verschweigen müssten, keinen Betrug, den wir mit Stillschweigen, und wäre dies auch nur vorläufig, übergehen dürften“. Das gilt nicht nur für die großen Themen von heute, wie die von Lügen und Halbwahrheiten begleitete US-Intervention im

Irak, den Krieg Putins in Tschetschenien oder die atomaren Pläne des von einem zügellosen Demagogen geführten Iran.

Mehr als 15 Jahre, nachdem die einstigen Satelliten ihre Unabhängigkeit wiedergewonnen und (die meisten) den Beitritt zur Europäischen Union vollzogen haben, werden sie von zwei grenzüberschreitenden Infektionskrankheiten bedroht: von der tief verwurzelten Korruption und illegaler Bereicherung in der politischen Klasse und der Staatsbürokratie einerseits und von der fehlenden Aufarbeitung der drückenden Erbschaft der totalitären Geheimdienste andererseits. Nicht nur der tschechische sozialdemokratische Ministerpräsident Gross musste wegen undurchsichtiger Wohnungsspekulationen im Rotlichtmilieu über die Klinge springen. Auch der ehemalige Ministerpräsident und Geschäftsführer der rumänischen Sozialdemokraten, Adrian Năstase, ist soeben nach schwerem Korruptionsverdacht von seinem Posten zurückgetreten. Die führenden bulgarischen Sozialdemokraten sind laut Zeitungsberichten auch in üble Geschäftspraktiken verstrickt, während die kürzlich von der rechtskonservativen polnischen Regierung bestellte Finanzministerin wegen familiärer Korruption demissionieren musste.

Was nun die bewusst vernebelten Strukturen der innenpolitischen Repression und der Auslandsspionage durch die früheren kommunistischen Geheimdienste und die damit verbundene politische Erpressungsgefahr betrifft, so ist der Zugang zu den wichtigsten Archiven nirgends in Osteuropa vielleicht so schwierig wie zum Beispiel in Ungarn. Nach den jüngsten aufsehenerregenden Enthüllungen über bekannte Persönlichkeiten, die für kürzere oder längere Zeit Spitzeldienste geleistet haben, wies der junge Historiker Krisztián Ungváry (Autor des Standardwerkes „Schlacht um Budapest 1944/45“) darauf hin, dass „die ungarische Gesellschaft auf Zeitbomben sitzt“. Die Geheimdienste haben bisher weitgehend die Verfügungsgewalt über den Zugang zu den Geheimakten behalten können, unter anderem auch über die Namen der rund 8479 Agenten, die 1989 in Evidenz geführt waren. Etwa

70 Prozent des führenden Personals der fünf Geheimdienste dienten bereits dem Kádár-Regime. An der Spitze der Pyramide steht derzeit im Amt des Ministerpräsidenten ein Staatssekretär, der seinerzeit Assistent des zuständigen administrativen KP-Sekretärs war. Aus der von den regierenden Sozialisten und Liberalen versprochenen „Aktenrevolution" ist nicht viel geworden. Kein Wunder also, wenn jüngst ein Leitartikler in „Népszabadság", der jetzt zum Ringier-Konzern gehörenden ehemaligen Parteizeitung, die Tätigkeit der Spitzel beinahe als Kavaliersdelikt einstuft und eher die Aufklärer verunglimpft.

(19.1.2006)

Geschützte Spitzel

Als der bereits ernannte Warschauer Erzbischof Stanisław Wielgus unter dem Druck der Öffentlichkeit, der Medien und des Vatikans in der letzten Minute in der Johanneskathedrale in der Warschauer Altstadt vor den live zugeschalteten Fernsehkameras auf das hohe Amt verzichten musste, war das ein beispielloses Ereignis in der Geschichte der Kirche. Da er an die Spitze jener Kirche treten sollte, die zu Recht als „Bastion der Freiheit" in der kommunistischen Zeit weltweit bewundert wurde, war die moralische Indignation verständlich.

Aber es ist nicht die Person des ertappten Spitzels, sondern das Repräsentative seines Falles, das – wenn man auch über die Grenzen schaut – als eines der Hauptprobleme der postkommunistischen Gesellschaften internationale Bedeutung gewinnt. Zwar sollen nach polnischen Schätzungen zehn Prozent der Priester und 30 bis 40 Prozent der Kirchenoberen mit der Geheimpolizei zusammengearbeitet haben, doch hat sich die Kirche immerhin für die Verfehlungen einer Reihe von Klerikern entschuldigt. Die ungarische Publizistin Szilvia Varró hebt nun in der Internet-Zeitung „Hírszerző" sogar hervor, dass im Gegensatz zur Weißwäscherei und Verdrängung der katholischen Kirche Ungarns die polnischen Katholiken die Scharte an ihrer Ehre wieder auswetzen wollen und ihre Kirche die erste in der postkommunistischen Welt sein könnte, die aufrichtige Reue zeigt und ihre Vergangenheit ordnet. Im Gegensatz zu Polen gibt es nämlich in Ungarn keine kirchliche Institution zur Durchleuchtung der Vergangenheit der Kirchenoberen.

Unter dem pointierten Titel – „Spitzel der Welt vereinigt euch" – hat kürzlich der Zeithistoriker László Varga in Budapest in seinem neuen Buch eine vernichtende Anklage wegen des Verschwindens von zwei Dritteln der geschätzten Geheimdienstdossiers und wegen der wiederholt gescheiterten Versuche zur Offenlegung der Geheimdienstakten veröffentlicht. Nirgends in Osteuropa sei der Zugang zu den Archiven so schwierig wie in Ungarn. Nach der Enthüllung Mitte 2002, dass der damalige Ministerpräsident Péter Medgyessy „streng geheimer Abwehroffizier" gewesen war, haben die regierenden Sozialisten und Liberalen eine „Aktenrevolution" versprochen. Varga beweist die ungebrochene Verfügungsgewalt der fünf Geheimdienste über den Zugang zu den Geheimakten. Es war der junge Historiker Krisztián Ungváry, der enthüllte, dass selbst der Primas und Erzbischof László Paskai (heute im Ruhestand) ebenso wie eine Reihe von anderen kirchlichen Würdenträgern in Spitzeltätigkeit verstrickt waren. Im ersten freigewählten Budapester Parlament saßen übrigens 50 bis 60 Agenten.

Die Internationale der Spitzel wird allerdings von Warschau bis Budapest, von Pressburg (Bratislava) bis Sofia und Bukarest von mächtigen Hintermännern geschützt. Die Geheimdienstverbindungen bei so manchen Blitzkarrieren der Neureichen sind überall hinreichend bekannt. Während aber in Warschau und in Sofia jetzt zumindest um eine Flurbereinigung gerungen wird, erlebt Ungarn auch in dieser Hinsicht ein Fiasko des politischen Moralismus. Statt der wiederholt versprochenen Aufarbeitung der Vergangenheit tobt ein Kampf in der sozialistischen Regierungsbürokratie über die Reduzierung der fünf Geheimdienste auf drei. Dass als offizieller Sprecher der sogenannten bürgerlichen, also nicht militärischen Geheimdienste ein stadtbekannter journalistischer Spitzel aus der Stalin-Ära das große Wort führt, bestätigt neuerlich die von den Zeithistorikern kritisierte politische Verantwortungslosigkeit der für die Geheimdienste zuständigen Minister fast aller postkommunistischer Regierungen – übrigens nicht nur in Ungarn.

(11.1.2007)

Enthüllungen

Es vergeht kaum ein Tag ohne peinliche Enthüllungen in Polen, Ungarn, Rumänien und anderen postkommunistischen Reformstaaten. Immer wieder tauchen belastende Dokumente über die Vergangenheit prominenter Persönlichkeiten auf.

Im Gegensatz zu Russland allerdings, wo der Staat von einer neuen Klasse der miteinander verbündeten Geheimdienstoffiziere und Oligarchen beherrscht wird, ist man in Mittel- und Osteuropa doch weiter auf dem Weg zur Demokratie und zum Rechtsstaat. Man diskutiert nicht zuletzt deshalb offen über die entlarvten Agenten und Zuträger der Geheimdienste, weil es überall doch rivalisierende Parteien und relativ freie Medien gibt.

So musste dieser Tage der bisher hoch angesehene rumänische Wissenschaftler, Botschafter Univ-Prof. Dr. Andrei Corbea-Hoisi ebenso wie bereits vorher sein polnischer Kollege wegen der Verstrickung in Geheimdienst-Angelegenheiten Wien verlassen. Größeres Aufsehen erregte der Fall des in Leeds, in Großbritannien lebenden international berühmten Kulturphilosophen Zygmunt Bauman, der aus Polen wegen der „antizionistischen" Kampagne 1968 emigrieren musste. Er war langjähriges Mitglied der KP und Dekan der soziologischen Fakultät an der Warschauer Universität gewesen. Auf seinem Weg aus Warschau über

Wien nach Israel hatte auch ich ihn für mein Buch über „Antisemitismus ohne Juden“ (1972) interviewt. Weder ich noch andere Gesprächspartner vermuteten, dass der inzwischen preisgekrönte Autor von zahlreichen Werken über die Beziehung zwischen der Ethik der Postmoderne und dem Totalitarismus nach dem Krieg als hochdekorierter Major einer besonderen bewaffneten Einheit der Geheimpolizei im Kampf gegen den antikommunistischen Widerstand gedient hatte. Wir in Wien, die ihn persönlich kannten und bewunderten, waren erschüttert über die postume Entlarvung des großen Schriftstellers Andrzej Szczypiorski. Er soll ein rücksichtsloser Denunziant seiner Kollegen gewesen sein, bevor er sich später zum Bürgerrechtsaktivisten wandelte.

Und nun der Paukenschlag: Auch der kürzlich verstorbene „Reporter des 20. Jahrhunderts“, Ryszard Kapuściński, hat als Zuträger aus Lateinamerika und Afrika 1967–1972 Berichte über Kollegen und Ausländer geliefert. Sein Geheimdienstoffizier fand die Depeschen des „begabten Publizisten (...) nicht besonders interessant.“ Unter dem Decknamen „Vera Cruz“ und „Poet“ hatte man den Autor der großartigen Parabel über den Verfall der Macht am scheinbaren Beispiel Äthiopiens, „König der Könige“ geführt.

Auch aus Ungarn kommen neue Enthüllungen, so kürzlich über den Außenminister der rechtskonservativen Orbán-Regierung (1998–2002), János Martonyi. Der Vorsitzende der Vorfeldorganisation der oppositionellen Fidesz-Partei, des „Vereins für bürgerliche Zusammenarbeit“, gab zu, dass er 1964–1968 unter dem Decknamen „Marosvásárhelyi“ für die Polizei regelmäßig Berichte über seine Reisen nach Straßburg, London, Moskau usw. verfasst hatte. Martonyi, der 1988 (ein Jahr vor dem Zusammenbruch!) der KP beitrat, beteuert, dass er keine Verpflichtungserklärung unterschrieben hat. Es gibt keine Beweise für seine Agententätigkeit. Die Unterlagen der Hauptabteilung für die Auslandsaufklärung (III/I) sind noch immer unter Verschluss. Martonyi, heute ein wohlhabender Anwalt, war übrigens der erste Regierungsbeauftragte für die Privatisierung und Vizeaußenminister in der letzten KP-Regierung. Im Gegensatz zum früheren entlarvten Geheimdienstoffizier, dem sozialistischen Ex-Premier Medgyessy, ist der Fall Martonyi nun allerdings eher für Oppositionschef Orbán peinlich.

(31.5.2007)

Im Visier der Geheimagenten

Die Titelgeschichten von „profil" und „News" über den angeblich größten Spionageskandal in Österreich seit der Öffnung des Eisernen Vorhanges und die Gerüchte über die Verwandtschaft des enttarnten und ausgewiesenen russischen Spitzenagenten Wladimir Woschow haben die Vermutungen bestätigt, dass Wien nach wie vor eine Zielscheibe der russischen (und wohl auch der amerikanischen) Auslandsspionage geblieben ist. Unabhängig davon, ob der fleißige Spitzenagent ein Bruder oder Halbbruder von Putins Frau ist oder nicht, gilt sein Fall nur als die Spitze des Eisbergs. Seine österreichischen und deutschen Komplizen haben dem russischen militärischen Geheimdienst GRU gegen großzügige Bezahlung jahrelang geheime Unterlagen über einen deutsch-französischen Kampfhubschrauber geliefert.

Der mysteriöse Fall des in London ermordeten abgesprungenen Ex-Agenten Litwinenko und der Aufstieg seines einstigen Kollegen und mutmaßlichen Mörders Lugowoj sogar zum neu gewählten Abgeordneten des russischen Parlamentes zeigen ebenso wie die noch immer unaufgeklärte Ermordung der mutigen Journalistin Anna Politkowskaja, dass die Geheimdienste einen Staat im Staate bilden.

Unter der Herrschaft des einstigen KGB-Oberstleutnants Präsident Wladimir Putin ist der Stellenwert der Nachrichtendienste in den Medien und in der Politik gewaltig gestiegen. Nichts könnte diese Entwicklung überzeugender illustrieren als die für ausländische Beobachter verblüffende Tatsache, dass Premier Fradkow im Herbst 2007 nach seiner Ablöse sofort zum Chef des für die zivile Auslandsaufklärung verantwortlichen KGB-Nachfolge-Dienstes SWR (mit geschätzten zehn- bis fünfzehntausend Angestellten und Agenten im In- und Ausland) ernannt wurde. Ein klarer Beweis dafür, dass Fradkow, vorher Chef der Steuerpolizei, keineswegs ein „gewöhnlicher" Wirtschaftsexperte, sondern ein mit allen Wassern gewaschener Geheimdienstler gewesen ist.

Dass Russland mit Geschick die Energieherrschaft in Mitteleuropa ausbauen kann, hängt wohl nicht nur mit der Kontrolle der Pipelinekapazitäten, sondern wohl auch mit der Kenntnis der in Moskauer Archiven befindlichen Geheimdienstdossiers über bulgarische, serbische, slowakische und ungarische Politiker und neureiche Oligarchen zusammen. Was übrigens „profil"-Außenpolitiker Hoffmann-Ostenhof über die in Wien tätigen ausländischen Spione und über ihre Versuche, österreichische Journalisten anzuwerben oder abzuschöpfen, schrieb, kann ich als früherer Chefredakteur der ORF-Ostredaktion vollauf bestätigen, wobei man auch die polnischen, ostdeutschen und ungarischen, tschechischen und slowakischen Helfershelfer der sowjetischen Dienste nicht vergessen darf.

Nicht nur im Wiener Verteidigungsministerium, sondern auch im Bundeskanzleramt und in der Staats- und Fremdenpolizei saßen an höchster Stelle Agenten und Informanten. Seinerzeit kommentierte die sozialistische „Arbeiter-Zeitung" spöttisch, „das Risiko eines Geheimagenten in Österreich muss zumindest dem eines Autofahrers angeglichen werden, der sich in den Straßenverkehr begibt". Der Fall des russischen Spitzenagenten W. W., jetzt als Mitarbeiter bei der russischen Weltraumbehörde in Moskau tätig, zeigt jedenfalls, dass die haupt- und nebenberuflichen Geheimagenten, auch wenn auf frischer Tat ertappt, mit Glacéhandschuhen angefasst werden.

(24.1.2008)

Agentenjagd in Polen

Auf der Tribüne im Ernst-Happel-Stadion saßen am 12. Juni zwei polnische Spitzenpolitiker – beide umstritten und seit Langem miteinander verfeindet. Das amtierende und wegen seines extrem nationalistischen Kurses von der liberalen und linken Öffentlichkeit scharf kritisierte Staatsoberhaupt Lech Kaczyński behauptet, dass sein Vorgänger Lech Wałęsa, der Held von Danzig 1980, ein Spitzel des kommunistischen Staatssicherheitsdienstes gewesen sei. Wałęsa weist die Vorwürfe zurück: Kaczyński sei „ein von Komplexen geplagter schwacher Mensch, der seinen Stress abreagiert (…).“

Kurz vor dem Spiel habe ich im Finanzministerium ein Gespräch vor Publikum zwischen Wałęsa und seinem Gastgeber, Vizekanzler Molterer, moderiert. Als ein junger polnischer Zuhörer ihm über seinen Streit mit den Kaczyński-Zwillingen eine vorsichtig formulierte Frage stellte, antwortete der sonst sehr gesprächige Ex-Präsident kurz und bündig, er lehne es ab, schmutzige Wäsche im Ausland zu waschen.

Nur einige Tage danach platzte die seit längerer Zeit angekündigte Zeitbombe: Zwei junge Historiker enthüllten in einem 780 Seiten langen Buch, dass Wałęsa als verhafteter junger Bürgerrechtler Anfang der 1970er Jahre unter dem Decknamen „Bolek“ Spitzelberichte über Kollegen geliefert hat und dann als Präsident 1992 aus seinem von ihm angeforderten Akt einige Dokumente verschwinden ließ. Nicht nur Wałęsa selbst hat die Anschuldigungen pauschal zurückgewiesen. Auch die meisten angesehenen liberalen und linken Persönlichkeiten verteidigen den Arbeiterführer, der 1980 an der Spitze der „Solidarność“ Geschichte gemacht hat und 1983 mit dem Nobelpreis ausgezeichnet wurde.

Wenn man weiß, wie das kommunistische Regime Wałęsa mit allen Mitteln diskreditieren wollte und wie willkürlich der Geheimdienst auch Dokumente anfertigte, um sie auch nach der

Wende gegen missliebige Persönlichkeiten zu instrumentalisieren, wird die von den Kaczyński-Zwillingen zur antidemokratischen Verschwörung eines erpressten Wałęsa mit den Machthabern aufgebauschte Geschichte mit Skepsis betrachten. Wałęsa versagte zwar als Präsident (1990–1995), aber heute wird er selbst von seinen damaligen Gegnern, wie der erste nicht kommunistische Ministerpräsident Mazowiecki und Außenminister Bartoszewski, zu Recht verteidigt.

Unabhängig von seinen einmal zugegebenen (später widerrufenen) „Dummheiten“ unter Druck, bleibt Wałęsas Leben ein Beispiel für die Empfehlung Nietzsches, „die Kunst und Kraft vergessen zu können“, denn, so weiterhin Nietzsche: „Zu allem Handeln gehört Vergessen.“ Der Sonderfall Wałęsa bedeutet freilich nicht, dass die Tätigkeit der Staatssicherheitsdienste verharmlost und verklärt werden dürfe. Auf diese Gefahr wies Marianne Birthler, die deutsche Beauftragte für die Stasi-Unterlagen im Zusammenhang mit dem viel diskutierten Fall Gregor Gysi hin, der angeblich Informationen über den berühmten Regimekritiker Robert Havemann (1978–1980) an die Stasi geliefert haben soll. Auch in Ungarn hat die Geheimpolizei, wie zwei eben erschienene Bücher zweier renommierter Zeithistoriker belegen, mit fast 10.000 Agenten und Informanten Kontaktleute in allen gesellschaftlichen Gruppen platziert.

(3.7.2008)

Russland

Die Urteile über die politische Entwicklung in Russland und die Spekulationen über die „Arbeitsteilung" zwischen Putin und Medwedjew spalten die westlichen Kanzleien und Medien. Manche diplomatischen Beobachter und erfolgreichen Geschäftsleute haben von Zeit zu Zeit meine Überlegungen bezüglich der politischen Entwicklung in Russland als zu düster empfunden. Auch die in den folgenden Aufsätzen ausgesprochenen Warnungen vor der bestimmenden Rolle der Geheimdienstler und der mit ihnen verbundenen Staatsbürokraten, vor der fast totalen Kontrolle der elektronischen und Printmedien durch die kremltreuen Oligarchen sowie vor der Neubelebung eines aggressiven Nationalismus (siehe das Verhalten gegenüber Georgien, der Ukraine und überhaupt dem „nahen Ausland") wurden nicht immer verstanden. Die militärische Intervention in Georgien und die schnelle formelle Anerkennung der abtrünnigen Provinzen haben zu Recht Empörung im Westen und kaum verhohlene Angst im sogenannten „nahen Ausland" (also vor allem in den baltischen Staaten sowie in der Ukraine) hervorgerufen. Deshalb dürfen auch bezüglich Russland die Bankiers und Wirtschaftskapitäne, die anscheinend so glänzende Geschäfte mit den russischen Partnern abwickeln, unter keinen Umständen die Deutungshoheit über die sogenannte Ostberichterstattung übernehmen.

Im Jahr des Putin

Das Ansehen der Vereinigten Staaten ist so schlecht wie seit Jahrzehnten nicht. Nach Meinungsumfragen zeigen sich zwei Drittel der jüngeren Eliten bei den Medien, den Wissenschaften und außenpolitischen Forschungseinrichtungen pessimistisch über die Entwicklung im Irak. Die Foltervorwürfe und die Gerüchte über CIA-Geheimaktivitäten quer durch Europa haben eine neue antiamerikanische Welle ausgelöst. Jeder Auftritt von Präsident Bush scheint diesen Abwärtstrend noch zu beschleunigen.

2005 ist auch kein gutes Jahr für die Führungspersönlichkeiten der großen EU-Staaten wie Deutschland, Frankreich, Italien und Großbritannien gewesen. Der langjährige deutsche Bundeskanzler Gerhard Schröder hat durch sein Engagement bei Gasprom politisch und vor allem moralisch Schiffbruch erlitten. Der französische Staatspräsident Jacques Chirac wirkt wie ein Schauspieler ohne Text in einem Stück ohne Regisseur. Premier Tony Blair konnte zwar eine totale Pleite als EU-Präsident im letzten Augenblick verhindern, doch ist sein Ruf als Strahlemann der Reformen unwiderruflich ramponiert. Schließlich ist der umstrittene italienische Ministerpräsident Berlusconi nach dem Rücktritt des von ihm bis zuletzt gehaltenen Chefs der Nationalbank in noch größere Turbulenzen geraten.

Es gibt nur einen Spitzenpolitiker, dessen internationaler Ruf trotz Erwürgung der politischen Parteien, der Willkür der gelenkten Justiz, der Korrumpierung der Gesellschaft und der Gleichschaltung der wichtigsten Medien in seinem Land auch heuer gefestigt wurde: Wladimir Putin, der aus einem farblosen KGB-Oberstleutnant zum äußerst erfolgreichen Populisten gewandelte Staatspräsident Russlands. Die Staats- und Regierungschefs großer und kleiner Staaten geben sich die Klinke in die Hand in Moskau. In ihrem Schlepptau schließen die Bankiers und Industriellen lukrative Verträge ab. Die TV-Bilder und Presseberichte über den Reigen der Staatsbesuche bestätigen immer wieder die tief verwurzelten Befürchtungen der demokratischen Opposition, dass die meisten westlichen Politiker für Öl und Gas, für gewinnträchtige Aufträge fast jedes Prinzip über Bord werfen.

Der Anstieg der Gold- und Devisenreserven infolge der Rekordpreise für Öl und Gas bildet freilich die brüchige Grundlage für eine Scheinkonjunktur ohne Strukturreformen. Die angesehene Moskauer Politologin Lilia Schewzowa stellte kürzlich fest, in Russland habe sich in den beiden vergangenen Jahren endgültig ein Kapitalismus des Staatsapparates herausgebildet. Im jetzt zu Ende gehenden Jahr sei nun auch der Streit zwischen liberalen Technokraten und Anhängern des Dirigismus in der Putin-Mannschaft endgültig entschieden worden, sagte sie. Sieger: die Dirigisten.

Putins Vertraute, größtenteils ehemalige KGB- und Armeeoffiziere, ihre Freunde und deren Kinder kontrollieren die wichtigsten staatlichen Institutionen und immer mehr Wirtschaftsunternehmen, von Gasprom bis Aeroflot. Der im Jahr 2004 gestürzte Ministerpräsident Michail Kasjanow spricht von einem „bis zur Unkenntlichkeit gewandelten" Russland. Die Russlandexpertin Sonja Margolina sieht bereits die Förderung der Demokratie in Russland als „komplett gescheitert" an. Das „System Putin" gründet sich auf die Herrschaft der Bürokratie, der „Partei der Ordnung". Und was die westlichen Galionsfiguren wie Gerhard Schröder und möglicherweise den ehemaligen US-Handelsminister Donald Evans betrifft, so formulierte die russische Staatsagentur RIA-Nowosti unverblümt die bittere Wahrheit: „Moskau bestellt die Musik und ist auch bereit, zu zahlen."

(22.12.2005)

Energie als Waffe

Der Gasstreit zwischen Russland und der Ukraine dient weit über den Anlass hinaus als eine nützliche Klarstellung für Politiker und Diplomaten, Geschäftsleute und Journalisten.

Es geht um die Machtentfaltung eines „unfreien, korporatistischen Staatswesens", so der kürzlich zurückgetretene Putin-Berater Andrej Illarionow: „Russland ist kein freies Land mehr". Er warnte vor dem selektiven Einsatz der Energie als Waffe außerhalb Russlands. Der ehemalige wirtschaftliche Vordenker lenkte in mehreren mutigen Interviews die Aufmerksamkeit auf die wuchernde Korruption und die verhängnisvollen Folgen des Vorgehens gegen den privaten Erdöl-Konzern Yukos und dessen zu langer Haftstrafe verurteilten Chef, Michail Chodorkowski. Dass seine Warnungen ernst zu nehmen sind, zeigt die Erpressungstaktik des Kremls, nicht nur gegen die Ukraine. Der wegen seines autoritären Kurses isolierte weißrussische Staatschef Alexander Lukaschenko sprach offen aus, warum Gasprom einen fünffachen Gaspreis (230 Dollar pro 1000 Kubikmeter) fordert, während sein Land weiterhin nur 47 Dollar zahlt: „Das geschieht wegen der Orientierung der Ukraine hin zum Westen, zu den USA und wegen der unfreundlichen Haltung der Kiewer Politiker gegenüber Russland."

Wohl deshalb wurde auch von Moldawien, dessen Regierung in der letzten Zeit einen unabhängigeren Kurs steuert, ultimativ der dreifache Preis für russisches Gas gefordert. Kein ernst zu nehmender Beobachter zweifelt daran, dass Russland durch den enormen Druck auf die Ukraine bei den Ende März fälligen Parlamentswahlen die Folgen der „orangenen Revolution" durch die Rückkehr der pro-russischen Kräfte an die Macht aus der Welt schaffen möchte.

Die Warnung richtet sich aber an alle Staaten Osteuropas und des Balkans. Diese sind, ebenso übrigens wie die EU, machtlos gegenüber dem russischen Rohstoff-Imperium, das von den rasanten Steigerungen der Energiepreise enorm profitiert. Dass heute 66 Prozent aller europäischen Gaseinfuhren aus Russland stammen, ließ überall die Alarmglocken läuten. Weder die Streuung des Risikos noch die Verringerung der Abhängigkeit durch die Förderung anderer Energiequellen bieten einen kurzfristigen Ausweg.

Nach den politischen Niederlagen in der Ukraine und Georgien will Putin anscheinend in den verbleibenden zwei Jahren seiner Präsidentschaft Russland mithilfe der Energie wieder als Supermacht etablieren und seinen Einfluss auch gegenüber den „untreuen" osteuropäischen Ländern verstärken.

Es gibt für die EU und westliche Investoren auch andere Besorgnisse in Ost- und Südosteuropa. Es war eine Illusion, zu hoffen, dass die Aussicht auf einen EU-Beitritt Länder wie Bulgarien, Rumänien oder Serbien schnell verwestlichen würde. Der Machtkampf um den Mobilfunk in Serbien zwischen dem Staat und verschiedener Mafiosi-Gruppen hat auch einer österreichischen Investorengruppe vor Augen geführt, wie über Nacht Privatisierungen und Vereinbarungen widerrufen werden können.

Im benachbarten Bulgarien blüht nach einem internen EU-Bericht das organisierte Verbrechen, strukturell verankert in der Politik. So sollen die bulgarischen Sozialisten unter dem heutigen Staatspräsidenten Parwanow, damals Parteivorsitzender, und Ministerpräsident Stanischew, damals sein internationaler Sekretär, in illegale Geschäfte mit dem Regime Saddam Husseins verwickelt gewesen sein.

Die Aussicht auf gewinnträchtige Geschäfte im Osten darf den klaren Blick auf die Beitrittsfähigkeit beziehungsweise Paktfähigkeit der postkommunistischen Staaten nicht vernebeln.

(5.1.2006)

Von Chruschtschow bis Putin

In der europäischen Geschichte hat nie eine Rede eine solch explosive und lang anhaltende Wirkung gehabt wie die vor fünfzig Jahren gehaltene Geheimrede Nikita Chruschtschows vor den 1436 Delegierten des Zwanzigsten Parteitages der KPdSU. Die sechs Stunden lange Abrechnung mit den Verbrechen der Stalin-Ära und die Zerstörung des Stalin-Mythos öffneten jene Büchse der Pandora, die letzten Endes auch zum Zerfall des Imperiums und des Ostblocks führte.

Ohne die mit dem Namen Chruschtschows verbundene Entstalinisierung wären 1956 der friedliche Durchbruch in Polen und einige Tage später die ungarische Revolution nicht möglich gewesen. Während die Geheimrede erst unter Gorbatschow im Jahre 1989 in der Sowjetunion veröffentlicht werden durfte, haben in Warschau und in Budapest die vor den Funktionären verlesenen und bald auch durch den US-Sender „Radio Freies Europa" ausgestrahlten Auszüge zur moralischen Krise innerhalb der herrschenden Parteien und zur Abrechnung mit der stalinistischen Führung entscheidend beigetragen. Chruschtschow wollte natürlich weder das System noch das Imperium zerstören, sondern beides retten. Deshalb war er unter dem Druck der „arithmetischen Mehrheit" der Stalinisten im Präsidium für die blutige Unterdrückung der ungarischen Revolution am 4. November 1956 mitverantwortlich.

Wenn auch Chruschtschow in erster Linie nur den Massenterror gegen die Parteikader verurteilt hatte, wurden doch auch Millionen in den folgenden Jahren aus den Lagern freigelassen.

Während die Reformer Chruschtschow und Gorbatschow in Russland selbst fast zu „Unpersonen" geworden sind, zeigen die Umfragen, dass 42 Prozent der Befragten Sehnsucht nach „einem anderen Stalin" haben und 50 Prozent einen „starken Staat" wünschen. Selbst in der Gruppe der unter Dreißigjährigen würde jeder Fünfte heute Stalin zum Präsidenten wählen. Im Wolgograd, dem ehemaligen Stalingrad, soll demnächst ein neues Stalin-Museum eröffnet werden.

Die Urenkelin Chruschtschows, Nina Chruschtschowa, die in New York internationale Politik lehrt, unterstrich in der „New York Times", dass die Russen nach kurzen Perioden des Tauwetters oder der „Perestroika" wieder einen starken Mann an der Spitze eines starken Staates haben wollen. Die Ära Putin bedeute keine Rückkehr zum Stalinismus, sondern zur autoritären Herrschaft: 51 Prozent der heute zwischen 46 und 55 Jahre alten Russen würden gerne in der Epoche Breschnjews leben, also in der langen Periode der Stagnation, aber auch der scheinbaren Ordnung, der Ruhe, der Sicherheit.

Dass Präsident Putin gerade in diesen Tagen der Erinnerung an die Geheimrede seinen ersten Besuch in Budapest (und anschließend in Prag) absolviert, ist eine symbolträchtige Geste des neuen starken Mannes im Kreml, der nicht zuletzt dank der hohen Ölpreise die Position Russlands in der Weltpolitik zielbewusst ausbauen will. Die unbotmäßigen Nachbarn im „nahen Ausland", die Ukraine, Armenien und Georgien spüren den Zorn beziehungsweise die alte Zuckerbrot-und-Peitsche-Taktik der erbosten früheren Hegemoniemacht. Ungarn und Tschechien werden nun als Lehrbeispiele für „korrekte Beziehungen" hervorgehoben. Was für Chruschtschow Panzer waren, sollten für Putin Öl und Gas sein. Es sind folgerichtig nicht die Generäle, sondern die Spitzenmanager von Gasprom und Lukoil, die den russischen Staatschef auf seiner ersten Ungarnreise nach Budapest begleiten. Ob und wie weit die wirtschaftlichen Machtpositionen Russlands in Mitteleuropa eine neue Konfrontation mit den Vereinigten Staaten überleben würden, bleibt freilich abzuwarten.

(2.3.2006)

Freibrief für Mörder

„Wenn man lange lebt, erlebt man alles und auch das Gegenteil", sagte einmal der greise Ernst Jünger. Die erschütternden Ereignisse in und um Russland verleiten manche verbitterten Bürgerrechtskämpfer in Moskau und nicht nur dort zu nostalgischen Erinnerungen an die chaotischen Jahre der Jelzin-Ära. Die Zeit der Eskapaden eines betrunkenen Staatschefs ist zwar vorbei, aber mit dem Amtsantritt Wladimir Putins als Präsident vor sechs Jahren verschwand auch die Medienfreiheit samt den viel versprechenden Wirtschaftsreformern wie Boris Nemzow und vielen anderen.

Im eisernen Griff des heute umgänglichen, ja zuweilen jovialen Ex-KGB-Oberstleutnants gibt es keine offene politische Kritik, keine Möglichkeiten für eine kraftvolle Oppositionspartei. Dank des Ölbooms ist Russland zu einem begehrten Wirtschaftspartner westlicher Banken und Unternehmen geworden. Die städtische Bevölkerung und die neue Elite der Bürokraten und Geschäftemacher profitieren auch vom wirtschaftlichen Aufschwung. Nur unbequeme Reformer, wie der Ende 2005 entlassene Putin-Berater Andrej Illarionow, wagen es noch, auf die verhängnisvollen Folgen der neuerlichen Verstaatlichungstendenzen und der Ausmerzung der Freiheitsrechte hinzuweisen. „Es gibt nur zwei Länder in Europa, die noch nicht frei sind: Weißrussland und Russland", erklärte der mutige Vordenker in einem Interview für die „Presse".

Dass Putin am gleichen Tag seinen 54. Geburtstag in Sankt Petersburg mit Freunden feierte, an dem seine härteste publizistische Kritikerin, Anna Politkowskaja, mit gezielten Schüssen im Lift ihres Wohnhauses in Moskau regelrecht hingerichtet wurde, war ebenso symbolträchtig wie die Tatsache, dass er am Tag ihres Begräbnisses zu einem Staatsbesuch in Dresden eingetroffen ist. Putin hat in Dresden zwar den Mord mit scharfen Worten verurteilt, doch war zugleich seine Erklärung wohl ungewollt zutiefst zynisch: Politkowskajas Artikel seien nur einem kleinen Kreis von Russen und im Westen bekannt gewesen, daher schade ihre Ermordung Russland und seiner Regierung sehr viel mehr als ihre Berichterstattung.

Die meisten in- und ausländischen Beobachter verhalten sich indessen angesichts der politischen Machtrealitäten im Russland Putins wie der Chor in der griechischen Tragödie: Sie klagen, ringen die Hände, sehen Schlimmstes voraus. Ob der Mordauftrag aus Kreml-Kreisen, aus dem Umfeld des Moskau-hörigen tschetschenischen Ministerpräsidenten Ramsan Kadyrow oder aus den von Politkowskaja entlarvten Militärgruppen erteilt wurde, ist deshalb im Grunde belanglos, weil es hier um einen Freibrief für Mörder und Gewalttäter in der russischen Politik und Wirtschaft geht. Fast keiner der politischen Morde der letzten Jahre wurde aufgeklärt. Seit Putins Amtsantritt vor sechs Jahren wurden 13 Journalisten ermordet.

Erst vor drei Wochen war der oberste Bankaufseher und Vizechef der russischen Zentralbank auf offener Straße erschossen worden. In diesem Jahr gab es bereits nach offiziellen Schätzungen 500 bis 800 Auftragsmorde in Russland. Dazu kommen die immer häufigeren und meist von Jugendlichen begangenen Gewalttaten gegen Kaukasier, Roma, afrikanische Studenten. Sie werden erschossen, erschlagen, vor die Metro gestoßen oder erstochen. Auch die gegen das aufmüpfige Georgien wegen der „Beleidigung Russlands" (so Außenminister Lawrow) verhängte Blockade ist ein Rückfall in finstere Zeiten.

Trotzdem lautet die Devise in den westlichen Kanzleien und Bankvorständen: „business as usual". Der Kreml hat weder im Lande selbst noch im Westen etwas zu befürchten.

(12.10.2006)

Erinnern: Pflicht

Weltweit spekuliert man über die Hintergründe der offensichtlich von langer Hand vorbereiteten Mordserie, deren letzte bekannteste Opfer die Journalistin Anna Politkowskaja und der vor acht Jahren abgesprungene Ex-Geheimdienstoffizier Alexander Litwinenko waren.

Die Auftragsmorde und Morddrohungen gegen kritische Journalisten in Moskau wie auch die vorübergehende Verhaftung der ORF-Korrespondentin Susanne Scholl in Tschetschenien sind Folgen jener unheilvollen Militarisierung Russlands, die die Moskauer Soziologin Olga Kryschtanowskaja bereits 2004 in ihrem Buch „Anatomie der russischen Elite" detailliert dargestellt hat: „Unter Putin entsteht eine Militokratie, die Macht der Militärs" und „die Cliquenwirtschaft, die sich auf den korporativen Zusammenhalt ehemaliger Mitarbeiter der Geheimdienste gründet."

Seit der Herausgabe dieser Studie ist die „KGB-isierung“, (nach den ersten drei Buchstaben des einst gefürchteten Geheimdienstes), also die absolute Vorherrschaft der Geheimpolizisten weiter zementiert worden. Nicht nur Präsident Putin, auch sein angeblicher Kronprinz, Verteidigungsminister Sergej Iwanow, ist Ex-Mitarbeiter des Auslandsaufklärungsdienstes. Der Korpsgeist der Geheimdienste wirkt auch über die russischen Landesgrenzen hinaus.

Die Beisetzungsfeier für den früheren DDR-Geheimdienstchef Markus Wolf fand kürzlich in Berlin inmitten der internationalen Entrüstung über den Giftanschlag auf Litwinenko vor 1500 „Kampfgenossen“ statt. Dort zollte der russische Botschafter Wladimir Kotenew dem legendären Spionagechef Tribut. Der offizielle Vertreter Russlands lobte Wolf in seiner Grabrede als „einen der besten Freunde Russlands“ und als „einen bedeutenden Sohn Deutschlands“. Die „Bruderschaft“ einer speziellen Kaste (so Kryschtanowskaja), ihre grenzüberschreitende Solidarität überlebt das Verschwinden der Sowjetunion. Im Gegensatz zur Sowjetisierung in Putins Russland haben die einstigen Satelliten auch durch ihren Beitritt zur EU und NATO derart bedeutsame Schritte zu Demokratie und Marktwirtschaft getan, die nicht mehr rückgängig gemacht werden können. Dennoch ringt die Gesellschaft auch in diesen Ländern mit der Hinterlassenschaft der KGB-Ableger, die einst im sowjetischen Auftrag und dann im Dienst der herrschenden Parteien alle Bereiche der Politik, Kultur und Wirtschaft kontrolliert hatten.

Von Budapest bis Warschau und Sofia tobt teils hinter den Kulissen der Kampf um die Offenlegung der Akten aus den Geheimdienstarchiven. Der angebliche Selbstmord des Leiters des Archivs der bulgarischen Geheimdienste inmitten der Debatten über den überfälligen Zugang zu brisanten Dossiers, die Auseinandersetzungen um die Stichhaltigkeit der Anschuldigungen gegen rumänische Spitzenpolitiker, die Recherchen über die Verstrickung tausender Geistlicher der polnischen Kirche in die Zusammenarbeit mit der Geheimpolizei und die Entlarvung der Spitzelvergangenheit ungarischer Künstler und Wissenschaftler zeigen, wie schwer sich die neuen Demokratien mit ihrer Vergangenheit tun.

Statt Scham über die vertane Chance der demokratiepolitisch notwendigen Aufarbeitung der Vergangenheit vernimmt man Töne einer merkwürdigen Geschichtsbetrachtung, in der sich Unterschiede zwischen Tätern, Opfern und Mitläufern verwischen.

Wie im Falle des „Dritten Reiches" müssen wir gegen die Tendenz zur Verniedlichung mehr denn je auch die Pflicht des Erinnerns an die Verbrechen des Kommunismus fordern.

(30.11.2006)

Geld riecht nicht

Die Olympischen Winterspiele im russischen Schwarzmeerkurort Sotschi finden zwar erst 2014 statt, doch der politische Sieger steht schon jetzt fest: Wladimir Putin. Die internationalen Medien haben über seinen persönlichen Triumph in Guatemala berichtet. In Südosteuropa feiert die russische Diplomatie einen anderen taktischen Sieg: Die allgemein erwartete Ausrufung der Unabhängigkeit Kosovos mit amerikanischer Rückendeckung und auf der Basis des Lösungsvorschlages des finnischen Vermittlers Ahtisaari wurde um mindestens sechs Monate verschoben. Das klare „Nein" des russischen Präsidenten Putin hat sowohl im Kreis der uneinigen NATO-Verbündeten wie auch im Weißen Haus seine Wirkung nicht verfehlt. Schließlich hat Putin beim „Familientreffen" in Kennebunkport im Bundesstaat Maine mit seinem Gastgeber ein leichtes Spiel gehabt. Präsident George W. Bush ist durch die Verstrickung in die Irak-Krise so geschwächt, dass von einer amerikanischen Hegemonie in der Weltpolitik zumindest bis zum Ablauf seines Mandates keine Rede sein kann.

Trotz der lautstarken Verurteilung der russischen Innen-, Medien- und Menschenrechtspolitik durch führende Senatoren beider Parteien und die US-Medien hat Bush alle Putin-Gegner in Russland, aber auch in Georgien, Moldawien und in den baltischen Staaten entmutigt. Auf die Frage, ob er dem an seiner Seite stehenden Ex-KGB-Offizier vertraut, antwortete er: „(...) ich weiß, er sagt mir immer die Wahrheit und ich vertraue ihm." Die einflussreiche Tageszeitung „Boston Globe" hat mit außerordentlicher Schärfe Bushs Lob für Putin als eine „kleine Notlüge" verdammt. Da Bush sich an das sinnlose, weil funktionsunfähige Raketenabwehrsystem in Polen und Tschechien klammere, habe er Putin wertvolle Vorteile auf dem Schachbrett der US-russischen Beziehungen zugeschanzt.

Darüber hinaus kann Putin in Deutschland und in Österreich in jeder Hinsicht Helfer finden. Ex-Kanzler Schröder bemühte sich dieser Tage als Millionen verdienendes Aushängeschild von Gasprom diesmal bei einer internationalen Konferenz in Jalta, die russischen Interessen gegenüber der Ukraine zu verfechten. Obwohl alle Fachleute (freilich nicht die in- und ausländischen Immobilien- und Bauspekulanten) die Wahl Sotschis anstatt Salzburgs oder des Standortes in Korea aus vielen Gründen für einen Unsinn halten und obwohl Bundeskanzler Gusenbauers persönliches Engagement Respekt und nicht Spott verdient, gab Schilegende Karl Schranz in einem „Kurier"-Interview nicht nur zu, dass cr mit „Tipps" und „Networking" seinem „Freund Putin" bei der Entscheidung für Sotschi geholfen habe. In einem unbeschreiblichen Stil drückt er zugleich seine Bewunderung für die „unglaubliche Aura und Kraft" Putins aus, der ihn oft mit seinem Privatjet aus Innsbruck nach Moskau fliegen lässt, „herrlich" bewirtet und mit ihm sinngemäß gegen die Amerikaner politisiert. Er habe bisher „nicht einen Cent" bekommen, wenn Putin ihm auch zugesagt hat, dass er verdienen würde. Auf einer anderen Ebene kritisiert in ähnlichem Stil auch der Bautenmillionär Haselsteiner, der 30 Prozent der „Strabag" an den Oligarchen Deripaska verkauft hat („Standard“, 19.5.2007), die Amerikaner und lobt die Russen („sehr angenehme und gemütliche Leute“). Ihn, den „Liberalen“, stört nicht, dass Deripaska zum „jüdischen Netzwerk“ der Oligarchen gehört. Kaiser Vespasians bekannter Spruch „Geld riecht nicht“ gilt auch für die Vertreter klarer Feindbilder und neuer Freundschaften. Die Deutungsmacht über die abgebrochene Demokratisierung Russlands sollten sie aber doch nicht übernehmen.

(12.7.2007)

Wahl als Feigenblatt

Als vor vielen Jahren ein US-Politiker dem ägyptischen Staatschef Anwar al-Sadat bei Gesprächen in Camp David die fehlende Demokratie in seinem Land vorwarf, antwortete Sadat, der einige Zeit später ermordet wurde: „Demokratie ist nicht das Problem; Wahlen sind das Problem.“

Generationen von Bürgerrechtsaktivisten haben um freie, demokratische und geheime Wahlen in Mittel- und Osteuropa gekämpft. Was immer man von den politischen Turbulenzen in den postkommunistischen Staaten halten mag, kann niemand die Tatsache leugnen, dass bisher seit der Wende in allen ehemaligen Ostblockstaaten, in sämtlichen Nachfolgerepubliken des zerfallenen Jugoslawien, sogar in der umkämpften Kosovo-Provinz und in Albanien verschiedene Parteien und Gruppierungen um die Gunst der Wähler stritten. Auch in der ehemaligen Sowjetrepublik Ukraine und in Polen fanden trotz schwerer innenpolitischer Spannungen und gegenseitiger nachträglicher Vorwürfe kürzlich relativ unumstrittene, freie Wahlen statt.

Die große und auch weltpolitisch bedeutsame Ausnahme bleibt Putins Russland (zusammen mit dem allerdings machtpolitisch unwichtigen Weißrussland unter Lukaschenko). Am 2. Dezember sind rund 105 Millionen Staatsbürger aufgerufen, ein neues Parlament zu wählen. Das Ergebnis stand freilich bereits acht Wochen vor der Wahl fest.

Anfang Oktober hatte sich ein „dankbarer“ Wladimir Putin, nach fast acht Jahren an der Macht, am Kongress der von ihm kreierten Partei von „Einiges Russland“ bereit erklärt, die Wahlliste anzuführen. Nicht nur seine Gefolgsleute betrachteten diese Entscheidung als einen Geniestreich. Auch westliche Beobachter sehen darin eine neuerliche Bestätigung des taktischen Geschicks und der überragenden Machtposition des ehemaligen KGB-Oberstleutnants.

Entgegen weit verbreiteten Erwartungen tritt der 55-jährige Präsident im Einklang mit der Verfassung nach Ablauf seiner zweiten Amtszeit kein drittes Mal an und wird nach der Wahl die Position des Ministerpräsidenten übernehmen. Nach allen Umfragen wird die von ihm angeführte Wahlliste mindestens 60, möglicherweise bis zu 80 Prozent der Stimmen erhalten. Ob Putin dann den von ihm erfundenen Wiktor Subkow zum Präsidenten antreten lässt und ihn dann unter einem Vorwand ablöst oder dem Regierungschef größere Vollmachten zuschanzen wird, ist völlig unerheblich.

Im Gegensatz zu manchen Journalisten und Bankiers, die Putin als Garant der Stabilität (versus ein befürchtetes Chaos) ansehen, sagte selbst ein zynischer ehemaliger Breschnjew-Berater wie Georgi Arbatow: „(...) bei Putin sehe ich kein System. Er steht in der Früh auf und präsentiert jemanden als neuen Premierminister, von dem noch niemand etwas gehört hat. Heute kennt nur Putin seine Leute; aber das ist zu wenig, das beunruhigt.“

Der unabhängige Abgeordnete Wladimir Ryschkow sagt, es sei egal, wie Putin seinen Posten nennen wird. Er sieht Russland auf dem Weg zurück zum Einparteienstaat; es werde nur eine Pseudo-Opposition geben als Feigenblatt für den Westen. Der mutige, freilich als Kandidat bei der Präsidentenwahl chancenlose Ex-Schachweltmeister Garri Kasparow betrachtet sein Land als eine „leicht verdünnte Einparteiendiktatur“. Gestützt vor allem auf den Geheimdienst und die fast totale Kontrolle der Medien, genießt Putin eine unbegrenzte Entscheidungsfreiheit in der Personalpolitik. Ist also Russland heute stabil? Man kann die Schlussfolgerung eines klugen deutschen Beobachters nur bejahen: „Eine Stabilität, die von einem einzigen Mann abhängt, ist keine."

(22.11.2007)

Putins Tango

Wladimir Putin tat mit der Auswahl seines (scheinbaren) Nachfolgers auch den Medienvertretern und Diplomaten in Moskau und den Russlandexperten einen großen Gefallen. Endlich kann man über etwas Neues wie die Zukunft der „Doppelherrschaft des Tandems Putin-Medwedjew", über den „neuen Stil" und die politischen Absichten des in Jeans und Lederjacke auftretenden 42-jährigen Hard-Rock-Fans spekulieren. Kommt es womöglich in einem Jahr zu einem Bruch zwischen den beiden (wie vom „Chefstrategen" einer Bank im „Standard" vorausgesagt) oder wird der Neue nichts Neues bringen, zumal „alles nur eine Maske" sei?

Aus der Flut der Reportagen über den Werdegang des künftigen Präsidenten und der Kommentare über die möglichen Szenarien innerhalb der russischen Machtspitze sticht das Interview mit Schilegende Karl Schranz in der Zeitung „Österreich" (3.3.2008) hervor, der beim Schifahren nicht nur Putin, sondern auch Medwedjew näher kennengelernt haben soll. Der neue Kreml-Chef sei „ein Freund Österreichs", zumal er schon zwei Mal in Tirol urlaubte. Darüber hinaus trifft Schranz den Nagel auf den Kopf, wenn er feststellt: „Es handelt sich um einen ruhigen und zurückhaltenden, gebildeten und fähigen Mann. Putin wird ja schließlich gewusst haben, wem er als Nachfolger vertraut."

Nach westlichen Schätzungen besetzen Geheimdienstleute und Militärs bereits drei Viertel der Schlüsselpositionen in der Präsidialverwaltung, in der Regierung und in wichtigen Staatsunternehmen. Gerade die Tatsache, dass Medwedjew offensichtlich keine Geheimdienstvergangenheit aufweist, dagegen seit 17 Jahren Putin als seine rechte Hand noch aus der gemeinsamen Zeit in Sankt Petersburg dient, dürfte wohl letztlich den Ausschlag zugunsten des loyalen, fähigen und zugleich am wenigsten gefährlichen Weggefährten gegeben haben.

Mit der Bestellung seines verlässlichsten Mitarbeiters und seinem eigenen Wechsel auf den (bisher zweitrangigen) Posten des Ministerpräsidenten entstand auch laut Putin eine „einzigartige Situation“ im Verhältnis zum künftigen Kreml-Chef, „weil ich selbst acht Jahre lang Präsident war und keinen schlechten Job gemacht habe.“

Der 55-jährige Putin hat in der Tat, in erster Linie dank der vierfachen Steigerung der Ölpreise, als der eigentliche Chef der „Partei der Ordnung“ für viele Russen einen bescheidenen Wohlstand und eine trügerische Stabilität gebracht.

Zugleich herrscht „eine Korruption enormen Ausmaßes“ und „Rechts-Nihilismus“ (so wörtlich Medwedjew). Laut Transparency International steht Russland auf der Liste der Korruption auf Platz 121 bei 165 verzeichneten Ländern. Es gibt eine demografische und medizinische Krise, der Alkoholismus nimmt zu, Morde und Selbstmorde erreichen Rekordzahlen. Die Kehrseite des ökonomischen Booms ist im Gegensatz zur viel geschmähten, weil chaotischen Jelzin-Ära vor allem seit der Verhaftung Michail Chodorkowskis (Oktober 2003) und der Zerschlagung seines Ölkonzerns Yukos die fast totale Ausmerzung der Presse- und Medienfreiheit und der Überreste des damals entstandenen Parlamentarismus.

Die scharfsinnige Beobachterin Lilia Schewzowa verglich kürzlich das neue Machtmodell mit dem argentinischen Tango: Putin führt beim Tanz und Medwedjew lässt sich leiten. Im

Lichte der Machtrealitäten scheint heute die Vorstellung, Putin könnte sich eines Tages seinem „netten und braven" Günstling unterordnen, geradezu grotesk. Allerdings hatten die Drahtzieher seinerzeit auch Chruschtschow, Breschnjew, Gorbatschow und sogar Putin selbst unterschätzt. Deshalb ist die Zukunft des Medwedjew-Experiments offen und unvorhersehbar.

(6.3.2008)

USA – Russland: Verkehrte Welt

Während der Jahrzehnte des Kalten Krieges war das Wort „Äquidistanz", also gleich großer Abstand zwischen Washington und Moskau, zwischen der NATO und dem Warschauer Pakt mehr als eine außenpolitische Streitfrage. Das Bekenntnis zu einer Haltung, die den demokratischen Westen mit dem kommunistischen Osten gleichstellt, war entweder ein Symbol jener linksromantischen Einstellung, die Budapest 1956, Prag 1968 und Warschau 1981 verdrängt hat. Oder die Folge der lange praktizierten Unterwanderung der westlichen Regierungen durch Einflussagenten, politische Erpressung und groß angelegte Bestechung.

Heute leben wir in einer verkehrten Welt. Die von beißendem Spott der Medien begleitete Abschiedstour von George W. Bush, der sprichwörtlichen „lahmen Ente" knapp vor seinem Ausscheiden aus dem Weißen Haus, signalisiert, auch im Spiegel der weltweiten Umfragen, seine beispiellose Unpopularität und die katastrophalen Folgen der US-Außenpolitik der letzten acht Jahre. Kein Wunder, dass das meisterhaft agierende Duo Putin-Medwedjew an der Spitze eines wiedererstarkten Russlands durch den bewährten Köder der Großaufträge und durch das Erpressungspotenzial von Gasprom und Rosneft über die europäische Energieversorgung erfolgreich versucht, die gespaltenen Westeuropäer aus ihrer Bindung an Amerika zu lösen.

Die Reden mancher US-Bankiers bei dem dreitägigen Internationalen Wirtschaftsforum in Sankt Petersburg erinnerten den Beobachter an die Rede des britischen Premierministers Lloyd George (10. Februar 1922!): „Ich glaube, wir können Russland durch Handel retten. Vom Handelsverkehr geht ein ernüchternder Einfluss aus (...).“ Es war nicht der Handel, sondern der wirtschaftliche Bankrott, der – 70 Jahre nach Lloyd Georges Prophezeiung – „dem Bolschewismus ein Ende bereitet hat“.

Heute behauptet der neue Präsident, Dimitri Medwedjew, Russland könne sogar helfen, die durch den amerikanischen „ökonomischen Egoismus“ ausgelöste globale Finanzkrise durch die Umwandlung Moskaus in ein internationales Finanzzentrum zu lösen. Trotz der unbestrittenen wirtschaftlichen Fortschritte infolge der Rohöl- und Erdgaspreise bleibt freilich Putins Russland ein zurückgebliebenes Land, das ohne Reformen den Abstand zum Westen kaum verringern kann. Das russische Veto gegen die Unabhängigkeit des Kosovos, der Druck auf Georgien und die Ukraine und die Kündigung des KSE-Abrüstungsvertrages sind symbolträchtige Zeichen, dass der naive Glaube an eine unkomplizierte Partnerschaft einer gespaltenen und von der USA isolierten EU mit Moskau langfristige Gefahren heraufbeschwört.

Der linke italienische Philosoph Paolo Flores d'Arcais beschrieb kürzlich den von Berlusconi bewunderten „Putinismus“ so: „Grenzenlose Freiheit für Privilegierte, ohne Regeln, ohne Hindernisse, ohne Gewaltenteilung. Eine direkte populistische Beziehung zwischen dem Oberhaupt und den Massen auf der Basis eines Medienmonopols.“ Medwedjews sanfter Ton bedeutet keinen Kurswechsel. Trotz Bush und auch mit Obama garantieren nur die USA und die von ihnen geführte NATO nach wie vor die Sicherheit Westeuropas.

(12.6.2008)

Öl statt Panzer

40 Jahre, nachdem der Panzerkommunismus den „Prager Frühling“ zermalmt hat, setzen die Erben Stalins und Breschnjews nicht Panzer, sondern die Ölwaffe ein, um Tschechien wegen der Errichtung einer US-Radarstation mit wirtschaftlichen Sanktionen zu bestrafen. Einen Tag nach der feierlichen Unterzeichnungszeremonie in Prag wurden die russischen Öllieferungen durch die „Freundschaft“-Pipeline ohne Vorwarnung reduziert und so im Juli nur die Hälfte der vertraglich vereinbarten halben Million Tonnen Öl geliefert. Die staatliche russische Ölgesellschaft Transneft machte „technische und kommerzielle Gründe“ dafür verantwortlich.

Tschechien ist das erste EU-Mitglied, das der Erpressung durch russische Ölsanktionen ausgesetzt wird. Trotzdem verhält sich die Prager Mitte-rechts-Regierung bisher zurückhaltend. Man hat weder die EU offiziell über die „Lieferschwierigkeiten“ benachrichtigt, was laut einem im vorigen Jahr beschlossenen Warnsystem möglich gewesen wäre, noch hat man Russland öffentlich der Anwendung politischer Pressionen beschuldigt. Abgesehen von der Ablehnung des Radarpaktes mit den USA durch die Mehrheit der Bürger bei Meinungsumfragen, muss noch das Abkommen durch das Prager Parlament ratifiziert werden. Sicherheitsexperten weisen auch darauf hin, dass die Handels- und wirtschaftlichen Beziehungen zwischen den beiden Ländern ausgezeichnet sind.

All das mag stimmen, doch der Hauptgrund für die Diskretion der tschechischen Regierung liegt auf der Hand: Dank einer in den frühen 1990er Jahren gebauten IKL-Pipeline nach Deutschland konnte Tschechien den Ausfall sofort ersetzen. Damals hatten Präsident Václav Havel, Premier Václav Klaus und Handelsminister Vladimír Dlouhý den Beschluss gefasst, eine direkte Verbindung nach Deutschland zu schaffen, um das Land vor den Folgen der totalen Energieabhängigkeit von einem unberechenbaren Russland zu schützen. Zugleich muss Tschechien freilich, so wie alle anderen Oststaaten, den Bedarf an Erdgas durch den russischen Staatskonzern Gasprom decken.

Seit der Übernahme der Macht durch die KGB-Offiziere, die Staatsbürokraten und die neureichen Oligarchen werden unbotmäßige Nachbarn „im nahen Ausland" nicht durch grenznahe Truppen- und Panzermanöver, sondern durch die blitzartige Abschaltung der Öl- und Gaspipelines unter massiven Druck gesetzt. So geschah es mit Litauen und der Ukraine im Jahr 2006 und ein Jahr später mit Weißrussland. Deshalb gibt es in Polen und Ungarn, den baltischen Staaten und in der Slowakei Unbehagen wegen der politisch so riskanten, fast totalen Abhängigkeit von den russischen Partnern.

Auch bei dem massiven und offenen Konflikt im paritätisch besetzten britisch-russischen Erdölunternehmen TNK-BP beteuern die Kremlvertreter, dass der russische Staat sich nicht in den Streit einmische. Die Proteste der vorsorglich ins Ausland übersiedelten britischen BP-Manager verpuffen freilich ebenso wie die Kritik des deutschen Wirtschaftsministers Michael Glos bei einem Moskau-Besuch an den Öl-Sanktionen gegen Prag. 1968–2008: „Die Vergangenheit ist nicht tot; sie ist nicht einmal vergangen" (William Faulkner).

(7.8.2008)

Lektion in Georgien

Der Angriff Russlands auf Georgien, die Rechtfertigung der Intervention und die Anwendung von Gewalt als „Friedensmission" haben im Westen ungewöhnlich scharfe, ja zuweilen dramatische Reaktionen ausgelöst. Der schwedische Außenminister Carl Bildt zog einen Vergleich zwischen Putins „Rechtfertigung" für die Spaltung Georgiens (wegen der russischen Passinhaber in Südossetien) und Hitlers Taktik zur „Befreiung" der Sudetendeutschen gegenüber der Tschechoslowakei. Der Politologe Zbigniew Brzezinski, Ex-Sicherheitsberater von Präsident Carter, verglich wiederum Putins Kurs gegenüber Georgien mit dem Stalins gegen Finnland. Moralisch und strategisch sei Georgien, laut Brzezinski, das Finnland von heute.

Vor dem Hintergrund der jahrzehntelangen Spannungen zwischen Georgien und den von Moskau aus angestachelten Osseten und Abchasen geht es im Grunde nicht mehr darum, ob Michail Saakaschwili mit seiner Militäraktion zu hoch gespielt und hoch verloren hat. Im Gegensatz zur weltweiten russischen Medienoffensive kann man heute noch keineswegs zweifelsfrei feststellen, wer eigentlich diesen Krieg ausgelöst hat. Die mutige Moskauer Journalistin Julia Latynina sprach sogar von einer „gemeinsamen Aktion der geheimdienstfreundlichen Kreml-Elite und ossetischer Banditen“ („Der Standard“, 12.8.2008).

Auch die gut informierte Moskauer Korrespondentin der „Süddeutschen“ berichtet von der Vermutung, Südossetien habe selbst die Eskalation provoziert. Wie dem auch sei, die Georgier bleiben – so wie 1920, als die Bolschewiken mit Waffengewalt die erste frei gewählte sozialdemokratische Führung stürzten – wieder die Verlierer. Damals eroberte die Rote Armee ganz Georgien. Diesmal genügt dem Kreml durch die totale Kontrolle Südossetiens und Abchasiens die indirekte Flurbereinigung am südlichen Rand Russlands.

Der Georgienkrieg hat auch nützliche Klarstellungen gebracht. Zum Ersten, dass der starke Mann Russlands, unabhängig von seiner offiziellen Position, nach wie vor Wladimir Putin ist und Dimitri Medwedjew nur eine dekorative Nebenrolle spielt. Zum Zweiten, dass die USA außer rhetorischen Drohungen keine Russland-Strategie haben. Zum Dritten, dass die Staaten im „nahen Ausland“ der russischen Großmacht – vor allem die drei baltischen Republiken, aber auch Polen und die Ukraine – zu Recht um ihre Sicherheit und Freiheit besorgt sind. Der blitzschnell verfasste gemeinsame Aufruf der Präsidenten der baltischen Staaten und Polens an alle EU- und NATO-Staaten, sich der „imperialistischen und revisionistischen Politik Russlands“ zu widersetzen, wird freilich keine Folgen haben.

Russland liefert bereits jetzt ein Drittel der europäischen Erdölimporte und die Hälfte der Erdgasimporte. Angesichts des steigenden Importbedarfs wird eine militärisch zahnlose und keineswegs geschlossen auftretende EU indirekt auch einen politischen Preis für das Wohlwollen der wieder von imperialen Machtambitionen geleiteten und von keiner Opposition behinderten Machthaber in Moskau zahlen müssen. Wladimir Putin hat nicht nur Georgien, sondern dem ganzen Westen eine Lektion erteilt.

(14.8.2008)

USA

Die folgenden Aufsätze beschäftigen sich mit manchen besorgniserregenden Tendenzen in den Vereinigten Staaten. Meine Generation verdankt das Leben und die Freiheit in erster Linie den Amerikanern und ihren Verbündeten. Auch heute sind die Vereinigten Staaten die weitaus wichtigste Säule der NATO, ein unerlässliches Gegengewicht zu einem expansionistischen Russland und der wichtigste Garant für die Unabhängigkeit und Sicherheit der kleinen Staaten. Allerdings kann auch der neue US-Präsident die negativen Folgen der internationalen Rückschläge nicht mehr rückgängig machen.

Scheitern im Irak

Drei Jahre und neun Monate nach dem Beginn des Irakkrieges ist der 142 Seiten lange Bericht mit 79 Empfehlungen, die die sogenannte überparteiliche Baker-Kommission kürzlich präsentiert hat, das wortreiche Eingeständnis, dass die Politik der Bush-Regierung im Irak gescheitert ist.

Im Blitzkrieg starben 140 Amerikaner, in der sogenannten Nachkriegsphase, im ungenannten und undefinierten Besatzungskrieg ließen aber bisher 2700 US-Soldaten und zehntausende Iraker ihr Leben.

Statt der versprochenen Demokratie und Konsolidierung herrschen im völlig zerrissenen Land blutiges Chaos und ein Bürgerkrieg, deren Dynamik von keiner Seite eingedämmt werden kann. Der scheidende UN-Generalsekretär Kofi Annan hat behauptet, vielen Menschen im Irak gehe es schlechter heute als während der Herrschaft des Diktators Saddam Hussein. Dass der stets zurückhaltende Annan auch in seiner Abschiedsrede die USA ermahnt hatte, Regierungen müssten für ihre Taten durch das eigene Volk zur Rechenschaft gezogen werden, zeigt, wie pessimistisch man die Lage im Irak einschätzt.

Drei kürzlich erschienene Bücher über die amerikanische Verstrickung im Irak-Abenteuer enthüllen haarsträubende Einzelheiten über die Ignoranz und Arroganz von Bush, dem Vizepräsidenten Cheney, Verteidigungsminister Rumsfeld und der inzwischen zur Außenministerin aufgerückten Sicherheitsberaterin Condoleezza Rice. Es war freilich nicht eine späte Einsicht in die erschütternde Bilanz des Irak-Abenteuers, sondern die Niederlage bei den Wahlen am 7. November, die die Bush-Administration zu einer Überprüfung ihrer Politik zwang. Bush will aber anscheinend nur Zeit gewinnen und durch scheinbare Konzessionen die Unzufriedenheit besänftigen (nach den letzten Umfragen sind 71 Prozent der Befragten mit dem Regierungskurs unzufrieden).

Trotzdem lehnt Bush bisher die Kernforderungen aus dem Bericht der Baker-Kommission – den umfangreichen Abzug der US-Truppen bis Mitte 2008 und die Einbindung der „Schurkenstaaten" Iran und Syrien – in die Vermittlungsbemühungen ab. Es ist kein Wunder, dass angesichts des unaufhaltsamen Abgleitens ins Chaos in den politischen Diskussionen immer häufiger die Erinnerung an den Vietnamkrieg heraufbeschworen wird. Auch die vorgeschlagene „Irakisierung" der Armee ruft jenes Konzept der „Vietnamisierung" in Erinnerung, das den Weg zur Kapitulation des südvietnamesischen Regimes und zum US-Abzug in Saigon wies.

Vor dem Hintergrund der blutigen Abrechnungen zwischen den früher dominierenden Sunniten einerseits und den zahlenmäßig überlegenen Schiiten und ihren kurdischen Verbündeten andererseits wäre wohl ein zu schneller Rückzug der US-Truppen ebenso risikoreich wie eine zu lange Stationierung der US-Soldaten. Vor 50 Jahren gab es während des Ungarn-Aufstandes nur einen einzigen US-Diplomaten in Budapest, der Ungarisch sprechen konnte. In einem fünf Mal größeren Land mit 25 Millionen miteinander verfeindeter Schiiten, Sunniten und Kurden sowie trotz eines direkten amerikanischen Engagements fand die Baker-Kommission nur sechs fließend Arabisch sprechende Mitarbeiter unter den 1000 Bediensteten der amerikanischen Botschaft.

Die fehlenden Kenntnisse bilden zum Teil die Grundlage der Konzeptlosigkeit der amerikanischen Nah- und Mittelostpolitik. Diese wiederum prägt das Gefühl der Ausweglosigkeit in den amerikanischen Medien und die Handlungsschwäche der unter immer stärkeren Druck geratenen Bush-Regierung. Der dritte und möglicherweise letzte Akt des Irak-Dramas dürfte einen hohen politischen Preis, wahrscheinlich weit hinaus über die verbleibende Amtszeit von George W. Bush, erfordern.

(14.12.2006)

Falsche Diplomatie

Die US-Botschafterin Susan McCaw wird Österreich nach knapp einem Jahr „aus persönlichen Gründen" vorzeitig Ende des Jahres verlassen. Sie ist eine der 43 amerikanischen Botschafter, die als Nichtberufsdiplomaten ausschließlich wegen ihrer namhaften Zuschüsse für die Wahlkampagnen von Präsident Bush ohne diplomatische Erfahrung und Kenntnisse des Gastlandes ernannt wurden. In einem vernichtenden Aufsatz mit dem Titel „Botschaften für Verkauf" hat kürzlich der bedeutende amerikanische Historiker Paul Kennedy die negativen Folgen dieser Praxis, sowohl für das Ansehen der USA als auch für die Stimmung im US-Außenministerium, beschrieben. In so wichtigen Staaten wie Deutschland, Italien, Brasilien und auch bei der Europäischen Union vertreten steinreiche Bush-Freunde die Vereinigten Staaten.

Auf seiner achttägigen europäischen Blitztour hatte Präsident George W. Bush unter anderem drei Stunden in Polen und acht

Stunden in Albanien verbracht. Eine angenehme Ausnahme war Rom, wo er zwei Nächte in der Residenz seines alten Schulfreundes, US-Botschafters Ronald Spogli verbracht hatte. Er vertritt dort die Vereinigten Staaten, freilich nicht wegen der gemeinsamen Erinnerungen an die Harvard Business School, sondern schlicht und einfach deshalb, weil er jeweils 100.000 Dollar für die zwei Bush-Wahlkampagnen aufgebracht hat. Kennedy weist auch auf die merkwürdige Sitte hin, dass bei einem Präsidentenwechsel alle Botschafter auch demissionieren müssen. Er stellte die Frage: Wie wäre es, wenn alle Generäle und Admirale auch abtreten müssten?

Es gab freilich auch positive Ausnahmen, wie zufällig zwei gebürtige Wiener – den „Time"-Chefredakteur Henry Grunwald, US-Botschafter in Wien, und den Bankier Felix Rohatyn in Paris. Man kann allerdings Paul Kennedy vorbehaltlos zustimmen: Die Praxis der Ernennung von reichen Amateuren trägt im Allgemeinen zur Schwächung des weltweiten US-Ansehens bei.

Die jüngste umfassende Umfrage des Pew-Forschungsinstitutes ergibt in den letzten fünf Jahren in 26 von 33 Ländern einen Rückgang des Vertrauens zu den Vereinigten Staaten. Ex-US-Außenministerin Madeleine Albright verbindet die anti-amerikanische Stimmung mit dem Krieg in Irak, der „größten Katastrophe in der Geschichte der US-Außenpolitik." In Frankreich und Spanien haben jeweils 60 Prozent, in Deutschland sogar 66 Prozent der Befragten einen negativen Eindruck von den USA. Die positive Auffassung von den amerikanischen Demokratieideen fiel zwischen 2002–2007 zum Beispiel von 64 Prozent auf 46 Prozent in Tschechien, von 54 Prozent auf 36 Prozent in der Slowakei und von 43 Prozent auf 23 Prozent in Frankreich.

Der berühmte Spruch des Dichters und Diplomaten, Sir Henry Wotton aus dem 17. Jahrhundert wird oft zitiert: „Ein Botschafter ist ein ehrlicher Mann, der ins Ausland geschickt wird, um im Interesse seines Landes zu lügen." Diese giftige Anekdote ist freilich kein Maßstab, die Tätigkeit der Diplomaten zu beurteilen. Harold Nicolson zählt in seinem Buch „Diplomatie“ als wichtigste Erfordernisse auf: Aufrichtigkeit, Präzision, Gemütsruhe und Bescheidenheit. Die zitierten Umfragen lassen klar erkennen, dass gerade in der Zeit der Globalisierung eine von allen Seiten – oft ungerecht – kritisierte Weltmacht mehr denn je gut ausgebildete engagierte Diplomaten braucht. Es wirkt auch für den eigenen Diplomatischen Dienst entmutigend, oft sogar empörend, wenn wohlhabende Industrielle, Immobilienmakler und Börsenspekulanten als US-Botschafter entsandt und die Aufstiegsmöglichkeiten der Berufsdiplomaten von vornherein eingeschränkt werden.

(5.7.2007)

Retter der US-Wirtschaft

Wer hätte das vor knapp 40 Jahren gedacht, als der französische Publizist Jean-Jacques Servan-Schreiber seinen Weltbestseller über „Die amerikanische Herausforderung“ veröffentlicht hatte. Damals war nämlich der Politik und Wirtschaft Europas angst und bange vor der unaufhaltsamen Expansion der US-Finanz und -Industrie.

Zugleich beschwerten sich die europäischen und asiatischen Geschäftsleute über die künstlichen administrativen Hindernisse bei ihren Versuchen, eine Tochtergesellschaft in den Vereinigten Staaten zu gründen. Bei einem internationalen Bilderberg-Treffen in Kanada war ich Zeuge, als nach einem Vortrag des Harvard-Professors Raymond Vernon über transnationale Transaktionen dem griechischen Reeder Stavros Niarchos die Geduld riss: „Bei euch Amerikanern kann man nicht einmal ein Blumengeschäft ohne Weiteres eröffnen (...).“

Jetzt hat sich die Tendenz völlig und für viele US-Bürger unvorstellbar umgekehrt. „Die Übersee-Investoren sind die Retter der schwankenden amerikanischen Wirtschaft“. So lautete die

Überschrift eines „New York Times"-Berichtes am Wochenende über die rapide Zunahme der Auslandsinvestitionen, die im Vorjahr 414 Milliarden Dollar betrugen, eine Steigerung um 90 Prozent verglichen mit dem Vorjahr und eine Verdoppelung des Durchschnitts des letzten Jahrzehnts. Rund ein Viertel aller geschäftlichen Transaktionen entfiel 2007 auf ausländische Investoren. Zugleich erreichten die US-Investitionen im Ausland nur weniger als 300 Milliarden Dollar. In den ersten zwei Wochen dieses Jahres waren die ausländischen Investoren bereits für die Hälfte aller Geschäftsabschlüsse mit Investitionen in der Höhe von 22,6 Milliarden Dollar verantwortlich.

Die Gründe für die Rekordhöhe der Investitionen liegen auf der Hand: der schwache Dollar, die Knappheit der Kredite, wachsende Arbeitslosigkeit und die Sorge um eine drohende Rezession. All das vor dem Hintergrund des Zusammenbruches des spekulativen Immobilien- und Hypothekenmarktes. Man schätzt, dass bisher nur die Hälfte der Immobilienpleiten bekannt geworden ist.

An vielen groß angelegten Investitionen sind allerdings in zunehmendem Ausmaß sogenannte Staatsfonds (Sovereign Wealth Funds) beteiligt, die wiederum im Besitz oder zumindest unter Kontrolle von mehr oder weniger autoritären Staaten sind. Diese Fonds entstanden infolge der enormen Leistungsbilanzüberschüsse in China und Abu Dhabi, Saudi-Arabien, Kuwait oder Norwegen. Die Vermögen dieser Staatsfonds werden heute von den Experten des Weltwirtschaftsforums (WEF) und der Deutschen Bank auf 2,5 Billionen Dollar geschätzt; in sieben Jahren sollen sie bereits auf zwölf Billionen Dollar wachsen.

Die Investitionen der Staatsfonds sind zwar bisher überwiegend in den westlichen Industriestaaten, also auch in den USA, willkommen. Trotzdem warnen Politiker und Wirtschaftsexperten auch vor der Gefahr, dass fremde Staaten über das Finanzsystem oder die Militärtechnologie Einfluss gewinnen könnten. Der frühere US-Finanzminister, Harvard-Professor Larry Summers, schlug deshalb am WEF in Davos kürzlich (allerdings vergeblich)

„Verhaltensrichtlinien" für die Fonds vor, um den politischen Ängsten zu begegnen.

Vor allem die machtpolitischen und finanziellen Perspektiven der Beziehungen zum kommunistisch regierten China, mit Fremdwährungsreserven in der Höhe von 1,4 Billionen Dollar, darunter mit hunderten Milliarden an US-Bundesschatzscheinen und mit einem jährlichen Handelsbilanzüberschuss von 250 Milliarden Dollar im Handel mit den USA, werden im Wahljahr zu einem der Hauptthemen der inneramerikanischen Diskussion.

(7.2.2008)

Lantos und Obama

Auf dem Höhepunkt der neuerlichen Spekulationen, ob die unerwarteten Erfolge Barack Obamas bei den Vorwahlen den in Hawaii und Indonesien aufgewachsenen Sohn einer weißen Amerikanerin und eines schwarzen Kenianers zum unschlagbaren Präsidentschaftskandidaten der Demokratischen Partei machen, starb in Washington fast unbemerkt ein amerikanischer Politiker ungarischer Herkunft, dessen Karriere seinerzeit ebenso unvorstellbar gewesen wäre. Der eine Woche vorher 80 Jahre alt gewordene Tom Lantos war der einzige Überlebende des Holocaust, der jemals im Kongress der Vereinigten Staaten gedient hat.

Zugleich galt Lantos als einer der erfolgreichsten Kongressabgeordneten. 13 Mal haben die Wähler seines kalifornischen Wahlkreises den Mann, der erst mit dem Stipendium einer jüdischen Wohltätigkeitsorganisation 1947 nach Amerika kam, in den Kongress entsandt. Zu Recht betonte die „Frankfurter Allgemeine Zeitung" in einem kurzen Nachruf: „Er verkörperte moralische Autorität und war ein unbeugsamer Anhänger einer Außenpolitik, in deren Mittelpunkt die Menschenrechte zu stehen hatten."

Zuletzt leitete der klein gewachsene Mann mit unverwechselbarem ungarischen Akzent den wichtigen Kongress-Ausschuss für Außenpolitik. Er spielte eine führende Rolle bei den seinerzeitigen amerikanischen Bemühungen, Ungarn, Polen und Tschechien in die NATO aufzunehmen sowie Libyen und Nordkorea zu einem Verzicht auf Nuklearwaffen zu bewegen.

Lantos, der sein Überleben (so wie seine Frau) dem schwedischen Retter der Budapester Juden, Raoul Wallenberg, verdankte, verurteilte die antisemitischen und minderheitenfeindlichen Tendenzen sowohl in seiner alten Heimat wie auch in Rumänien.

Als ich in einem Gespräch mit ihm in Washington zur Zeit der Anti-Waldheim-Kampagne 1986 die österreichfeindliche Berichterstattung der US-Medien korrigieren wollte, gelang es mir nicht, seine Reserve gegenüber Österreich (und Deutschland) zu überwinden.

Als er vor einigen Wochen seinen Rückzug aus der Politik bekannt gab, schrieb Lantos in seiner Erklärung, nur in Amerika sei es vorstellbar, dass ein Ausländer eine solche Karriere machen könnte wie er.

In der Tat unterstreichen die Erfolge des deutschen Henry Kissinger, des polnischen Zbigniew Brzezinski, der Tschechin Madeleine Albright oder des Österreichers Arnold Schwarzenegger, dass der erstaunliche Lebenslauf dieses ungarischen Juden einen Teil des amerikanischen Wunders bildet. In diesem einzigartigen Rahmen der Chancengleichheit fügt sich das Obama-Phänomen ein. Er sei nicht schwarz genug, um die schwarzen Stimmen zu bekommen, und zu schwarz, um die weißen Stimmen zu erhalten, hieß es noch kürzlich.

Dass Senator Edward Kennedy und sogar Maria Shriver, die Ehefrau des Republikaners Schwarzenegger, sowie eine Reihe von Filmstars und TV-Persönlichkeiten öffentlich für Obama eingetreten sind, hat der „Obamania“, der Identifizierung des eloquenten schwarzen Präsidentschaftskandidaten mit der Kennedy-Legende, einen gewaltigen Auftrieb gegeben.

Obamas unaufhaltsamer Aufstieg gehört zum faszinierenden Geheimnis dieser großen Demokratie. Trotz aller Schattenseiten, trotz aller Unkenrufe, trotz des gewaltigen PR-Apparates und der anfangs scheinbar unerschöpflichen Geldquellen des Clinton-Clans sehen immer mehr Amerikaner Obama als einen „neuen Kennedy“. Doch ist diese so aufregende Kampagne noch nicht gelaufen. Auch Kennedy gewann im November 1960 die Wahlen gegen Nixon immerhin mit weniger als einem Viertelprozent.

(14.2.2008)

Show statt Substanz

„Die moralische Autorität Amerikas liegt in Trümmern“, schrieb Jürgen Habermas im Frühjahr 2003, als der Irakkrieg begann. Alle Umfragen in den letzten Jahren haben den geradezu katastrophalen Niedergang des Ansehens der Vereinigten Staaten immer wieder aufs Neue bestätigt. Die spannungsgeladenen Auseinandersetzungen und überraschenden Wendungen bei den rund 40 Vorwahlen haben bereits jetzt dazu beigetragen, dass die amerikanische Demokratie viel von dieser verlorenen Autorität zurückerobern konnte. Auch das im Ausland so spürbare Charisma des schwarzen Präsidentschaftsbewerbers Barack Obama und vor allem sein wichtigstes Erfolgsrezept, nämlich sein Optimismus – „Yes, we can!“ –, erwecken immer stärker auch weltweit Hoffnungen.

Kein Wunder, dass der 46 Jahre alte Senator seine Zuhörer immer wieder an seine frühe Ablehnung des Irak-Abenteuers erinnert und zugleich versucht, die innerparteiliche Rivalin Hillary Clinton als Vertreterin der so diskreditierten Bush-Cheney-Linie hinzustellen. Er rief bereits im Oktober 2002 bei einer Demonstration in Chicago aus: „Ich bin nicht gegen jeden Krieg. Ich bin gegen dumme Kriege“, und selbst im Falle einer erfolgreichen Invasion hat er „eine amerikanische Besatzung ungewisser Länge mit ungewissen Kosten und ungewissen Konsequenzen“ vorausgesagt.

Die meisten Beobachter glauben, dass Obama, wenn ihm kein Unglück passiert oder er einen gravierenden Fehltritt begeht, sich im parteiinternen Kampf um die Nominierung durchsetzen und mit guten Wahlchancen gegen den um 25 Jahre älteren republikanischen Kandidaten, Senator John McCain, bei der Präsidentenwahl antreten wird. Seine Anhänger sehen ihn als Hoffnungsträger des Wechsels, als einen „Papst der Hoffnung“, wie ein Kolumnist ihn nannte.

Wenn auch Obama mit seiner Strahlkraft und seinem charismatischen Rednertalent für viele Anhänger fast als der kommende Messias wirkt und sich jeder Angriff auf ihn als Bumerang für den Angreifer entpuppen könnte, werden immer mehr skeptische Stimmen, keineswegs nur im Clinton-Lager, hörbar, ob sein Charisma reicht, nur nach drei Jahren im Senat die US-Weltmacht in einer unübersichtlichen Welt anzuführen.

Obama habe keine Doktrin, keine Vision, keine Linie, schrieb kürzlich der angesehene „Washington Post“-Kolumnist David Ignatius, und es sei schwierig, ihn überhaupt politisch platzieren zu können. Im Senat seit 2004, stimmte er immer links, am Anfang der Vorwahlen präsentierte er sich als Zentrist, aber später, in den großen Industriestaaten, trat er wieder links auf. Vor einigen Wochen sah er ihn als eine Mischung aus neuem Demokraten und Technokraten, aber heute scheint er eher als ein Neopopulist zu agieren. Die Clintons sagen kaum verhüllt, Obama biete viel Show und wenig Substanz. Diesen Eindruck bestätigte ungewollt ein wichtiger Obama-Helfer, ein texanischer Landes-Senator, der auf eine Frage des NBC-Moderators keine einzige „gesetzgeberische Leistung“ von Senator Obama nennen konnte. Viermal fragte der Moderator, vier Mal verlegenes Schweigen. Sein Kandidat sei „inspirierend“, war alles, was er stottern konnte.

Die Tatsache, dass das Enkelkind eines Moslems mit vier Frauen aus dem Luo-Stamm in Kenia als der chancenreichste Präsidentschaftsbewerber in den USA gilt, ist der wohl schlagendste

Beweis für die faszinierende Regenerationsfähigkeit und für die Chancengleichheit dieser großen Demokratie. Die große unbeantwortete Frage für die USA und für die Welt bleibt aber: Wie kann man Charisma in konkrete parlamentarische Aktion umsetzen, wie riskant sind die übersteigerten Erwartungen der amerikanischen Wähler?

(28.2.2008)

Gespaltene NATO

Ein Jahr vor dem sechzigsten Geburtstag scheint die NATO in aller Munde zu sein. Zum Auftakt des Bukarester Gipfeltreffens startet das größte Verteidigungsbündnis der Welt sogar einen eigenen Internet-TV-Kanal. Der Gipfel findet aber trotz der Anwesenheit von dutzenden Staats- und Regierungschefs, hunderten Ministern und tausenden Diplomaten, Beamten und Journalisten in dem von Rumäniens Diktator Nicolae Ceauşescu erbauten monströsen Palast in einer Krisenstimmung statt. An diesem Befund ändert die Tatsache nichts, dass eine Reihe von postkommunistischen Staaten (Albanien, Kroatien und Mazedonien sowie in einer späteren Phase des sogenannten Mitgliedschaftsaktionsplans die Ukraine und Georgien) in die NATO streben. NATO-interne und transatlantische Spannungen und russische Drohungen überschatten den Bukarester Gipfel.

Dieses Treffen dürfte eher zur Destabilisierung als zur Stabilisierung der politischen Verhältnisse in Europa beitragen. Zu Recht stellte der deutsche Historiker und Publizist Michael Stürmer kürzlich fest, dass sich die NATO im Blindflug befinde, von der Hand in den Mund lebe und die Erweiterung Ersatz der Strategie geworden sei. Dass Bush in Kiew lautstark den NATO-Beitritt der Ukraine und der Kaukasusrepublik Georgien „voll und ganz" unterstützt hat, bestätigt nur die Kritik, dass die US-

Regierung mit ihrer ungeschickten, zu schnellen und zu aggressiven Vorgangsweise nur der NATO selbst schadet. Natürlich habe Russland kein Vetorecht, aber es fragt sich, ob es überhaupt sinnvoll ist, heute eine Beitrittskandidatur gegen den Willen von fast 70 Prozent der ukrainischen Bevölkerung anzustreben.

In Georgien gibt es zwei abtrünnige Regionen (Südossetien und Abchasien), die eine Beistandsgarantie der NATO für die Grenzen des Kandidaten sehr problematisch erscheinen lassen. Die Vorbehalte der meisten westlichen Mitgliedsstaaten sind auch bezüglich der innerpolitischen Stabilität der beiden Länder voll berechtigt. Überhaupt begeht die NATO den gleichen Fehler wie in anderer Hinsicht die EU: Erweiterungswellen statt innerer Konsolidierung.

Ohne eine funktionierende Partnerschaft mit Russland gegen die gemeinsame Bedrohung durch Terror und organisiertes Verbrechen, durch Massenvernichtungswaffen, Völkerwanderung und Klimawandel können aber die fundamentalen Fragen einer neuen Strategie nicht geklärt werden. Im NATO-Russland-Rat am Freitag und bei der Bush-Putin-Begegnung in Sotschi werden wohl auch die Spannungen in der Kosovo-Frage und bezüglich der US-Raketenbasen in Polen und Tschechien aufs Tapet kommen.

Für Unsicherheit sorgt auch die mit ungeheurem finanziellen Aufwand betriebene PR-Kampagne Griechenlands gegen den offiziellen Staatsnamen Mazedonien. Die griechische Regierung will den NATO-Beitritt von Mazedonien blockieren, wenn die Regierung in Skopje nicht bereit ist, einen Kompromiss zu akzeptieren. Der sinnlose, aber gefährliche Konflikt zwischen zwei schwachen Regierungen spiegelt die Sprengkraft der alten Balkan-Nationalismen wider.

Zur Spaltung zwischen Washington und den europäischen Verbündeten tragen auch die Konflikte bezüglich des Lastenausgleichs bei den NATO-Einsätzen in Afghanistan bei. Der Kampf gegen Taliban und Al-Kaida ist keine US-Angelegenheit, sondern liegt im eminenten sicherheitspolitischen Interesse auch der europäischen Staaten. Nur stellen auch die Befürworter des größeren europäischen Engagements am Hindukusch bedauernd fest, dass der unpopulärste US-Präsident seit 1945 kaum die geeignete Persönlichkeit ist, einen Meinungsumschwung in Deutschland oder Frankreich zu erzielen.

(3.4.2008)

Das kleinere Übel

Als sich der unvergessliche amerikanische Humorist Art Buchwald vor Jahren über die Quellen der Auslandskorrespondenten lustig machte, zögerte ich, Taxichauffeure für einen Bericht zu befragen. Buchwald meinte, für diese Reporter sei eine „verlässliche Quelle" ein Chauffeur, eine „gut informierte Quelle" zwei Taxler und als einen „besonders qualifizierten" Interviewpartner vermutete er den Barkeeper im Hotel.

Trotzdem brach ich kürzlich während eines zweiwöchigen US-Aufenthaltes mit diesem Tabu. Ich befragte in Washington meinen Taxifahrer, einen vor 25 Jahren eingewanderten Inder, wer seiner Meinung nach die Präsidentenwahlen gewinnen würde. Blitzschnell kam die Antwort: John McCain, der republikanische Kandidat. Ähnliche Meinungen hörte ich am Rande meiner Buchvorstellung auch bei einem Mittagessen von den meisten Gästen in New York, obwohl diese eher mit der Demokratischen Partei sympathisierten.

Die letzten Umfragen scheinen diesen Trend zugunsten des 71-jährigen Senators von Arizona zu bestätigen. Eine verblüffende Entwicklung, zumal der Republikaner Bush der unpopulärste Präsident der US-Geschichte ist: 71 Prozent der Befragten sind gegen ihn und seine Wirtschafts- und Außenpolitik. Nach einer anderen Umfrage identifizieren sich 54 Prozent der Amerikaner mit den Werten, die McCain vertreten soll. Chefredakteure einflussreicher außenpolitischer Zeitschriften („Foreign Affairs", „The National Interest", „Foreign Policy") sagten mir, dass es sich bei dieser Wende um die Auswirkungen des Zweikampfes im demokratischen Lager handelt.

Wird McCain als lachender Dritter der Gewinner des erbitterten Duells für die Nominierung bei den Demokraten sein? Es ist zu früh, Prognosen für die erst am 4. November fällige Präsidentschaftswahl anzustellen. Doch zeigt allein die Fragestellung, dass der Zauber des „schwarzen Kennedys" verflogen ist, dass Hillary Clintons beeindruckende Aufholjagd auch vom wachsenden Misstrauen der weißen, traditionell pro-demokratischen Arbeiterschichten, der älteren und weiblichen Wähler gegenüber Obama getragen wird. Obwohl der schwarze Senator auch nach den Vorwahlen in Indiana und North Carolina weiterhin bei den Delegierten des Nominierungsparteitages im August scheinbar uneinholbar führt, ist das Ende der sogenannten „Obama-Magie" unbestritten.

Jeder, der in Sondersendungen die leidenschaftlichen rassistischen und amerikafeindlichen Ausbrüche jenes schwarzen Pastors erlebte, der Obama vor Jahrzehnten zum Glauben führte, der ihn traute, seine Kinder taufte, sein Haus segnete, konnte die Alarmstimmung bei den demokratischen Wahlstrategen verstehen. Obama hat sich viel zu spät von dem bizarren Pastor gelöst. Zu den Zweifeln an seiner Substanz kommt nun offene Kritik an der Urteilskraft des Lieblings der Schwarzen, der Jungen und der gehobenen weißen Schichten.

Beim unglaublich spannenden Wettbewerb in dieser großen Demokratie, in so krassem Gegensatz zur verlogenen höfischen „Wachablöse" im Kreml, wirkt allerdings keiner der drei Wahlkämpfer als überzeugende Führungspersönlichkeit. Es geht bei der Wahl im November also um das „kleinere Übel" für Amerika und für die Welt.

(8.5.2008)

Die Obamania

Der demokratische Präsidentschaftskandidat Barack Obama ist in einigen Monaten zu einem weltweiten Phänomen geworden. Der Oxforder Zeithistoriker Timothy Garton Ash vergleicht seine Ausstrahlung sogar mit Lady Diana. Fidel Castro lobt ihn als den „menschlich und sozial fortschrittlichsten Kandidaten", während der russische Rechtsnationalist Wladimir Schirinowski in ihm einen „jungen Gorbatschow Amerikas" sieht. Die Mehrheit der europäischen Berichterstatter verglich ihn freilich mit John F. Kennedy: zwar nicht weiß, aber groß und schlank, jung und gebildet und vor allem ein eloquenter Gegner des Irakkrieges und der Außenpolitik der Bushisten.

Die Umfragen zeigen, dass Europäer ihn sofort wählen würden: Im Duell mit Senator John McCain wollen ihm 84 Prozent der Franzosen, 74 Prozent der Briten, 72 Prozent der Spanier und ähnlich große Mehrheiten der Öffentlichkeit in Japan, Australien und Brasilien ihre Stimme geben. Daniel Vernet von der Pariser Zeitung „Le Monde" warnte kürzlich zur Vorsicht: „Verratet bloß nicht den Amerikanern, dass die Europäer für Obama sind. Das könnte ihn den Sieg kosten!"

In der Tat lanciert das McCain-Lager bereits jetzt die schärfsten Propagandaangriffe gegen die angebliche Kapitulation Obamas vor den „Schurkenstaaten" und Terroristen. Dass der Aufstieg des schwarzen Senators mit kenianischem Vater auch in der arabischen Welt mit begeisterter Zustimmung begrüßt und in Israel mit Unbehagen beobachtet wurde, war verständlich. Der saudi-arabische Journalist Adel al-Toraifi prophezeite in London, die Wahl Obamas würde für den Nahen Osten einen „grundlegenden Umbruch" bedeuten. Indessen wissen Obama und seine Berater, dass die Entfremdung der traditionell überwiegend prodemokratischen jüdischen Wähler gerade in wichtigen Staaten (nicht nur in New York, sondern zum Beispiel in Florida oder Kalifornien) wahlentscheidend sein könnte.

Wohl deshalb hat Obama in einer viel publizierten Rede vor der wichtigsten jüdischen Interessengruppe (AIPAC) am 4. Juni eine harte, eindeutig pro-israelische Erklärung, unter anderem zugunsten Jerusalems als einer „vereinigten und unteilbaren" Hauptstadt Israels, abgegeben. Im Großen und Ganzen unterscheide sich seine außenpolitische Strategie in vielen Punkten nicht sehr von der Linie des Präsidenten Bush oder McCains, kommentierte die „Washington Post" ironisch.

Die Mehrheit der Franzosen, Deutschen und Briten hat bei einer weltweiten Umfrage auch mehr Vertrauen zur Außenpolitik Obamas bekundet als die US-Öffentlichkeit. Niemand weiß freilich heute, welche Prioritäten Obama als gewählter Präsident der Hegemonialmacht USA tatsächlich vertreten würde.

Das Risiko der Unerfahrenheit im Weißen Haus angesichts einer äußerst komplizierten Weltlage war wohl der Grund, warum anfänglich die angesehensten ausländischen Beobachter eher Hillary Clinton als künftige Präsidentin bevorzugt hätten. Aber die Würfel sind gefallen, und alles in allem scheint ein Präsident Obama noch immer ein kleineres Wagnis zu sein als John McCain mit seinem explosiven Temperament, sprunghaften Ansichten und unberechenbaren Handlungen.

(19.6.2008)

Israel

In meinen Büchern (zum Beispiel in „Antisemitismus ohne Juden" 1972) und in meinen Artikeln zum Themenkomplex Israel-Judentum-Antisemitismus habe ich stets versucht, auf Tabus keine Rücksicht zu nehmen und Parteinahme für eine Gruppe oder eine Nation auf Kosten einer anderen zu vermeiden. Es ging mir in erster Linie darum, die ungeheure Kompliziertheit eines Phänomens aufzuzeigen, von dem man geglaubt hat, es sei zumindest im Abklingen. Ich bin mit dem großen polnischen Philosophen Leszek Kołakowski völlig einer Meinung, wonach „zwischen den verschiedenen Arten des Antisemitismus nur ein quantitativer, ein gradueller Unterschied besteht (...). Die heutige Tolerierung der schwächsten Erscheinungsformen des Antisemitismus bedeutet daher die Tolerierung der Pogrome von morgen." Was meine persönliche Einstellung betrifft, bin ich weder ein Zionist noch ein nostalgischer Kalter Krieger, sondern ein unversöhnlicher Kämpfer gegen den offenen und kaschierten Antisemitismus, der – um wieder Kołakowski zu zitieren – „nur ein Werkzeug der Reaktion sein kann." Das gilt natürlich auch für jede Spielart des Rassismus und des Fremdenhasses.

Scharons Kraftakt

In einigen Tagen wird im Nahen Osten etwas geschehen, was bis vor Kurzem noch unvorstellbar gewesen wäre: Israel wird nach 38 Jahren 21 jüdische Siedlungen im Gaza-Streifen ohne Gegenleistung räumen; rund 55.000 Soldaten und Polizisten werden eingesetzt, um etwa 8000 Siedler, falls notwendig, mit Gewalt zu evakuieren. Für diesen bahnbrechenden Schritt ist jener Ariel Scharon verantwortlich, der als Armeegeneral und Minister mehr als jeder andere israelische Politiker getan hat, um Siedlungen quer durch das besetzte Westjordanland und im Gaza-Streifen zu errichten.

Wenn man freilich bedenkt, dass diese paar tausend Israelis inmitten 1,4 Millionen Palästinensern leben, kann man ohne Weiteres dem linken Politiker und ehemaligen Parlamentspräsident Avraham Burg zustimmen, dass mit diesem Rückzug aus Gaza ein Stück „nationaler Wahnsinn" zu Ende geht.

Was immer noch geschehen mag, der Abzug bedeutet einen innenpolitischen Wendepunkt in Israel. Ariel Scharon hat den Gaza-Plan gegen den leidenschaftlichen Widerstand seiner eigenen Likud-Fraktion und trotz wütender Proteste erbitterter Siedler und Morddrohungen jüdischer Extremisten im Parlament und in der Regierung durchgesetzt. Nach dem Anschlag eines jüdischen Armeedeserteurs, bei dem vor einer Woche vier arabische Israelis in einem Linienbus getötet wurden, sind Gewaltakte durch jüdische oder palästinensische Fanatiker immer möglich.

Der politische Preis ist hoch: Der Likud-Block ist zerbrochen, Scharon kann nur mit der Unterstützung der Arbeiterpartei regieren. Diese wird aber nach dem Rückzug den Wirtschaftskurs der Konservativen (Privatisierungen und Kürzungen im Sozialbereich) mit Sicherheit nicht mittragen. Der spektakuläre Rücktritt des Finanzministers und ehemaligen Premiers (1996–1999) Benjamin Netanjahu aus Protest gegen den Rückzug ist ein wohlüberlegter Schachzug des mit allen Wassern gewaschenen Opportunisten. Ihm geht es nicht um einen Kurswechsel, sondern um die Macht. Der 55-jährige Herausforderer wird mit an Sicherheit grenzender Wahrscheinlichkeit vorgezogene Vorwahlen in der Likud-Partei gewinnen und sich dann bei den möglichen Neuwahlen schon im Frühjahr 2006 als Gegenkandidat Scharons ins Spiel bringen.

Premier Scharon wurde kürzlich bei seinem Frankreich-Besuch bereits, freilich voreilig, mit Charles de Gaulle verglichen, der seinerzeit nach anfänglicher Unterstützung der Siedler („Ich verstehe euch!“) schließlich Algeriens Unabhängigkeit akzeptierte. Andere Beobachter weisen auf das Beispiel Nixons, des radikalen Antikommunisten hin, der mit seinem Peking-Besuch als Eisbrecher in der Weltpolitik wirkte.

Jedenfalls musste Scharon einsehen, dass die Politik der eisernen Faust im Konflikt mit den Palästinensern keine Lösung bringt und nur die internationale Unterstützung für Israel unaufhaltsam zerstört. Seine Kehrtwendung ist taktischer Natur, da der Premier die großen Siedlungen im Westjordanland keinesfalls in Frage stellen will. Ein Friedensabkommen ist zwar nach wie vor nicht in Sicht, aber wenn einmal das Eis gebrochen ist, könnten auch andere einseitige Konzessionen folgen. Selbst ein ausgewiesener Vordenker der gemäßigten Israelis wie der Politologe und frühere Generaldirektor des Außenministeriums, Shlomo Avineri, meint, mit dem Abzug aus Gaza wird „der Rubikon überschritten“. Ein wichtiger Schritt also zum Abbau der Spannungen, doch in der turbulenten Geschichte der einzigen funktionierenden Demokratie im Nahen Osten sind Rückschläge auch immer möglich, vor allem wenn es der neuen palästinensischen Führung unter Machmud Abbas nicht gelingt, die radikalen Gruppen unter Kontrolle zu bringen.

(11.8.2005)

Mut zur Wandlung

Die täglichen Bulletins über Ariel Scharons Ringen mit dem Tod zeigen, dass, obwohl Israel im Kriegszustand ist, der Gesundheitszustand der öffentlichen Persönlichkeiten, vor allem des Premiers, kein Tabu bleibt. Das hob die sonst recht israelkritische Zeitung „Le Monde“ in Paris in einem Leitartikel hervor: „Niemand kann sich in Frankreich eine solche Offenheit bezüglich des Gesundheitszustandes eines Staatsführers vorstellen. Denken wir auch an die Geheimnistuerei über Arafat in einem Pariser Militärspital oder an die kürzliche totale Informationssperre über die Gesundheit des algerischen Präsidenten Bouteflika. Israel gibt hier eine schöne Lektion der Demokratie."

Dieser offene und demokratische Charakter des jüdischen Staates wird von manchen europäischen Kommentatoren ebenso übersehen wie der Grund, warum die Mehrheit der Israelis heute jenen Mann, der für die Welt – nicht zu Unrecht – als das hässliche Gesicht Israels galt, als den Mann einer historischen Wende, und in den Worten des sonst so kritischen Schriftstellers David Grossman als einen „reifen und weisen Menschen", ja als eine Verkörperung des Konsensus betrachten. Er fügte hinzu, selbst eingefleischte Gegner seines Weges empfinden jetzt Sorge und sogar Angst angesichts der Lücke in der israelischen Führungsspitze.

Aber auch andere bedeutende Stimmen aus dem linken oder linksliberalen Lager Israels wie Amon Oz, Shlomo Avineri oder Tom Segev weisen auf die Bedeutung seiner „mysteriösen Wandlung" (Oz) vor zwei Jahren hin, vor allem auf den Tabubruch, die Evakuierung der Siedler aus dem Gaza-Streifen sowie an die veränderte Rhetorik von zwei Staaten und von den Rechten der Palästinenser. Zugleich bleiben freilich die Siedlungen auf der Westbank und den Golanhöhen erschütternde Denkmäler des „alten Scharon", die den Friedensaussichten zwischen Israel und den Palästinensern enorm geschadet haben.

Die Verwandlung eines brutalen Haudegens zum Hoffnungsträger geschieht nicht zum ersten Mal. Itzhak Rabin, den ein jüdischer Fanatiker dafür niederschoss, hatte den Erzfeind PLO anerkannt und die Osloer Verträge unterzeichnet. Vor ihm wagte Menachem Begin, Nationalist der israelischen Rechten, mit Ägypten Frieden zu machen und gab die besetzte Halbinsel Sinai zurück. Große politische Durchbrüche, die oft auch dem Zufall und dem Unberechenbaren viel verdanken, entstehen aus der

Wechselwirkung zwischen Führungspersönlichkeiten mit bemerkenswertem persönlichen und politischen Mut und den Änderungen der Gesellschaft und der Verhaltensweisen.

Der amtierende Ministerpräsident Ehud Olmert muss nun ein Land regieren, das sich bereits in einem wenn auch derzeit verschleierten Wahlkampf befindet und die von Scharon gegründete neue Partei Kadima (Vorwärts) führen. Olmert nahm im Januar 1997 auf dem Petersberg bei Bonn als Jerusalemer Bürgermeister an einem Deutsch-Jüdischen Dialog der Bertelsmann-Stiftung teil. Dort verteidigte er seinen harten Kurs der neuen jüdischen Siedlungsprojekte, der das relativ gute Klima unter seinem Vorgänger Teddy Kolek zwischen den jüdischen und palästinensischen Einwohnern zerstörte.

Zusammen mit dem Historiker Bernard Wassersteiner, dem Autor Amos Elon und dem Politologen Tony Judt kritisierte damals auch ich scharf den unsympathischen Falken. Inzwischen machte auch Olmert, seit 2003 stellvertretender Premier und Industrieminister, einen echten politischen Wandel durch und fand den Weg zur politischen Mitte. Er hat freilich weder die Popularität noch das Charisma Scharons, aber für ihn gilt auch der Spruch Friedrich Hebbels: „Es gehört oft mehr Mut dazu, seine Meinung zu ändern, als ihr treu zu bleiben."

(12.1.2006)

Verlierer Israel

Die israelische Politik der massiven Vergeltung gegen den wehrlosen Libanon und die Angriffe im Gaza-Streifen züchte noch mehr Feinde und entfremde noch mehr Freunde Israels. Die Überfälle und Raketenangriffe der Hamas- und Hisbollah-Extremisten auf israelischem Territorium werden zwar von fast allen Politikern und Medien des Westens verurteilt, doch ist der Tenor der Stellungnahmen eindeutig: Die Militäroffensive des überlegenen Staates Israel sei nicht angemessen, unverhältnismäßig und politisch unklug. Letzten Endes schaden die Luftangriffe mit vielen zivilen Opfern den israelischen Interessen und nützen nur den terroristischen Gruppen und ihren Hintermännern in Iran und Syrien. Diese Argumente werden noch durch den Befund mancher Beobachter ergänzt, Israel habe sich nach einer gezielten Aktion provozieren lassen und sei in die Falle der Kriegstreiber getappt.

Die TV-Bilder der brennenden Häuser und getöteten Kinder, die Interviews mit den geflüchteten Ausländern und die Massenflucht aus dem Südlibanon lösen wieder einmal die gleichen Folgen aus: Israel verliert die psychologische Kriegsführung gegen die durch ihre Erfolge verblendeten Dschihadisten. Wer erinnert sich heute noch daran, dass seinerzeit unter einem Premier Barak Israel zu maximalen Zugeständnissen gegenüber den Palästinensern, nicht zuletzt unter dem Druck des US-Präsidenten Clinton, bereit gewesen war? Vor sechs Jahren hat sich Israel aus den 1982 eroberten südlibanesischen Gebieten zurückgezogen. Gleich danach wird Israel von der Hisbollah angegriffen. Israel hat sich vor einem Jahr aus dem Gaza-Streifen zurückgezogen und wird nun durch gezielte Provokationen von der Hamas angegriffen. Beide extremistischen Organisationen wollen – und dies auch nicht verbergen – Israel vernichten.

Dass heute 86 Prozent der Israelis die Offensive für gerechtfertigt halten, dass solche ausgewiesenen Friedensaktivisten wie die bedeutenden israelischen Schriftsteller Amos Oz und David Grossman im Grunde vorbehaltlos den Kampf gegen die terroristischen Organisationen unterstützen, zeigt deutlich, dass die meisten Israelis die Hoffnung auf einen Friedensschluss mit den gemäßigten Kräften der arabischen Seite verloren hatten. In diesem mörderischen Konflikt, bei dem die eine Seite das Existenzrecht der anderen bestreitet, gibt es keine Sieger, aber auch keine Illusion mehr, dass der jüdische Staat auf lange Sicht in Frieden und Sicherheit inmitten einer von abgrundtiefem Hass erfüllten und zahlenmäßig immer überlegener werdenden arabischen Welt leben könnte.

Es geht aber nicht nur um Israels Sicherheit, sondern auch um das Überleben des Libanon nach den offenbar von langer Hand geplanten Provokationen jener Hisbollah-Extremisten und ihren syrischen Hintermännern, die auch für die Ermordung des libanesischen Ex-Ministerpräsidenten Hariri verantwortlich waren. Im Mai und Juni fielen laut UNO-Angaben 5818 Zivilisten der Gewalt zwischen Sunniten und Schiiten im Irak zum Opfer. Fast so viele Menschen seien verletzt worden, hieß es in einem am Dienstag veröffentlichten Bericht. Der Palästina-Konflikt wirkt als Katalysator und verbindet die sunnitische Hamas in einer zeitweiligen Allianz mit der schiitischen Hisbollah und mit Syrien. Von Bombay und London bis Paris und Beirut ist der islamistische Fundamentalismus eine Weltgefahr. Syrien und Iran gießen Öl in das von den Terroristen entzündete Feuer. Israel allein kann die Hisbollah nicht besiegen. Nur die Weltgemeinschaft kann mit mutigen politischen Initiativen den Druck auf Teheran und Damaskus erhöhen und einen Weg aus dem Teufelskreis der Gewalt finden.

(20.7.2006)

Juden und Deutsche

Mit ungewöhnlicher Aufmerksamkeit hat die deutsche Politik und vor allem die Welt der Medien auf die Eröffnung der Münchner Synagoge reagiert – 68 Jahre, nachdem die Nationalsozialisten in der Pogromnacht vom 9. November 1938 die Synagogen niederbrannten. Es war zutiefst symbolträchtig, dass die Präsidentin des Zentralrats der Juden in Deutschland, die den größten Neubau einer israelitischen Gemeinde in Europa eröffnete, jene Charlotte Knobloch war, die die Zerstörung der jüdischen Gotteshäuser als Sechsjährige selbst miterlebte und den Holocaust nur überlebte, weil eine junge katholische Frau sie als ihr eigenes Kind ausgegeben hatte.

Unter dem Titel „Kleine jüdische Wunder“ würdigte die „Frankfurter Allgemeine“ in einem Leitartikel die Tatsache, dass seit dem Fall des Eisernen Vorhangs rund 200.000 Juden aus Osteuropa und der ehemaligen Sowjetunion nach Deutschland gekommen sind und dass mit finanzieller Hilfe von Bund, Ländern und Städten neue Gemeindezentren, Synagogen und Schulen errichtet werden.

Trotzdem werden die anlässlich der Eröffnung der Münchner Synagoge von Bundespräsident Horst Köhler und dem bayerischen Ministerpräsidenten Edmund Stoiber vorgetragenen Warnungen vor dem offenen und versteckten Antisemitismus und ihr Aufruf für ein stärkeres Eintreten aller Bürger gegen Rechtsextremismus durch gleichzeitig veröffentliche Umfrageergebnisse voll bestätigt: Eine bundesweite Studie im Auftrag der Friedrich-Ebert-Stiftung zeigt, dass rechtsextreme Einstellungen keine Randphänomene, sondern in der Mitte der Gesellschaft verwurzelt sind. Fast zehn Prozent aller Westdeutschen haben demnach verfestigte antisemitische Einstellungen; 15 Prozent sehnen sich nach einem starken „Führer“. Ausländerfeindlichkeit im Osten ist mit 31 Prozent stärker als im Westen (26 Prozent). Zugleich ergibt die Studie (5000 Bürger wurden befragt), dass im Westen antisemitisches Denken ausgeprägter ist als im Osten.

Selbst flüchtige Eindrücke in Potsdam bestätigen den Befund, dass Brandenburg den höchsten Grad an Ausländerfeindlichkeit und antisemitischen Ressentiments aufweist. Nach leidvollen persönlichen Erfahrungen setzt unser Frühwarnsystem ein, als wir auf der Straße jungen Menschen in rechtsradikaler „Tracht“ begegnen – manche ohne, manche mit NPD-Abzeichen. Nach Heinz Fromm, dem Vorsitzenden des bundesdeutschen Verfassungsschutzes, lag die Zahl rechtsextremer Gewalttaten heuer in den ersten neun Monaten um 20 Prozent höher als im Vorjahreszeitraum. Der Berliner Bundesparteitag der Rechtsextremisten der

NPD hat neue Debatten über ein Parteiverbot ausgelöst. Der stellvertretende Präsident des Zentralrates der Juden in Deutschland, Dieter Graumann, bezeichnete bei einer Gedenkveranstaltung sogar das Verbot der rechtsextremistischen „National Zeitung" als „längst überfällig". Die Artikel dieses in einer Auflage von 45.000 Exemplaren verbreiteten Blattes wären stets ein einziges Amalgam aus NS-Verharmlosung, Antisemitismus und Hetze gegen Ausländer.

Warnzeichen gibt es wohlgemerkt nicht nur in Deutschland. Wenn ein österreichischer Abgeordneter dieser Tage „gute Seiten am Nationalsozialismus" sieht und wenn im Warschauer Regierungsviertel ein von der Stadtverwaltung finanziertes Denkmal zur Erinnerung an Roman Dmowski, den wüsten antisemitischen Nationalistenführer der Zwischenkriegszeit, feierlich eingeweiht wird, dann richtet sich der Aufruf des bayerischen Regierungschefs nicht nur an die Deutschen: „Die gesamte Zivilgesellschaft ist gefordert, Gesicht zu zeigen und zu sagen: ‚So nicht!'"

(16.11.2006)

Profiteure der Shoah

Der Massenmord an den europäischen Juden, das furchtbarste Ereignis des 20. Jahrhunderts, bleibt im Mittelpunkt der historischen Forschung und der literarisch-künstlerischen Aufarbeitung. Ob man den gängigen Begriff Holocaust oder das hebräische Wort Shoah benützt, bedarf die Erinnerung an die organisierte Vernichtung von zwei Dritteln des europäischen Judentums wohl kaum der Begründung. Nach Jahrzehnten der Verdrängung, vor allem im deutschen Sprachraum, haben gerade in den letzten Jahren eine Reihe von Büchern und Sachartikeln auch die Dimensionen des Raubes von jüdischem Eigentum aufgezeigt. Die überfälligen und langwierigen Restitutionsverhandlungen, auch mit der österreichischen Regierung und den Schweizer Großbanken, wurden weltweit verfolgt. Nicht nur die Holocaust-Überlebenden, sondern auch die einstigen Zwangsarbeiter haben endlich bescheidene Zahlungen erhalten.

Inzwischen sind empörende Schattenseiten der Wiedergutmachungsangelegenheiten bekannt geworden. Der im Fall Waldheim durch seine maßlosen Angriffe berühmt gewordene Generalsekretär des Jüdischen Weltkongresses, Israel Singer, war zum Beispiel kürzlich auf Verlangen der New Yorker Staatsanwaltschaft von dem Milliardär und Weltkongress-Präsident Edgar Bronfman aus allen Ämtern entlassen worden. Singer hatte laut Zeitungsberichten Weltkongress-Konten in Genf und Israel mehrere Millionen Dollar entnommen, ohne den Steuerbehörden oder seiner Organisation Rechenschaft abzulegen. Singer ist auch Präsident der sogenannten Claims Conference, die seit vielen Jahren als Vertretung der jüdischen Diaspora über die Entschädigung von Holocaust-Opfern verhandelt. Singer steht laut einem Bericht des New Yorker Korrespondenten der „Neuen Zürcher Zeitung" nun unter massivem Druck, auch diese Position aufzugeben. Sein enger Freund, der israelische Finanzminister Avraham Hirchson ist am Sonntag wegen strafrechtlicher Untersuchungen zurückgetreten. Hirchson wird vorgeworfen, aus der Kasse des „March of the Living" (und anderen Institutionen) ein bis zwei Millionen Euro unterschlagen zu haben. Diese Organisation, mitfinanziert auch von der Claims Conference, veranstaltet jährlich zum Holocaust-Gedenktag einen Marsch vom Tor von Auschwitz zum Vernichtungslager Birkenau, an dem Jugendliche, vor allem aus Israel und Polen, teilnehmen.

Die Verteilung der von den Schweizer Großbanken bezahlten Vergleichssumme von 1,25 Milliarden Dollar (als Entschädigung für sogenannte nachrichtenlose Vermögen aus dem Zweiten Weltkrieg) wird von vielen Holocaust-Opfern in den USA kritisiert, die darauf hinweisen, dass arme und kranke Überlebende in Amerika leer ausgehen. In Israel lebt ein Drittel der 250.000 Holocaust-Überlebenden unterhalb der Armutsgrenze. Ein israelischer

Fernsehfilm zeigte diese Woche diese „Schande für Israel". Nur 30.000 Überlebende erhalten in Israel überhaupt eine monatliche Rente – von etwa 250 Euro. Zugleich verrechnen amerikanische Anwälte je 500 bis 700 Dollar pro Stunde für ihre Bemühungen um Restitution. Gesamthonorarforderungen von 4,7 und 3,6 Millionen Dollar wurden an das zuständige New Yorker Gericht für den Holocaust-Vergleich mit den Banken gestellt. Indessen läuft gegen den auch in Österreich sattsam bekannten Anwalt Edward Fagan ein Berufsverbots-Verfahren wegen Betrugs; er hatte schon wegen Schulden von 15 Millionen Dollar Konkurs angemeldet.

So werden die überlebenden Shoah-Opfer jetzt zugleich Opfer der von gerissenen Anwälten und korrupten Beamten kontrollierten oder manipulierten Entschädigungs-Bürokratie.

(26.4.2007)

Sündenbock Israel

Kaum ein Tag vergeht ohne schreckliche Nachrichten aus dem Nahen Osten. Bei den blutigen Zusammenstößen zwischen Hamas- und Fatah-Anhängern im Gaza-Streifen wurden allein am Dienstag 27 Tote und über 150 Verletzte gezählt. Todesopfer und viele Verletzte wurden bei der Erstürmung eines Flüchtlingslagers durch die libanesische Armee aus Beirut gemeldet. In Irak sind tausende Menschen durch Selbstmordattentäter und organisierte Banden in den letzten Monaten umgebracht worden. Der Präsident Irans strebt nicht nur den Besitz von Atomwaffen und die Hegemonie in der ganzen Region an, sondern droht immer wieder mit der Vernichtung eines anderen UNO-Mitgliedsstaates.

Vor diesem düsteren Hintergrund erinnerte sich dieser Tage die Welt an den 40. Jahrestag des Sechstagekrieges. Die meisten Kommentatoren, einschließlich bedeutender Autoren in Israel selbst, waren sich einig, dass der Frieden weiter entfernt zu sein scheint denn je und dass die israelischen Regierungen die Chance eines Neubeginns mit den Palästinensern verspielt hätten. Vor allem die Tatsache, dass sich rund 400.000 Israelis in Ostjerusalem und im Westjordanland ansiedelten, wird zu Recht als eine der wichtigsten Barrieren auf dem Weg zu einer Versöhnungspolitik angesehen. Kritik an der Unterdrückung der Palästinenser ist berechtigt und wird auch in Israel auf der Straße und in den Medien ständig artikuliert.

Der Aufstieg von Hamas und Hisbollah, deren Führer die Anerkennung und damit das Existenzrecht Israels ablehnen, zeigt, dass selbst der Truppenabzug aus dem Südlibanon und dem Gaza-Streifen samt der erzwungenen Evakuierung der Siedler zumindest bisher die gewalttätigen Extremisten ermuntert hat. Keine demokratische Regierung kann einen unprovozierten Raketenkrieg gegen die eigene Zivilbevölkerung hinnehmen. In dieser Situation deklariert der Verband britischer Hochschullehrer einen Boykott der israelischen Wissenschaftler und ihrer Institutionen. Die größte britische Gewerkschaft UNISON (1,3 Millionen öffentliche Bediensteten) soll am 20 Juni in einer Resolution der Delegiertenkonferenz zu einem wirtschaftlichen und kulturellen, wissenschaftlichen und sportlichen Boykott Israels aufrufen, um die Aufgabe der besetzten Territorien und die Rückkehr der Palästinenser zu erzwingen.

Nun kann man Shimon Peres (vgl. „Der Standard“, 9.6.2007) kaum widersprechen, dass niemand in Israel das „Rückkehrrecht“ für Palästinenser hinnehmen könne, da das statt der von ihm akzeptierten „Zweistaatenlösung“ einen palästinensischen Staat mit einer arabischen Mehrheit schaffen würde. Der (von mir übrigens persönlich geschätzte) Tony Judt behauptet, Israel als Staat sei ein „Anachronismus“ und ruft die Juden in der Diaspora auf, sie sollen sich nicht „in besonderer Weise“ mit Israel identifizieren. Er kritisiert die Einstellung: Jude zu sein bedeutet, sich an Auschwitz zu erinnern und Israel zu unterstützen. Israel bleibt aber trotz aller Kritik die einzige Erfolgsstory als einziger demokratischer pluralistischer Staat mit freien Wahlen und freien Medien in der ganzen Region. Sympathie bedeutet nicht Kritiklosigkeit. Der große Denker Raymon Aron antwortete De Gaulle 1967 nach Israels Sieg auf dessen berüchtigte Worte, die Juden seien „ein elitäres, selbstbewusstes und herrisches Volk“, er bestreite nicht die Tatsache und würde bedauern, wenn es anders wäre, dass die meisten Juden, auch solche, die den Zionismus ablehnen, „eine besondere Sympathie“ für Israel empfinden. Man soll die Kirche im Dorf lassen und keine Vorschriften erlassen, ob überhaupt und zu welchem Grad wir für Israel Sympathie fühlen.

(14.6.2007)

Das feine Schweigen

Unter diesem Titel erschien 1999 ein Essayband des herausragenden amerikanischen Historikers Fritz Stern vom Schweigen und vom Wegsehen, gepaart mit Verlogenheit in der deutschen Gesellschaft am Vorabend der Vertreibung und Vernichtung des deutschen Judentums.

Stern, der Deutschland als zwölfjähriges Kind jüdischer Eltern 1938 verließ, hat kürzlich auch seine Erinnerungen vorgelegt. Fast gleichzeitig wurde der aus Prag gebürtige israelische Historiker Saul Friedländer für sein ergreifendes Werk über die Shoah mit dem Friedenspreis des Deutschen Buchhandels geehrt. Der Laudator betonte, Friedländer habe das Schweigen der aus dem Dunkel der Vergangenheit auftauchenden Menge der Zuschauer, ohne die öffentliche Gewalt niemals geschieht, als einen handelnden Faktor belegt.

Vor diesem Hintergrund bleibt der Beobachter fassungslos, wenn man etwa die Nachrichten der letzten Tage aus Prag und Belgrad, Antwerpen und Budapest liest. So wurden auf dem Stand eines serbischen Verlags bei der internationalen Buchmesse in Belgrad das üble antisemitische Machwerk „Die Protokolle der

Weisen von Zion" oder ähnliche Publikationen („Das Serbentum in den Krallen der Juden") ausgestellt. Die jüdische Gemeinde forderte vergeblich, die antisemitischen Publikationen, die auch in vielen Buchhandlungen in Serbien angeboten werden, zu entfernen.

Aggressive Nationalisten und Teile der serbischen orthodoxen Kirche schüren die Judenfeindschaft, die staatlichen Institutionen verhalten sich passiv.

Im Gegensatz zur Passivität der Belgrader Behörden hatte sich der sozialistische Bürgermeister von Antwerpen dieser Tage offiziell für die Rolle der Antwerpener Behörden bei der Judenverfolgung der deutschen Besatzer entschuldigt. Daraufhin griff ihn der Chef einer rechtsgerichteten flämischen Nationalistenpartei, Bart de Wever, scharf wegen der „unnötigen Geste" an, mit der Begründung, die jüdische Gemeinde und Israel hätten den Holocaust missbraucht. Führende belgische Politiker waren empört über diese Verharmlosung der Kollaboration mit den Nazis.

In Prag wollen tschechische und ausländische Neonazis am 10. November, dem 69. Jahrestag der berüchtigten „Reichskristallnacht", durch das jüdische Viertel marschieren. Das ursprünglich von der Stadtverwaltung erlassene Verbot wurde mittlerweile vom städtischen Gericht aufgehoben. Staatspräsident Václav Klaus appellierte an alle Beteiligten, den Umzug zu untersagen, er weise Passivität in dieser Frage zurück, die Geschichte dürfe sich nicht wiederholen.

Anders liegen die Dinge in Ungarn, mit der größten jüdischen Gemeinde in Mitteleuropa. Wie der Korrespondent der „Neuen Zürcher Zeitung" kürzlich schrieb, pflege die aggressive und umfangreiche Neonazi-Szene in Ungarn den extremsten Antisemitismus in Osteuropa.

Jüngstes Beispiel: Am 23. Oktober, dem Gedenktag der 1956er-Revolution, wurde im Herzen der Hauptstadt eine offen antisemitische, rassistische öffentliche Veranstaltung von dem einschlägig bekannten reformierten Pastor Lóránt Hegedüs jun. organisiert.

25 angesehene Theologen und Wissenschafter forderten daraufhin in einem offenen Brief die Kirchenführung auf, das verachtenswerte üble Spektakel vor der Reformierten Kirche am Freiheitsplatz in aller Form öffentlich zu verurteilen. Der zuständige protestantische Bischof und seine Kollegen aber schweigen.

Immer häufiger spielen die überlebenden ungarischen Juden – so wie in den 1930er Jahren – die Rolle des Aggressionsobjektes für die Wut des Pöbels, ohne dass der alt-neue Antisemitismus allgemeine Empörung hervorriefe.

(8.11.2007)

Register